首批国家级一流
国家级一流专业
资源拓展-实验

U0656825

融入育人育德元素
配备视频（免费）讲解

Qiye Xinshangzhan
Shapan Shixun Jiaocheng

企业新商战沙盘实训教程

（第二版）

徐利飞 主 编

张占军 付学超 副主编

东北财经大学出版社
Dongbei University of Finance & Economics Press

大连

图书在版编目（CIP）数据

企业新商战沙盘实训教程/徐利飞主编. —2版. —大连：东北财经大学出版社，2023.1

（资源拓展-实验实训类会计系列规划教材）

ISBN 978-7-5654-4621-4

Ⅰ. 企… Ⅱ. 徐… Ⅲ. 企业管理-计算机管理系统-教材 Ⅳ. F272.7

中国版本图书馆CIP数据核字（2022）第141602号

东北财经大学出版社出版

（大连市黑石礁尖山街217号　邮政编码　116025）

网　　　址：http：//www.dufep.cn

读者信箱：dufep@dufe.edu.cn

大连图腾彩色印刷有限公司印刷　　东北财经大学出版社发行

幅面尺寸：210mm×285mm　　字数：357千字　　印张：15.25　　插页：1

2023年1月第2版　　　　　　　　2023年1月第1次印刷

责任编辑：李　栋　　　　　　　　责任校对：何　莉

封面设计：冀贵收　　　　　　　　版式设计：原　皓

定价：38.00元

教学支持　售后服务　联系电话：（0411）84710309

版权所有　侵权必究　举报电话：（0411）84710523

如有印装质量问题，请联系营销部：（0411）84710711

第二版前言

《企业新商战沙盘实训教程》第一版于2016年8月出版，该教材基于新道科技股份公司研发的"新商战沙盘"教学软件编写，对财务管理、会计学及其他管理学相关专业的实践教学起到了促进作用。2020年11月，本教材编者基于教学软件构建的"创业者模拟企业经营沙盘"课程被教育部评选为首批国家级一流课程，在本次修订中，编者将相应的课程建设资源也融入了教材。此外，为了帮助教师更好地完成"立德树人"的根本任务，在本次修订中，编者挖掘实验课程的思政元素，在每章后增加了与章节内容相关的思政案例，便于教师开展课程思政教学。

随着经济的不断发展，企业对会计、财务管理专业人员的能力需求已经由核算型转变为决策型，要求会计、财务管理人员既要懂会计又要懂业务，业财融合能力和决策支持能力已经成为当前会计、财务管理人员的基本能力之一。为了培养会计、财务管理专业学生的业财融合能力，本教材不断创新，使模拟企业经营的业务、云财务会计核算与决策分析在"新商战沙盘"平台上进行融合，增加了基于业财融合的模拟企业经营沙盘实训部分。

另外，为了便于教师完成教学工作，便于学生理解沙盘规则，编者在本次修订中将与国家级一流课程配套的部分视频资源以二维码的形式放在教材中，并加入了"育人育德"栏目，将党的二十大精神作为思政元素，融入其中，这样有利于培养学生的自主学习能力，引导其树立正确的世界观、人生观、价值观。

本书第二版由内蒙古财经大学徐利飞负责结构设定，并负责第1、2、3章的编写，由内蒙古财经大学张占军负责第4、5章的编写，由内蒙古财经大学付学超负责第6章的编写，由内蒙古财经大学研究生郑昕负责第7章的编写，并采编全部育人育德案例。

在修订过程中，编者得到了国家级一流课程建设项目、用友新道公司内蒙古分公司和东北财经大学出版社的大力支持，在此一并表示感谢！诸事缠身，时间和精力有限，本书难免存在疏漏和错误之处，请读者批评指正，以便于再版时更正。

编　者
2022年12月

目 录

第1章

沙盘模拟经营与新商战沙盘概述

第1节 沙盘模拟经营教学方式的起源与国内教学现状

一、沙盘模拟经营教学的起源

在古代，沙盘最早是指挥官在战争中的指挥用具，在军事上常供研究地形、敌情、作战方案、组织协调动作和实施训练时使用。

沙盘在我国已有悠久的历史。据《后汉书·马援列传》记载，东汉建武八年（公元32年），东汉光武帝刘秀征讨陇西的隗嚣，召名将马援商讨进军战略。马援对陇西一带的地理情况很熟悉，就用米堆成一个与实地地形相似的模型，从战术上做了详尽的分析，光武帝刘秀看后十分高兴地说："敌人尽在我的眼中了！"这便是我国历史上对于沙盘模型的最早记载。

第一次世界大战后，沙盘主要用于军事训练，战争沙盘模拟推演，通过红、蓝两军在战场上的对抗与较量，发现双方在战略和战术上存在的问题，从而提高指挥员的作战能力。

第二次世界大战后，英、美两国的知名商学院和管理咨询机构很快意识到，这种方法同样适合企业对中、高层经理的培养和锻炼，随即对军事沙盘模拟推演进行了广泛的借鉴与研究。瑞典皇家工学院的克拉斯·梅兰（Klas Mellan）于1978年首先开发了相关课程，其特点是采用体验式培训方式，遵循"体验—分享—提升—应用"的过程达到学习的目的。最初，该课程主要是从非财务人员的财务管理角度来设计的，之后被不断改进与完善，针对特定职业，如CEO、CFO等职位的沙盘演练课程被相继开发出来。摩托罗拉、IBM等公司经常采用这种新颖的培训方式，每次培训首先由两位专家讲授理论，涉及企业管理的主要内容，如市场营销、财务管理、信息技术、人力资源管理、战略管理。培训后期，把学生分成若干组，利用计算机进行企业竞争模拟，这种方式引起了学生们极大的兴趣。

20世纪90年代末，沙盘模拟类培训课程进入中国，最典型的便是深圳的竞越公司（以原汁原味的课程为特色）、北京的人众人教育（GROUP）公司（以拓展训练为特色），使原本成熟的课程体系进一步融入了中国企业的经营特色，更贴近中国企业的实际。沙盘模拟教学模式较早被北京大学、清华大学、中国人民大学、浙江大学等多所高等院校纳入MBA、EMBA及中、高层管理者在职培训的教学之中。1996年，"国际企业管理挑战赛"中国大陆赛区的比赛吸引了众多队伍参加，其中包含了大多数提供MBA学位教育的国内著名的管理学院，比赛从美国、加拿大、德国、日本等国家引进了一些模拟软件。1995年，北京大学开始研发中文界面的企业竞争模拟软件，几经改善，在2003年全国MBA培养院校企业竞争模拟比赛中此软件得到了应用，有112支队伍报名参赛。

二、国内教学现状

2005年，用友公司院校事业部借鉴国外沙盘培训课程的相关经验，开发了"用友ERP沙盘"。刚开始，"用友ERP沙盘"仅用于向企业客户介绍ERP原理和ERP软件应用的必要性，从而激发产品需求。后来，用友公司院校事业部发现该产品可以用于我国本科院校和高职院校的实训课程，达到为其产品培养潜在客户的目的，所以从2005年开始在我国本科院校和高职院校中大力推广这一产品，并于2005年举办了第一届"ERP沙盘大赛"，截至2022年，已经举办了18届，成为国内有巨大影响力的商科大学生赛事。

用友沙盘十多年来经历了三个发展阶段，第一阶段是2005—2007年的手工沙盘阶段，使用者将选好的订单和随后的经营报表录入一个用Excel编制的软件，虽然教学中具有很强的场景性，但任课教师的工作量很大；第二阶段是2007—2010年的创业者沙盘阶段，是对手工沙盘的升级，订单选择和报表

形成通过一个B/S架构的软件来控制，在保留手工沙盘优点的基础上，大大降低了任课教师的教学工作强度和难度，受到了院校教师的好评；第三阶段是2010年至今的企业商战沙盘阶段，沙盘在经营中增加了更多的选择性和灵活性，适合使用者进行竞技性比赛。目前，这三类沙盘在各高校中都在使用。

从课程本质上来说，用友公司这三个阶段的产品没有本质的区别。相比于其他模拟企业经营的课程，用友公司的这三个阶段的沙盘注重经营过程和流程，教学过程灵活，场景模拟仿真度高，易于激发学生的学习兴趣，适合没有工作经验的在校学生使用，通过模拟经营，增加对企业经营的感性认识，增强理论知识的应用能力。

第2节 沙盘模拟经营的教学特点

沙盘模拟经营作为一种体验式的教学方式，是继传统教学及案例教学之后的一种教学创新。沙盘实战模拟培训课程完全不同于传统的灌输式被动学习。它是通过引领学生进入一个高度竞争的模拟行业，由学生分组成立若干"企业"，在严酷的市场环境下，进行若干"年度"的模拟经营活动，学生在主导各自"企业"的经营管理活动中完成体验式学习。

由于培训主题不同，因此系列课程的设置不同，侧重的管理活动不同，学习内容也就不同。在每一年度模拟经营结束之后，学生都要通过认真的反思与讨论，发现自身问题，总结经营成败，体验管理得失。最后经过培训师高屋建瓴的点评解析，进一步领悟科学管理规律，提高经营管理能力。总结起来，沙盘培训具有极强的体验性、互动性、实战性、竞争性、综合性、有效性。

第3节 新商战沙盘教学的组织

一、硬件与软件

新商战沙盘由两部分构成，其中，第一部分是物理沙盘台面，如图1-1所示。

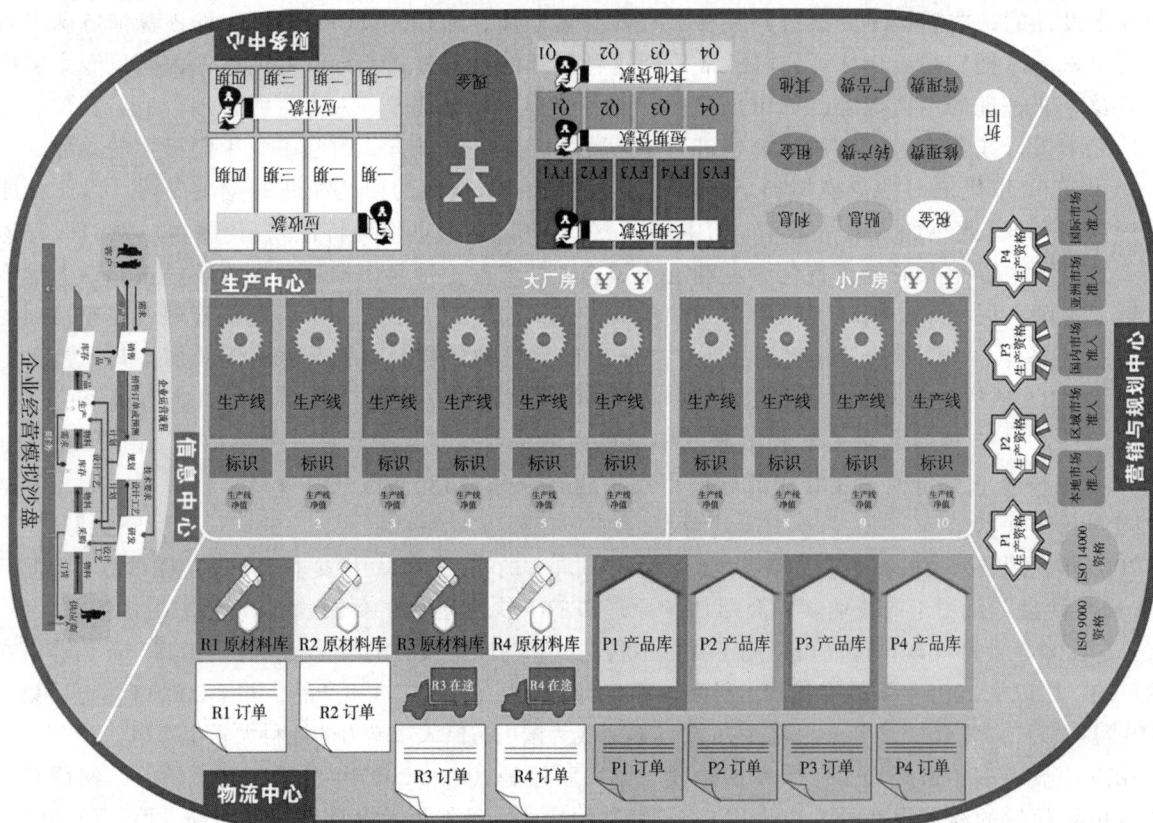

图1-1 物理沙盘台面

物理沙盘是模拟企业的物理状态，通过台面的摆放，可以直观地反映企业的当前经营状态，建议使用者在实际操作中按经营流程摆放台面，这样可以更好地形成对企业经营的感性认识。但是，升级后的商战电子沙盘与物理沙盘存在一些差异，具体表现在：（1）货币计量单位由百万元（M）变成万元（W）；（2）具体的经营规则发生了变化，这个变化给企业经营带来了更高的计算精度，因此需要读者动手制作小纸条来表示盘面资金和资产价值的变化。

第二部分是新商战电子沙盘，用友新商战沙盘软件脱胎于用友 ERP 物理沙盘，二者本质上并没有显著区别，但是在模拟企业营运的流程控制上更有利于教学，会带来更激烈的市场竞争体验，并减轻教师教学的工作量，其操作界面如图1-2所示。

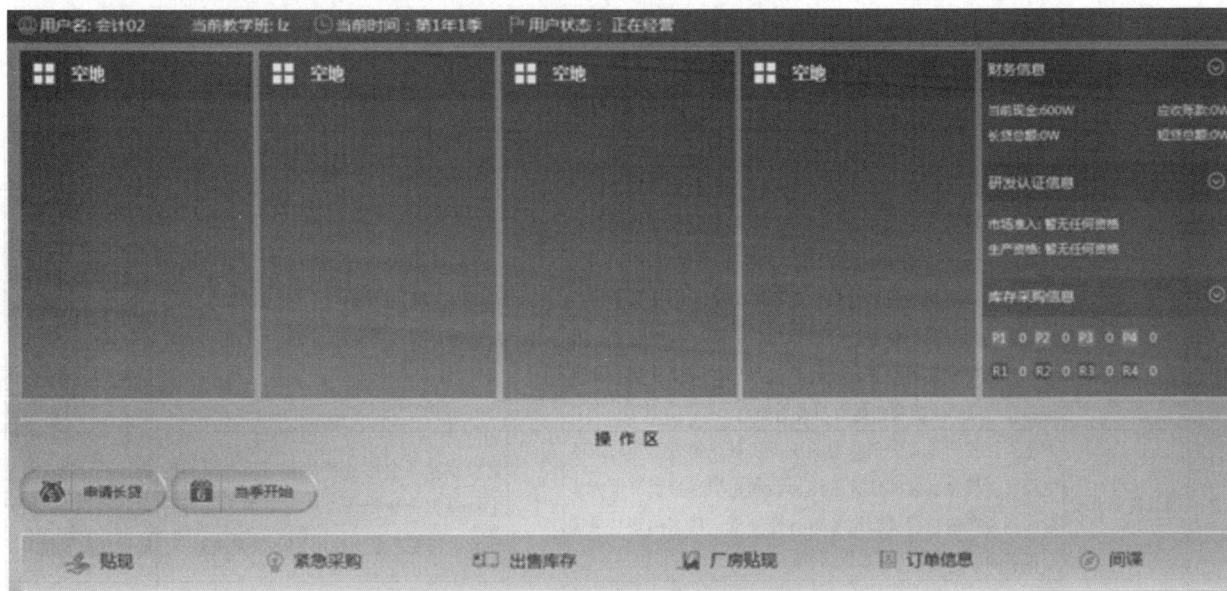

图1-2　新商战沙盘软件操作界面

该界面分为用户信息区、开发区和操作区。用户信息区在界面的左侧，点向下箭头，可以打开具体的信息，可以看到用户信息、财务信息、研发认证信息、库存采购信息和教师发布的公开信息。开发区中可以显示沙盘企业购建的厂房和机器设备的在建、建成、生产制造及处置信息。操作区分为上下两行，上行显示企业季度内可操作流程，下行显示企业可以随时操作的流程。

在学习时最好不要只做电子沙盘，建议读者将物理沙盘和电子沙盘的课程放在一起，同步进行，物理沙盘需要企业根据电子沙盘的经营结果，自制相应标志摆入物理沙盘，这样更有利于培养自身对企业经营的感性认识。

二、新商战沙盘的教学组织

1.课程性质

用友新道新商战沙盘系统 V3.0（以下简称"新商战沙盘"）是一款针对高校财经类专业教学设计的企业经营管理综合模拟实训系统。企业经营管理综合模拟实训是指在训练过程中，由4~5名学生组成一个团队，合作完成一家制造型企业从建厂开始，到投入生产，再到正常运营经历完整的6年模拟企业运营任务。

新商战沙盘针对总经理（CEO）、财务总监（CFO）、市场总监（CMO）、生产总监（COO）、采购总监（CPO）等岗位，以生产制造型企业运营全过程的管理作为训练内容，通过模拟6年完整的企业运营全过程，完成生产管理、采购管理、营销管理、财务管理、战略管理等方面的实训任务，使学生充分了解企业的运营流程和业务流程，掌握企业经营过程中不同领域的基本管理能力。

2.教学目标

本实验课程是对财务管理专业的核心课程的综合应用性实验，在对财务管理相关理论学习的基础上，将理论在实践中进行模拟性应用，以培养学生理论联系实际的能力，提高学生分析问题、解决问题的能力，培养学生的动手能力。

具体来看，要求学生掌握的基本理论主要有：战略及战略管理、各种筹资方式及决策、资本成本与资本结构、财务杠杆、项目投资决策、金融资产（股票）投资、股利政策、财务分析。

通过沙盘实训，要训练学生掌握以下能力：会利用战略分析工具进行本公司的战略分析，并确定战略目标；会比较各种筹资方式的资金成本，并进行筹资组合的确定，还会签署公司银行借款的合同，会编制股票筹资的招股说明书；会利用决策指标，评价项目的财务可行性，并会编写可行性分析报告；会进行股票投资的收益率估计；会确定公司的股利政策，并掌握股利政策对公司价值的影响；会对公司的财务报表进行分析，并会编制公司的财务分析报告。

三、实验项目与流程

1. 实验项目（见表1-1）

表1-1   实验项目表

序号	实验项目名称	实验目的和要求	学时	实验内容	考核重点
1	战略分析与战略目标确定	企业发展战略是在对企业发展环境进行分析的基础上，对企业未来发展方向的规划，因此，战略的分析和战略目标的确定是企业经营的前提性工作。通过财务管理沙盘模拟，掌握制定企业发展规划与目标的基本方法，会使用某种战略分析工具对模拟企业进行战略分析并确定战略目标，并进一步理解发展规划在企业经营过程中的重要作用，从而培养和锻炼学生的规划能力与策划能力	2	用SWOT或PEST等战略分析工具分析企业的战略环境和地位；制定模拟企业的战略目标和战略实施步骤	战略分析报告的提交及质量
2	项目投资分析	固定资产投资是企业内重要的决策项目，通过本实验，学生应掌握现金流量的估计方法，会利用项目投资决策方法对固定资产的投资进行财务可行性决策，根据决策结果确定投资的固定资产	8	模拟企业现金流量的估计与折现率的确定；模拟企业待选择的设备的财务可行性分析，要求至少要用NPV法来决策	固定资产投资可行性分析报告的提交及质量
3	筹资决策	资本是企业经营的血液，适度规模的筹资会促进企业的发展。通过本实验，学生应了解企业筹资的渠道和方式，掌握企业筹资的条件及偿付条件，掌握企业资金成本的意义及对企业价值的影响	5	模拟企业筹资渠道的确认与选择；企业各种筹资方式的个别资本成本的计算；企业加权资金成本的计算与优化调整	企业筹资渠道与资金成本的决策报告的提交及质量
4	全面预算	企业预算是保证战略实现的有效管理控制工具，通过本实验项目，要求学生理解全面预算对企业管理的重要作用，掌握全面预算的编制方法，尤其是现金预算，掌握现金流入与现金流出的合理规划，保证资金链不断裂	5	企业编制预算的逻辑基础的确定；企业全面预算表的编制；全面预算的考核	企业6个经营年度预算表的提交及质量
5	财务分析	财务分析是企业业绩评价与企业诊断的重要财务工具，通过本实验，要求学生理解财务分析的目的，熟悉财务分析的基本方法和比率，掌握杜邦财务分析体系的计算及分析方法	4	计算模拟企业各经营年度的相关财务比率，包括偿债能力比率、盈利能力比率、营运能力比率、发展能力比率；利用相关比率评价企业各经营年度的业绩；利用杜邦分析法分析企业业绩变动的原因	企业财务分析报告的提交及质量
6	资产与融资组合分析	企业的资产配置状况反映了融通资金的使用结果，因此资产与融资之间要有相应组合关系。通过本实验项目，要求学生理解资产与融资组合的关系，具备根据企业资产负债表来判断企业融资组合的类型（保守型、稳健型、冒险型）的能力，掌握对不同类型组合的风险与收益的评价	5	利用模拟企业的资产负债表判断企业的融资组合的类型；分析模拟企业融资组合类型的风险与收益；确定调整融资组合的方向和方式	企业融资组合分析报告的提交及质量
7	实验总结	财务管理沙盘实验作为一项综合性实验，完成整个实验需要学生运用财务管理及相关知识，在实验结束后，要求学生把6个经营模拟期的经验、教训和感想记录下来，以形成对企业经营策略的总结	5	撰写财务管理沙盘实验总结	财务管理沙盘实验总结的提交及质量
	合计		34		

2.实验流程（如图 1-3 所示）

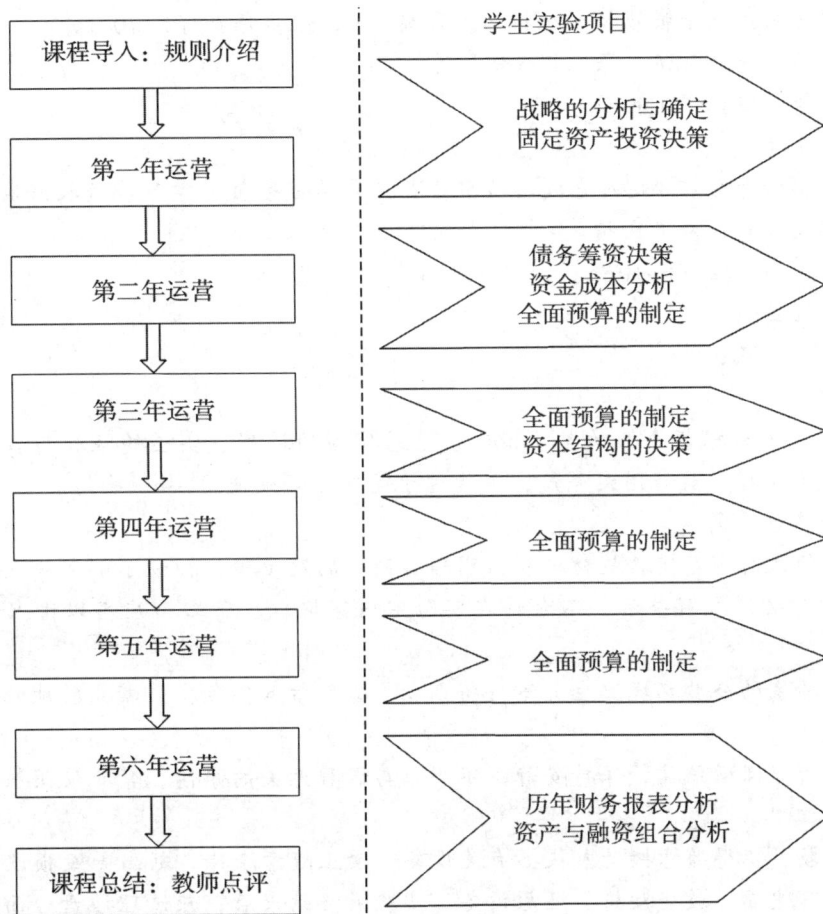

图 1-3　实验流程图

四、实验课程考核方法与标准

沙盘实验课程要想取得好的教学效果，就要特别重视考核机制的设定，鼓励同学们重视并积极参与沙盘课程，所以恰当、简便、可操作的成绩评定方法不可缺少。本书提供了编者在教学中应用的对学生最终成绩的评价方法，供大家参考。

教学考核与安排

沙盘教学评分标准最终成绩评分标准构成

一、实验出勤

1.实验时间为 4 个半天，要求全部出勤。

2.如有 1 个半天未到，则取消本次实验的成绩（即期末成绩计为 0 分）。

3.如有下一轮实验，被取消实验成绩者可以参加下一轮实验，从而取得实验成绩。

4.实验出勤成绩为 60 分。

二、实验学习能力

1.实验学习能力，指对教师讲解的规则的理解能力，具体体现为自我学习能力，而不是反复向教师询问已经讲过或写在实验手册上的规则。

2.本部分成绩为 10 分。

三、实验参与度

1.实验参与度，指学生能否主动参与本团队的经营与讨论，并为本团队的经营活动做出自己的贡献。

2.切莫做搭便车者（free rider），具体表现为玩游戏、聊天、发呆等。

3.本部分成绩为 10 分。

四、实验成绩

1.成绩的评定应根据电子版沙盘系统排名，取前3名，组员每人可得10分。

2.不破产或无须注资的队伍，每人得5分。

3.破产或注资的队伍，得0分。

五、实验报告质量

1.实验完成后实验者应在3天内完成实验报告并交给学习委员，学习委员收好实验报告后统一交给助教，如过期不交则视同放弃成绩。

2.本部分实验成绩标准为0~10分。

3.实验报告的构成如下：

（1）实验报告活页纸；

（2）实验总结。

从自身的角色出发或根据企业的整体情况，总结实验的过程、实验的经验与教训、实验的启示等；要求有论点，有论据；最好图文并茂，不能过于简短，必须使用A4纸手写。

六、学生实验实训守则

1.实训课前必须认真预习实验教材内容，明确实训目的及步骤，初步了解实验规则。

2.进入实验室时必须衣冠整洁，不允许在实验室内穿拖鞋、背心，应当以进入职场的心态开始实验。

3.自觉维护实验室的公共环境卫生，不得将零食、饮料带入实验室，禁止随地吐痰、乱扔纸屑等行为。

4.实验时必须遵守课堂纪律，保持安静，不得做与课程无关的事情，禁止使用机房电脑玩网络游戏，禁止使用聊天工具。

5.爱护公共财物，不得随意搬动或拔插有关设备，禁止随意涂抹、刻画等毁损设备的行为。

6.下课后应清理桌面、放好座椅、还原设备，实验最终结束后，应清理沙盘台面，将所有物品恢复原状，此项工作由学习委员负责监督。

本章练习题

1.你的就职宣言是什么？

2.你对你的团队成员了解多少？你是否有他（她）们的联系方式？

3.用友的沙盘模拟大赛已经举办了几届？在每年的几月份举办？你有兴趣参加吗？

育人育德

三大战役大获全胜的谋略和智慧：通盘谋划

辽沈、淮海、平津三大战役，是中国人民解放军同国民党军队展开的战略决战，使国民党赖以发动反革命内战的主力军事力量基本上被消灭。不少国外军事史学者"很难理解其中奥秘"。毛泽东主席领导中国人民解放军，通盘谋划战略、缜密部署方案，一环紧扣一环，其中一个重要方法就是善于正确采纳前线指挥员的作战意图，使战役布署能很好地结合实际情况，充分调动指挥员的积极性，谱写了古今中外战争史上罕见的壮丽篇章。图1-4为某炮兵连长利用沙盘给战士们讲解地形地物，共同研究攻坚战术。

图 1-4　沙盘模型讲解图

请根据上述案例讨论毛泽东主席在三大战役中的军事战略思想。

资料来源：佚名. 运筹帷幄 战略决战［EB/OL］.（2021-08-10）. https://view.inews.qq.com/a/20210810A0AVGY00. 有变动.

第2章

新商战沙盘的经营规则与解读

新商战沙盘模拟开始于一家有一定数量的初始资金（一般为600万元），无厂房、无机器、无产品、无市场、无负债的初创企业，同学们作为这样一家企业的拥有者，要通过自己的努力，经过6"年"（每年分为四个季度）的经营，完成以下任务：进行适当的负债融资；购买或租赁相应的厂房；购置适当的生产设备；研发适当的产品或组合；开拓适当的市场或组合；合理地安排原材料采购；合理地安排产品的生产；适当地进行市场广告投放；争夺市场订单和完成订单。通过每年完成以上主要任务，最终实现企业利润和所有者权益的增加。

第1节 新商战沙盘企业的组织结构

一、组织结构概述

作为一家制造型企业，沙盘企业的核心管理要素主要有总经理、生产部、销售部、采购与仓储部、财务部5个，其组织结构如图2-1所示。

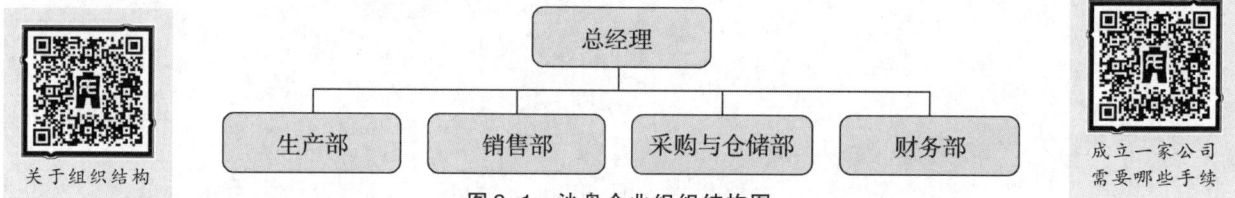

图2-1 沙盘企业组织结构图

在沙盘企业营运中，各部门之间的关系是共赢关系，每个部门的职能与工作，是其他部门工作的基础和条件，因此，各部门构成一个团队。但是，在沙盘模拟过程中，每个部门的具体工作又是独立的，如图2-2所示。

二、沙盘企业管理人员的职能

沙盘企业的每个部门都有相应的员工，主要的核心员工有总经理、生产总监、销售总监、采购总监、财务总监等。如果参与实训的同学比较多，那么可以增设一些协助岗位，如在财务总监下设报表编制员、出纳、现金预算员；在销售总监下设市场分析员、广告分析员、商业间谍；在采购总监下设原材料采购计划员、产成品统计员；在生产总监下设产能统计员、设备建造监理、车间主任等；在总经理下设电子沙盘操作员。具体的管理人员组织结构，如图2-3所示。

1.总经理（CEO）

总经理又称首席执行官，企业所有的重要决策均由总经理带领团队成员共同决定，如果大家意见不统一，则最终由CEO决定。

2.市场总监（CMO）

市场总监又称销售总监，企业的利润是由销售收入带来的，销售的实现是企业生存和发展的关键，销售总监在企业中的地位不言自明。销售总监所担负的责任是：开拓市场，实现销售。

（1）开拓市场。

作为一家新创立的企业，一方面要开拓和稳定企业现有市场，另一方面要积极拓展新市场，争取更大的市场空间，力求在销售量上实现增长。

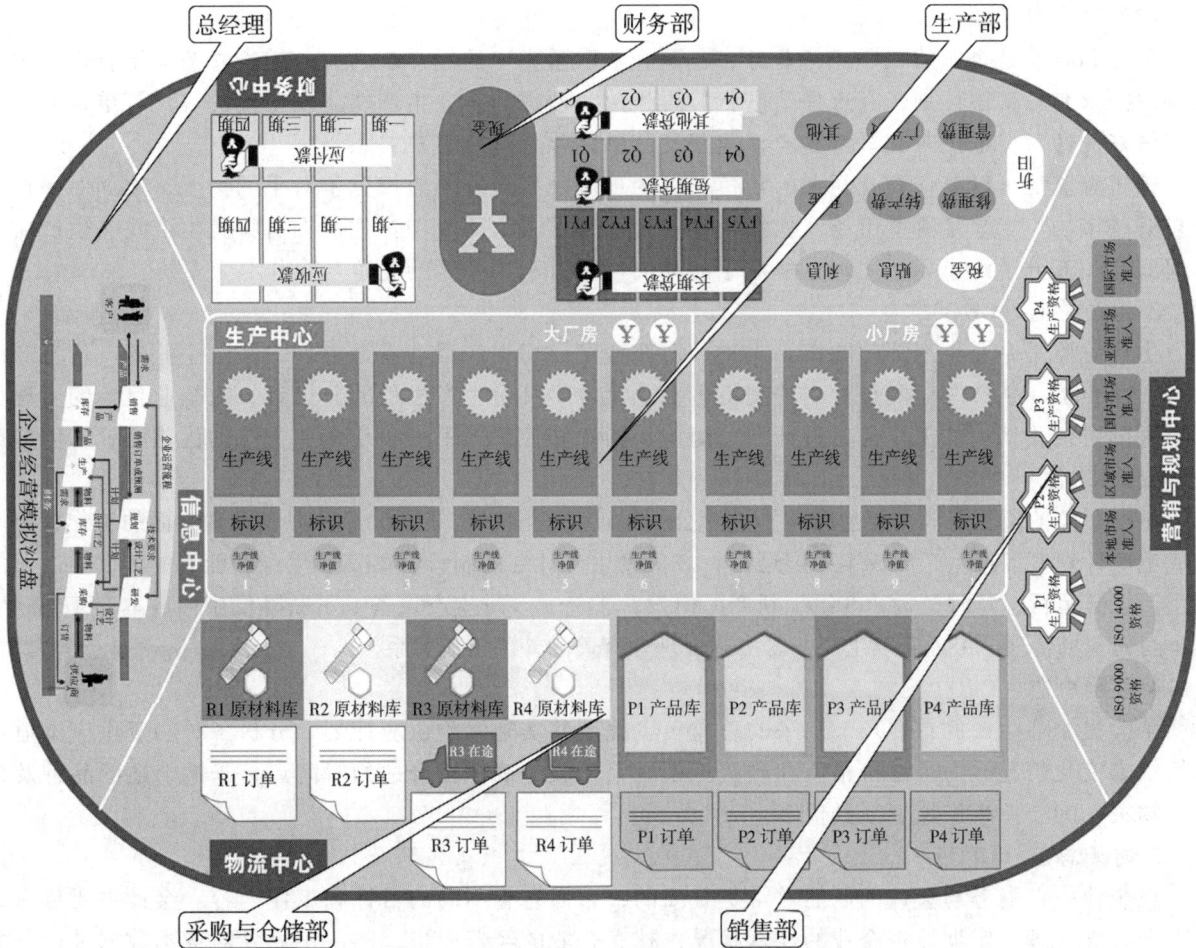

图2-2　企业组织在物理沙盘中的位置图

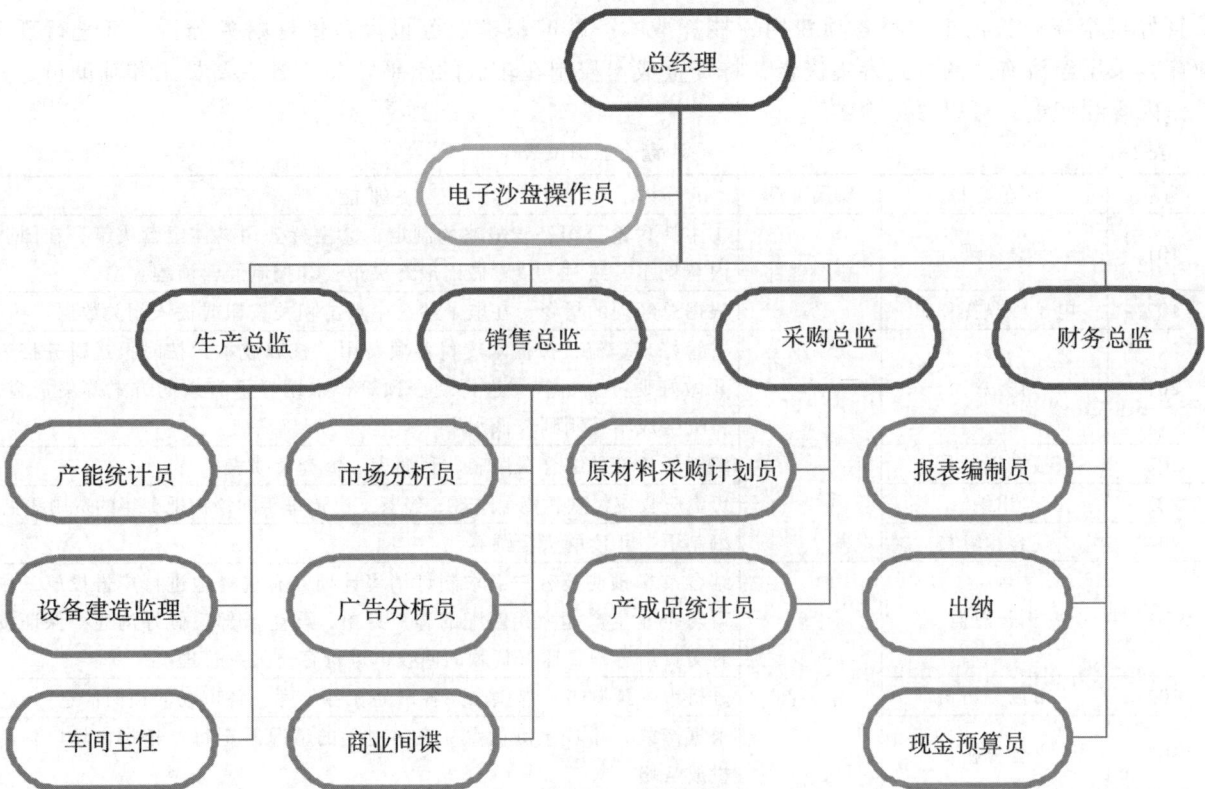

图2-3　沙盘企业岗位结构图

（2）销售管理。

销售和收款是企业的主要经营业务，也是企业联系客户的门户。为此，销售总监应结合市场预测及客户需求制订销售计划，有选择地进行广告投放，取得与企业生产能力相匹配的客户订单，与生产部门做好沟通，保证按时交货给客户，监督货款的回收，进行客户关系管理。

销售总监还可以兼任商业间谍的角色，因为他（她）最方便监控竞争对手的情况，比如对手正在开拓哪些市场？未涉足哪些市场？他们在销售上取得了多大的成功？他们拥有哪类生产线？生产能力如何？通过充分了解市场，明确竞争对手的动向可以有利于今后的竞争与合作。

3.生产总监（COO）

生产总监是企业生产部门的核心人物，对企业的一切生产活动进行管理，并对企业的一切生产活动及产品负责。生产总监既是计划的制订者和决策者，又是生产过程的监控者，对企业目标的实现负有重大的责任，他们的工作是通过计划、组织、指挥和控制等手段实现企业资源的优化配置，创造最大的经济效益。

生产总监的负责范畴主要包括：①负责公司生产、安全、仓储、保卫及现场管理方面的工作，协调完成生产计划，维持生产低成本稳定运行；②负责生产计划的制订、落实及生产和能源的调度控制，保持生产正常运行，及时交货；③组织新产品研发，扩充并改进生产设备，不断降低生产成本；④做好生产车间的现场管理，保证安全生产；⑤协调处理好有关的外部工作关系。

4.采购总监（CPO）

采购是企业生产的首要环节。采购总监负责编制并实施采购供应计划，分析各种物资供应渠道及市场供求变化情况，力求在价格上、质量上把好第一关，确保在合适的时间点、采购合适的品种及数量的物资，为企业生产做好后勤保障。

5.财务总监（CFO）

在企业中，财务与会计的职能常常是分离的，它们有着不同的目标和工作内容。会计主要负责日常现金收支管理，定期核查企业的经营状况，核算企业的经营成果，制定预算并对成本数据进行分类和分析。财务总监主要负责资金的筹集、管理，做好现金预算，管好、用好资金，其主要任务是：①管好现金流，按需求支付各项费用、核算成本，按时报送财务报表并做好财务分析；②进行现金预算，采用经济有效的方式筹集资金，将资金成本控制在较低的水平。关于各主要员工和辅助员工的工作内容和职能，可以参见表2-1。

表2-1 沙盘企业岗位表

编号	岗位名称	所属部门	职能
101	总经理	总经理部	①主持讨论公司经营战略的制定；②主持公司具体经营决策，在团队内意见不一致时，负责做出最终决策；③控制经营流程
102	电子沙盘操作员		根据总经理的指令，在电子沙盘中点击相关按钮或输入相关数据
201	财务总监	财务部	①管好现金流，按需求支付各项费用、核算成本，按时报送财务报表并做好财务分析；②进行现金预算，采用经济有效的方式筹集资金，将资金成本控制到较低水平
202	报表编制员		编制每年度的综合费用表、利润表、资产负债表
203	出纳		负责应收应付款、资金贴现、经营支出，每年的年初把上年的费用清空
204	现金预算员		编制下一年度的资金预算
301	销售总监	销售部	结合市场预测及客户需求制订销售计划，有选择地进行广告投放，取得与企业生产能力相匹配的客户订单，与生产部门做好沟通，保证按时交货给客户，监督货款的回收，进行客户关系管理
302	市场分析员		分析市场预测表，提供未来各产品在各年度、各市场的预测信息
303	广告分析员		根据产能、市场预测信息和竞争对手的情况制定每年年初市场广告的投放策略
304	商业间谍		刺探竞争对手的信息

续表

编号	岗位名称	所属部门	职能
401	采购总监	采购与仓储部	负责编制并实施采购供应计划，分析各种物资供应渠道及市场供求变化情况，力求从价格上、质量上把好第一关，确保在合适的时间点采购合适的品种及数量的物资，为企业生产做好后勤保障工作
402	原材料采购计划员		根据各种原材料的订货提前期和生产节奏，合理确定原材料采购计划
403	产成品统计员		统计产成品数量，及时交付订单
501	生产总监	生产部	①负责生产计划的制订、落实及生产和能源的调度，保持企业正常生产，及时交货；②组织新产品研发，扩充并改进生产设备，不断降低生产成本；③做好生产车间的现场管理，保证安全生产；④协调处理好有关外部工作关系
502	产能统计员		根据生产线的生产周期，确定各条生产线每年下线的产品数量和时间
503	设备建造监理		根据经营策略，确定生产线投资建造的开始时间、每季度投资和完工可用的时间
504	车间主任等		安排产品上线生产

　　组建企业管理团队后，企业管理团队将领导公司未来的发展，在变化的市场中进行开拓，应对激烈的竞争。企业能否顺利运营下去，取决于管理团队做出正确决策的能力。每个团队成员在做出决策时都应尽可能地利用自己的知识和经验，避免因匆忙行动而陷入混乱。

提示：
　　1.对于有实践经验的受训者来说，可以选择与实际任职不同的职位，以体验换位思考。
　　2.在课程进行的不同阶段，也可以互换角色，以熟悉不同职位的工作及流程。

三、新商战沙盘企业的会计期间

　　新商战沙盘企业的会计期间是1年，但是，企业的日常经营活动是按季度来进行的，即一年分为4个季度，以"4Q"来代表。

四、沙盘模拟的教具说明

　　一家真实的企业，主要有"人、财、物，产、供、销"等要素，而在新商战沙盘中，这些也都有，只是这些要素是用一些教具和自制道具来代表的。

　　1.人

　　在沙盘企业中，企业的主要管理人员和辅助管理人员应根据岗位分工，合理安排座位，基本的原则是：各管理人员应靠近自己的部门来坐，以方便沙盘摆放和操作，如图2-4所示。

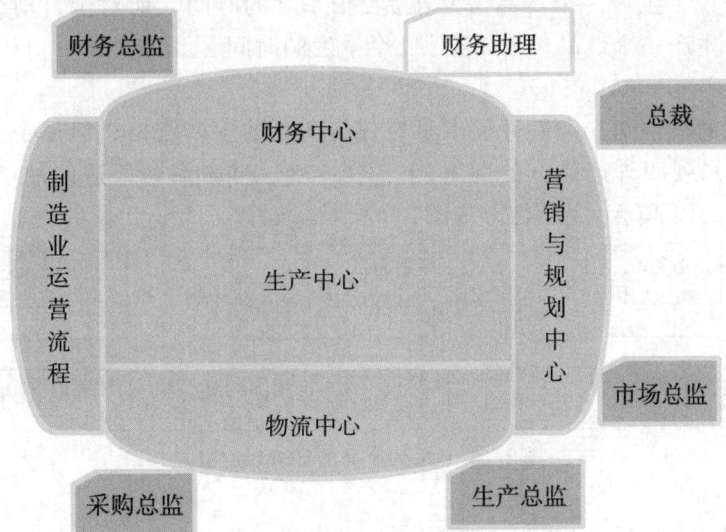

图2-4　岗位座位图

2.财

现金是企业的血液，在新商战沙盘中现金单位为万元，用"W"表示。学生可以自制道具来表示资产或资金的价值，如学生可以做一张小纸条，写上相应的金额，贴在物理沙盘的相应台面上。

现金为王

创业企业在购买或租用厂房、投资建造生产线、研发产品、开拓市场、投资ISO质量认证、购买原材料、支付季度固定行政管理费、支付贷款利息、支付厂房租金、支付广告费时，都要支付现金，产生现金流出。

创业企业在取得贷款、应收款到期收现、应收款贴现、资产变卖等活动中，都会收到现金，产生现金流入。

3.物

新商战沙盘企业可以拥有的物质资源主要有以下两方面：

一是通过购买而拥有的厂房。

二是在厂房内购建的生产线。新商战沙盘企业可以购建的生产线主要有超级手工生产线（简称"超级手工线"）、自动生产线（简称"自动线"）、柔性生产线（简称"柔性线"）、租赁生产线（简称"租赁线"）四种，如图2-5所示。

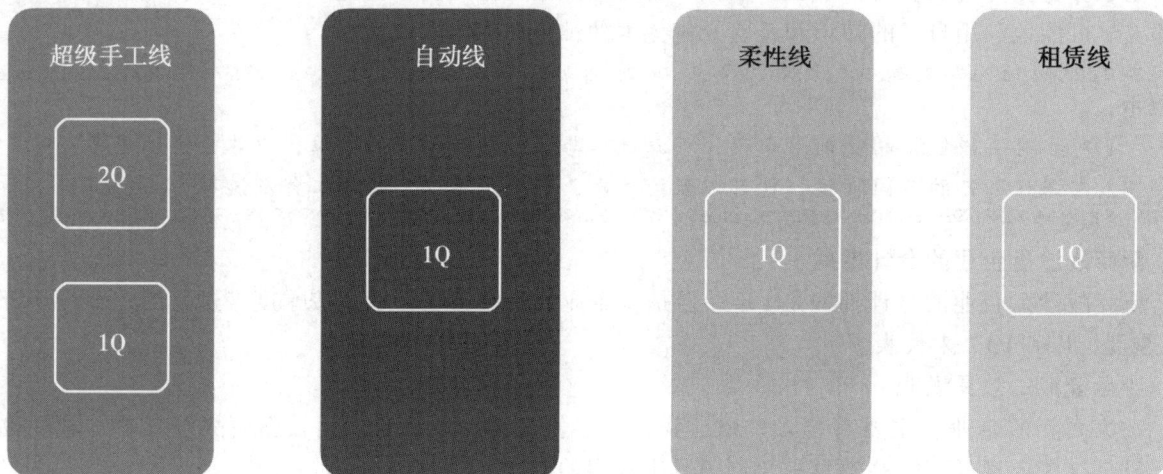

柔性生产线

图2-5　生产线示意图

图2-5中的方框代表生产线的一个生产流程，1Q代表这个流程所用的时间。所以，对于超级手工线来说，生产一个产品需要花费2个季度的时间，而对于自动线、柔性线和租赁线来说，生产一个产品仅需要花费1个季度的时间。

4.产

新商战沙盘企业一开始不具有任何产品的生产资格，但是企业通过产品研发可以生产P系列四种产品，分别用P1、P2、P3、P4来命名，这四种产品的物料清单（bill of material，BOM）[①]结构，如图2-6所示。

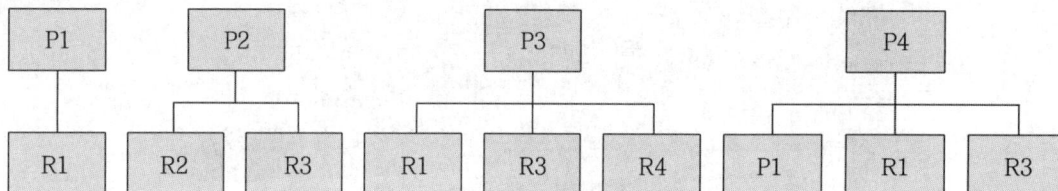

物料清单
（BOM）

图2-6　P系列产品的BOM结构

---

①　采用计算机辅助企业生产管理，首先要使计算机能够读出企业所制造的产品构成和所有涉及的物料，为了便于计算机识别，必须把用图示表达的产品结构转化成某种数据格式，这种以数据格式来描述产品结构的文件就是物料清单，即BOM。它是定义产品结构的技术文件，因此，其又被称为产品结构表或产品结构树。在某些工业领域，可能将其称为"配方""要素表"，或其他名称。

当企业成功研发某种产品时，就可以在系统中取得相应产品的许可生产标志，如图2-7所示。

图2-7　产品生产资格示意图

5.供

新商战沙盘企业的供应部门主要是采购与仓储部门，专门负责企业的原材料采购。沙盘企业生产产品所需要的原材料（或零配件）有四种，被分别命名为R1、R2、R3、R4，当然，不同的原材料（或零配件）按不同的方式（BOM）组合在一起，就能够由工人生产或组装成不同的产品。这几种原材料的采购价格（或成本）都是10W（10万元）。

6.销

新商战沙盘企业是一家"以销定产"的制造型企业，其市场销售主要通过市场广告来争取代理商的订单，现实中这样的企业有很多，比如生产圣诞节礼物的企业。

新商战沙盘中企业生产P系列产品的人工生产成本都是10W（10万元），这样，不同的P系列产品的BOM加上10W的人工成本，就形成了一个P系列产品，即用一个R1加一个代表人工成本的10W，代表1个P1；用一个R2和一个R3，加一个代表人工成本的10W，代表1个P2；用一个R1、一个R3和一个R4，加一个代表人工成本的10W，代表1个P3；用一个P1、一个R1和一个R3，加一个代表人工成本的10W，代表1个P4。

新商战沙盘模拟经营的市场主要有5个，分别是本地市场、区域市场、国内市场、亚洲市场、国际市场，如图2-8所示。

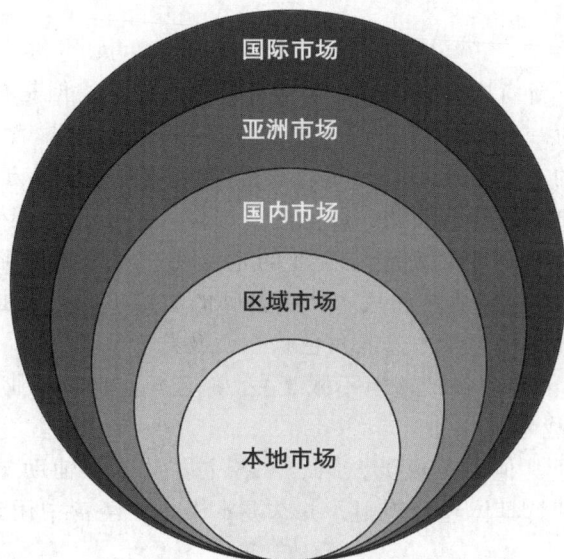

图2-8　市场示意图

这5个市场需要新商战沙盘企业花费时间和资金去开拓，才可以在某个市场上夺取订单，实现销售，当开拓成功后，会取得相应的市场认证，如图2-9所示。

企业生产的P系列产品，都可以在已经开拓成功的市场上销售。当然，不同市场的个别代理商对企业产品的质量也会提出要求，沙盘模拟提供了两种认证：ISO 9000和ISO 14000，这两种认证也要求企业花费时间和投资来取得，成功后即可取得相应的认证资格，如图2-10所示。

关于ISO 9000

关于ISO 14000

图 2-9　市场准入

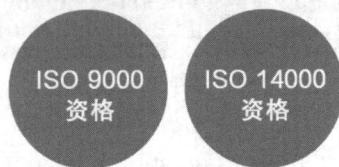

图 2-10　ISO 示意图

第2节　新商战沙盘的规则与解读

在商业社会中，企业的经营活动要遵循相关法律、法规，也要尊重基本的商业习惯和惯例，这些构成了现实中企业的规则。新商战沙盘中的模拟企业也有相应的规则，而这些规则和现实中企业的规则并没有太大的差别，仅是对现实中企业规则的概括、简化，所以通过对新商战沙盘规则的解读，有助于学生对现实中规则的理解和运用。

根据新商战沙盘企业的经营活动涉及的"人、财、物，产、供、销"几方面内容，本书把新商战沙盘规则分为人员类规则、财务类规则、固定资产（物）类规则、生产类规则、供应采购类规则、销售市场类规则和其他规则，具体规则可参见"附录2本科教学规则（简表）"。特别提示，教师可以自行设计新商战沙盘中的规则，本书设定的规则以新商战沙盘中"本科教学规则（简表）"为准。

一、人员类规则

总经理在新商战沙盘模拟企业中起着核心作用，但是在5~6年的模拟经营周期中，总经理要"动口不动手"，即总经理要发挥组织者、指挥者和协调者的职能。

总经理的产生方式可以通过自我推荐或民主选举等方式由各模拟企业自行产生；总经理组建自己的经营团队，团队内的岗位人员由总经理确定；在自主经营之初，总经理要组织团队讨论，确定本企业的企业使命、总体战略和具体经营战略，也就是说，总经理要带领团队讨论并确定战略和战术；在教师的组织下，各模拟企业的总经理要依次进行3~5分钟的就职演讲，其目的是引领学生进入角色状态，鼓舞士气。

总经理就职演讲的主要内容应包括（但不限于）：确定本企业的企业名称和LOGO，介绍本企业的团队成员和本企业的总体战略。

模拟企业其他岗位成员，结合"各主要员工和辅助员工的工作内容和职能表"，熟练掌握和理解具体经营规则，并掌握本岗位在经营中用到的相关经营表格的编制与填制方法。

二、财务类规则

财务类的规则需要财务部的"员工"重点关注，财务总监尤其要深入理解，不要发生理解上的偏差，导致企业经营失误。财务类规则主要包括筹资、应收账款收现与贴现、资金预算、报表编制几方面，这几方面会在本小节和后续章节讲述。

1.筹资

新商战沙盘模拟企业最初只有一定数量的股东投资（本书设定为600万元），在模拟企业自主经营开始后，可供选择的筹资方式只有4种，具体见表2-2。

新商战教师系统设置

新商战-人

新商战-财

关于资产负债率

表2-2　　　　　　　　　　　　　　　　　　　　**融资规则表**

贷款类型	贷款时间	贷款额度	年息	还款方式	备注
长期贷款	每年年初	所有贷款之和不超过上年权益的3倍	10%	年初付息，到期还本	不小于10W
短期贷款	每季度初		5%	到期一次还本付息	
资金贴现	任何时间	视应收账款	1季、2季：10%	变现时贴息	贴现各账期分开核算，分开计息
			3季、4季：12.5%		
库存拍卖	100%（产品）　　80%（原料）				

（1）长期贷款每年只有一次机会，只在每年的年初进行，因此各模拟企业需要提前进行规划；付息也在年初，因此必须在上一年结束时提前规划和预留出下一年年初要付的长期贷款利息。长期贷款的贷款年限可以在1~5年内选择。

（2）短期贷款每季度初有一次机会实施，也就是说，一年有4次机会进行短期贷款。

（3）模拟企业不可以无限制地贷款，实训要求企业所有贷款之和不超过上年权益的3倍，即要求企业的资产负债率最高不能超过75%，否则商业银行将拒绝其贷款申请。

（4）长期贷款和短期贷款额度应是不少于10万元的正整数。

（5）实训要求模拟企业按贷款时选定的期限偿还贷款，即不允许提前或拖后，到期无法偿还的模拟企业即宣告破产。

（6）长期贷款每年必须归还利息，到期还本，本利双清后，如果还有额度，才允许重新申请贷款。如果有贷款需要归还，同时还拥有贷款额度时，模拟企业必须先归还到期的贷款，才能申请新的贷款。模拟企业不能以新贷还旧贷（即不能续贷），短期贷款也按本规定执行。年度结束时，系统不要求企业归还没有到期的各类贷款。

（7）企业间不允许私自融资，只允许企业向银行贷款。

（8）资金贴现①在沙盘模拟经营中主要是针对应收账款而言的。当企业资金紧张并且由于所有者权益降低无法通过贷款方式筹资时，可以随时对应收账款进行资金贴现来提前获得资金，但是，在贴现时模拟企业需要向银行交纳贴现利息，具体计算公式为：

贴现利息=用于贴现的应收账款金额×对应的贴现利率

贴现回收现金=用于贴现的应收账款金额-贴现利息

【例2-1】某新商战沙盘企业在第3年的第2季度需要至少18W的现金，其他筹资渠道无法获取现金，但当前该企业尚有一笔两个季度收现期、金额为42W的应收账款，该企业决定进行应收账款的贴现。该企业应当如何操作？

答：首先，企业确定用于贴现的应收账款为20W；

其次，计算贴现利息=20W×10%=2W，贴现回收现金=20W-2W=18W；

最后，贴现完成后，剩余应收账款还有两个季度收现期，金额为22W。

（9）如果以上获取现金的方式已经无法再用，模拟企业还可以通过库存拍卖的方式来获取现金，但是这样做企业的损失也是很大的。

2.应收账款收现

在新商战沙盘模拟中，由于是订单式生产，所以市场中代理商提出的订单的付款方式只有很少一部分是现金交易，大多数订单都要求企业赊销，这样一来，企业就会产生大量的应收账款。

应收账款的收现方式有两种：一是根据订单约定的收账期，等到期后自然收现；二是按上述应收账款贴现的方法提前收现。显然，第二种方式下企业的费用会增加，因而减少企业的利润，进而减少企业的所有者权益。

---

① 贴现：指银行承兑汇票的持票人在汇票到期日前，为了取得资金，贴付一定利息将票据权利转让给银行的票据行为，是持票人向银行融通资金的一种方式。贴现是银行的一项资产业务，汇票的支付人对银行负债，银行实际上与付款人有一种间接贷款关系。

在模拟经营中，需要注意的是，不要忘记对应收账款进行更新，要做好记录并在沙盘上操作。

三、固定资产（物）类规则

新商战沙盘企业的固定资产主要有两种：一是厂房，二是机器设备。

1.厂房

新商战沙盘企业作为制造型企业，其资产比重较大的一部分是厂房，见表2-3。

表2-3 厂房规则表

名称	购买价格	租金	出售价格	容量	分值
大厂房	400W	40W/年	400W	4	10
中厂房	300W	30W/年	300W	3	8
小厂房	180W	18W/年	180W	2	7

（1）企业要根据经营战略确定厂房的类型，大厂房的容量为4，是指大厂房最多可以放置4条生产线，小厂房的容量为2，是指小厂房最多可以放置2条生产线。不论如何组合，新商战电子沙盘支持建设最多4个厂房。

（2）厂房不一定非得购买，企业也可以选择租用厂房，但需要注意的是，如果选择租用厂房，则需每年年末支付租金，计入当期费用，减少利润。

（3）企业每季度均可租（或买）厂房，租满一年的厂房在满一年的季度（如果是在第2季度租的，则以后每年的第2季度租期满一年，而后进行处理），需要用"厂房处置"进行"租转买""退租"（当厂房中没有任何生产线时）等处理，如果未加处理，则原来租用的厂房在满一年的季度末自动续租，厂房不计提折旧，生产线不允许在不同厂房之间移动。

（4）企业如果一开始购买了厂房，以后年度如果由于资金紧张等原因，也可以将其卖掉，但是卖掉后无法得到现金，而是得到4季度（以下简称"4Q"）的应收账款。

厂房在出售的时候，如果其中没有生产线，那么出售金额等于卖出价进行4Q账期应收款贴现后的金额；如果其中有生产线，那么卖出价为进行4Q账期应收款贴现后的金额扣除厂房租金。

例如，新商战沙盘企业出售有生产线的大厂房，产生400W应收款，系统自动从现金库中扣除企业40W的租金，如企业办理贴现，则转为现金350W，贴现费用50W；出售有生产线的中厂房则产生300W应收款，应收款转为现金262W，贴现费用38W，租金30W。

贴现时，要求全部贴现，不允许部分贴现。

2.机器设备（或生产线）

新商战沙盘企业用于制造P系列产品的设备可以选择4种生产线，见表2-4。

表2-4 生产线规则表

名称	超级手工线	自动线	柔性线	租赁线
投资总额	35W	150W	200W	0
每季投资额	35W	50W	50W	0
安装周期	0	3季	4季	0
生产周期	2季	1季	1季	1季
总转产费用	0	20W	0	20W
转产周期	0	1季	0	1季
维修费	5W/年	20W/年	20W/年	65W/年
残值	5W	30W	40W	-65W
折旧费	10W	30W	40W	0
折旧时间	3年	4年	4年	0
分值	0	8	10	0

（1）购置费指的是生产线的投资总额，除手工生产线外，其他生产线不会一买到就能用，需要有安装周期，并且按季度平均投资。例如，全自动生产线（全自动线）总投资需要150W，安装周期3Q，则每季度投资额为50W。

（2）生产线在购建过程中，如缺钱可以停建，以后有钱可以接着建。记住，只要时间够了，投资的钱够了，生产线就可以用了。

（3）生产线在购建时，要指定这条生产线生产的P系列产品的类型，建成后就生产这种产品；如果建成后想改变生产线生产的产品类型，就要进行转产，只有空的并且已经建成的生产线才能转产。但是，自动线和租赁线转产需要1Q的转产期，即等生产线上的产品下线后，间隔1季度才能生产其他类型产品，还要支付20W的转产费。

（4）有几条建成的生产线，每年就要支付多少相应的维修费；当年建成的生产线、转产中的生产线都要交纳维修费。

（5）建成的生产线也可以卖掉。不论何时出售生产线，其市场售价均为其净值，从生产线净值中取出相当于残值的部分计入"现金"，净值与残值之差计入"损失"；已出售的生产线和新购正在安装的生产线不交纳维修费。

关于折旧

3.折旧

新商战沙盘中，厂房不计提折旧，只有生产线才计提折旧，见表2-5。

表2-5 生产线折旧规则

生产线	购置费	残值	建成第1年	建成第2年	建成第3年	建成第4年	建成第5年	建成第6年
超级手工线	35W	5W	0	10W	10W	10W		
自动线	150W	30W	0	30W	30W	30W	30W	
柔性线	200W	40W	0	40W	40W	40W	40W	0
租赁线	0	-65W	0	0	0	0	0	0

（1）折旧是非付现成本，会减少企业的当期利润，但不会导致企业的现金流出。

（2）折旧的计提由财务部负责，每年年末计提一次。

四、生产类规则

新商战沙盘企业日常最重要的经营活动就是生产P系列产品，根据不同类型的生产线的生产效率，每年生产不同数量的产品。产品规则表，见表2-6。

表2-6 产品规则表

名称	开发费	开发时间	加工费	直接成本	分值	产品组成
P1	10W/季	2季	10W	20W	7	R1
P2	10W/季	3季	10W	30W	8	R2+R3
P3	10W/季	4季	10W	40W	9	R1+R3+R4
P4	10W/季	5季	10W	50W	10	P1+R1+R3

（1）在生产某产品之前，要取得某产品的生产资格，已经根据产品的BOM储备原材料，有库存现金用于人工成本的支付。

（2）空生产线才能上线生产，一条生产线只能生产一种产品；上线生产必须有原料，否则必须停工待料。

（3）所有P系列产品的加工费（人工成本）为10W，每种产品的直接成本计算公式为：

直接成本=加工费+原材料成本

五、供应采购类规则

新商战沙盘企业的供应与采购在现实中的资产负债表中反映在"存货"这一项，具体来说，指的是原材料存货和产成品存货。

1.原材料

新商战沙盘企业的产品是由4种原材料进行不同组合，再加上10W的人工成本构成。人工成本主要发生在生产环节，而原材料成本主要发生在采购环节，见表2-7。

表2-7   原材料规则表

名称	购买单价	提前期
R1	10W	1季
R2	10W	1季
R3	10W	2季
R4	10W	2季

（1）所有原材料的采购成本都是10W。

（2）由于运输的原因，原材料都存在一定的订货提前期[①]，所以原材料的采购需要事先向原材料供应商下订单，没有下订单的原材料不能采购入库，所有下订单的原材料到期必须采购入库。

（3）原材料下订单时不需要支付现金，采购入库时必须支付现金。

（4）如果没有原材料，企业可以紧急采购。紧急采购时，企业直接付款原材料即可到货，但紧急采购原材料的价格为直接成本的2倍。紧急采购原材料时，系统会直接扣除现金。上报报表时，原材料的成本仍然按照标准成本记录，紧急采购多付出的成本计入费用表的损失项。可以看出，紧急采购的情况下企业的代价很高。

2.产成品

（1）新商战沙盘企业的产成品有4种，分别是P1、P2、P3、P4。这4种产成品的获得方式可以有两种：一种是企业自己生产，一种是紧急采购。

（2）如果没有产成品，可以紧急采购。沙盘模拟中设定为付款即到货，产成品价格为直接成本的3倍。紧急采购产成品时，直接扣除现金。上报报表时，成本仍然按照标准成本记录，紧急采购多付出的成本计入费用表的损失项。

六、销售市场类规则

新商战沙盘企业经营活动的特征是"以销定产"，销售活动是企业生存的前提，因此企业的经营战略是在对市场分析的基础上制定的，对这一类规则的理解有助于企业进行合理的决策。

1.市场预测

新商战沙盘已经为各企业提供了各产品在各市场的市场预测均价、订单数量，见表2-8和表2-9。

表2-8   市场预测表——均价   单位：W

序号	年份	产品	本地	区域	国内	亚洲	国际
1	第2年	P1	50.82	51.44	0	0	0
2	第2年	P2	71.52	68.05	0	0	0
3	第2年	P3	90	92.4	0	0	0
4	第2年	P4	101.11	112.38	0	0	0
5	第3年	P1	50.69	53.53	50.94	0	0
6	第3年	P2	71.65	72	71.7	0	0
7	第3年	P3	90.67	91.41	93.37	0	0
8	第3年	P4	115.5	106.22	103.3	0	0

---

① 提前期又称订货提前期，是指从准备订货到货物收到的间隔时间。从卖方的角度来看，订货周期是从接受客户订单到货品运送到客户的接收站台这段时间。从买方的角度来看，订货周期是从发出订单到接收货物这段时间。

表 2-9 市场预测表——订单数量

序号	年份	产品	本地	区域	国内	亚洲	国际
1	第 2 年	P1	8	7	0	0	0
2	第 2 年	P2	7	7	0	0	0
3	第 2 年	P3	6	7	0	0	0
4	第 2 年	P4	7	4	0	0	0
5	第 3 年	P1	8	6	7	0	0
6	第 3 年	P2	7	7	9	0	0
7	第 3 年	P3	8	6	8	0	0
8	第 3 年	P4	7	4	7	0	0

沙盘企业的销售总监应对表 2-8 和表 2-9 进行仔细的分析，并向管理团队提供决策信息。完整的"本科订单规则（6~8 组）市场预测表"，参见附录 3。

2.产品开发

新商战沙盘企业刚成立时，不具备任何产品的生产资格，需要根据市场预测和经营战略构造产品组合（如专注于 P1+P2 的组合）。具体产品的开发规则，见表 2-10。

表 2-10 产品开发规则表

名称	开发费	开发时间	加工费	直接成本	分值	产品组成
P1	10W/季	2 季	10W	20W	7	R1
P2	10W/季	3 季	10W	30W	8	R2+R3
P3	10W/季	4 季	10W	40W	9	R1+R3+R4
P4	10W/季	5 季	10W	50W	10	P1+R1+R3

（1）产品的开发需要"花钱、花时间"，当时间和开发投资总额足够时，企业就取得了产品生产资格。

（2）产品的研发要按季执行，不能一次性完成；开发产品的总投资的计算公式为：

开发总投资=每季开发费用×开发周期

（3）产品研发可以中断或终止，但不允许超前或集中投入；已投入的研发费不能回收；如果开发没有完成，"系统"不允许开工生产。

3.市场开拓

新商战沙盘企业刚成立时，同样不具有任何市场的销售资格，因为没有付出代价去开拓市场[①]。企业应根据市场预测和经营战略合理确定市场组合（比如"主攻本地+国内市场"），在市场组合选择时，基本原则是避开竞争对手，即"避免进入红海、争取进入蓝海"。具体的市场开发规则，见表 2-11。

蓝海市场与
红海市场

表 2-11 市场开发规则表

名称	开发费	开发时间	分值
本地	10W/年	1 年	7
区域	10W/年	1 年	7
国内	10W/年	2 年	8
亚洲	10W/年	3 年	9
国际	10W/年	4 年	10

①　市场开发（market development），可以应用人口统计市场、地理市场等方法开发新的区隔市场，突破进入现有市场。

（1）市场开发也是"花钱、花时间"，市场开发每年的年末进行一次，即在每年年底结算这一年的市场开拓支出。

（2）市场投资总额的计算公式为：市场投资总额=每年开发费×开发时间。

（3）开发费用按开发时间在年末平均支付，不允许加速投资。市场开发完成后，领取相应的市场准入证。

（4）市场开发成功后无须再交纳维护费，中途停止使用，也可继续拥有使用资格并在以后年份使用。

4.质量资格认证①

市场中的代理商对沙盘企业的产品的质量和环境保护的要求也不一样，有的代理商没什么要求，但有的代理商要求企业必须有 ISO 9000②或 ISO 14000③的资质。因此，沙盘企业要根据企业的经营战略选择是否取得 ISO 的认证，具体规则见表2-12。

表2-12   ISO认证规则表

名称	开发费	开发时间	分值
ISO 9000	10W/年	2年	8
ISO 14000	20W/年	2年	10

（1）ISO 认证也"花钱、花时间"，企业可以在每年的年末进行一次。

（2）企业必须平均支付认证费用（不可一次性支付），认证完成后可以领取相应的 ISO 资格证。

（3）当资金短缺时企业可中断投资，等有现金后可继续投资。

（4）企业取得资质后，不需要支付后续维持费用。

5.市场广告与订单

（1）市场广告。

新商战沙盘企业的销售订单的获取不是固定的，需要企业自己通过广告投放的方式去竞争性市场中争夺，所以企业要根据本企业的经营战略、资金量、产能、产品组合、市场组合、ISO 等因素合理确定广告投放计划。

①投入广告费有两个作用，一是获得拿取订单的机会，二是确定选单顺序。

新商战沙盘的广告投放要求分别对不同的产品和市场进行投放，如本地 P1，本地 P2……广告额度的投放需要学生自己决策，但是每个市场的 P 系列产品必须至少投入10W 广告费，才可以获得一次拿取订单的机会（如果不投产品广告或投入广告小于10W，则没有选单机会），一次机会允许取得一张订单；如果要获得更多的拿单机会，那么每增加一个机会就需要多投入20W 产品广告。

例如，模拟企业在区域市场的 P2 产品投入36W 广告费，则可以有两次获得订单的机会，投入58W 产品广告费则表示有三次获得订单的机会……依此类推。

新商战电子沙盘系统会自动根据各模拟企业投放广告费金额的多少和先后顺序来确定选单的顺序。

②无须对 ISO 单独投放广告，电子沙盘系统自动判定公司是否有 ISO 资格，确认其能否选有 ISO 要求的订单。

③选单规则根据电子沙盘初始状态设定是否有市场"老大"④，分为有"老大"和无"老大"两种情况。

情况一，有市场"老大"。首先，上一年本市场销售额最高者（无违约）优先。其次，看本市场

---

①　质量资格认证，又称质量体系评价与注册，是指由权威的、公正的、具有独立第三方法人资格的认证机构（由国家管理机构认可并授权的）派出合格审核员组成的检查组，对申请方质量体系的质量保证能力依据三种质量保证模式标准进行检查和评价，对符合标准要求者授予合格证书并予以注册的全部活动。
②　ISO 是一个组织的英语简称，其全称是 International Organization for Standardization，翻译成中文就是"国际标准化组织"。"ISO 9000"不是指一项标准，而是一组标准的统称，专门负责制定品质管理和品质保证技术的标准。
③　ISO 14000 环境管理系列标准是国际标准化组织（ISO）继 ISO 9000 标准之后推出的又一个管理标准，其目的是规范企业和社会团体等所有组织的环境行为，以达到节省资源、减少环境污染、改善环境质量、促进经济持续、健康发展的目的。
④　市场"老大"是根据销售额来确定的，在特定市场销售最高的企业成为该市场的市场"老大"，当然，第1年投入广告费最多的企业，如果拿到最好的订单，第2年自然是市场"老大"。市场"老大"不一定是广告投入最多的，单市场年销售额最高者将成为下一年的市场"老大"。

本产品广告费金额。再次，看本市场广告费总额。最后，看市场销售排名。如仍无法决定，则先投广告者先选单。

情况二，无市场"老大"。先看本市场本产品的广告额，后看本市场的广告费总额，再看市场销售排名，如仍无法决定，则先投广告者先选单。

以上规则由商战电子沙盘自动判定，自动为各企业进行选单排序，学生只要在学生端选择订单即可。

教师可以根据不同的教学目标在系统中选择是否有市场"老大"，作者认为无市场"老大"比较符合商战企业的实际情况，并适合初学者操作。

④选单过程分为若干个回合，依次为（本地，P1）、（本地，P2）、（本地，P3）、（本地，P4）、（区域，P1）、（区域，P2）……（国际，P3）、（国际，P4）最多20回合，每回合选单可能有若干轮，每轮选单中，各队按照排定的顺序，依次选单，但只能选一张订单。当所有队都选完一轮后，若还有订单，则开始进行第二轮选单，依此类推，直到所有订单被选完或所有队退出选单为止，本回合结束。

⑤最大可接单量的计算：参加订货会之前，需要计算企业的最大可接单量。

企业可接单量=当前库存+下一年第4季度结束前的最大产量

（2）订单。

新商战沙盘实训中，模拟企业是订单式生产企业，市场订单来自企业外部的代理商，企业通过广告投放获取的订单，其格式如图2-11所示。

本地（P1，q101）区域（P1，q101）正在选单 国内 亚洲 国际 无广告

| 本地 | 区域 | 国内 | 亚洲 | 国际 |

q102参加第2年订货会，当前回合为本地市场，P1产品，选单用户q101，剩余选单时间为57秒。

ID	用户	产品广告	市场广告	销售额	次数		编号	总价	单价	数量	交货期	账期	ISO	提供
1	q101	10	20	0	1		S211_01	161	53.67	3	4	2	·	·
2	q102	10	10	0	1		S211_02	89	44.50	2	4	2	·	·
							S211_03	52	52.00	1	4	2	·	·
							S211_04	58	58.00	1	4	2	·	·
							S211_05	193	48.25	4	4	0	·	·
							S211_06	56	56.00	1	4	2	·	·
							S211_07	119	59.50	2	4	2	·	·
							S211_08	136	45.33	3	4	2	·	·

图2-11　订单示意图

①总价指的是企业完成该订单可以得到的销售收入的总额。

②数量是指代理商要求企业交货的产品数量。

③交货期是指该订单要求的交货时间，如交货期为4，则说明企业在下一年第4季度之前交货就不算违约；交货期为1，意思是要求企业在第1季度结束之前交货，也就是说企业必须有存货才可以拿到订单。

④账期是指企业交付订单后，得到的应收账款的账期，比如账期为1Q的意思是企业完成订单，得到收现期为1Q的应收账款。

> **提示：**
> 1. 应收账款到期时，需要在电子沙盘中录入相应的到期金额，从而收回账款。
> 2. 商战模拟企业在参加订货会时，各企业要根据自己的最大接单量来选择订单，对于无法完成的订单，要果断放弃。

此外，企业也可以通过参加竞单会获得订单，但竞单会不是每年都有的，管理员会事先公布举办竞单会的年份。新商战沙盘实训中，参加竞单会的界面如图2-12所示。

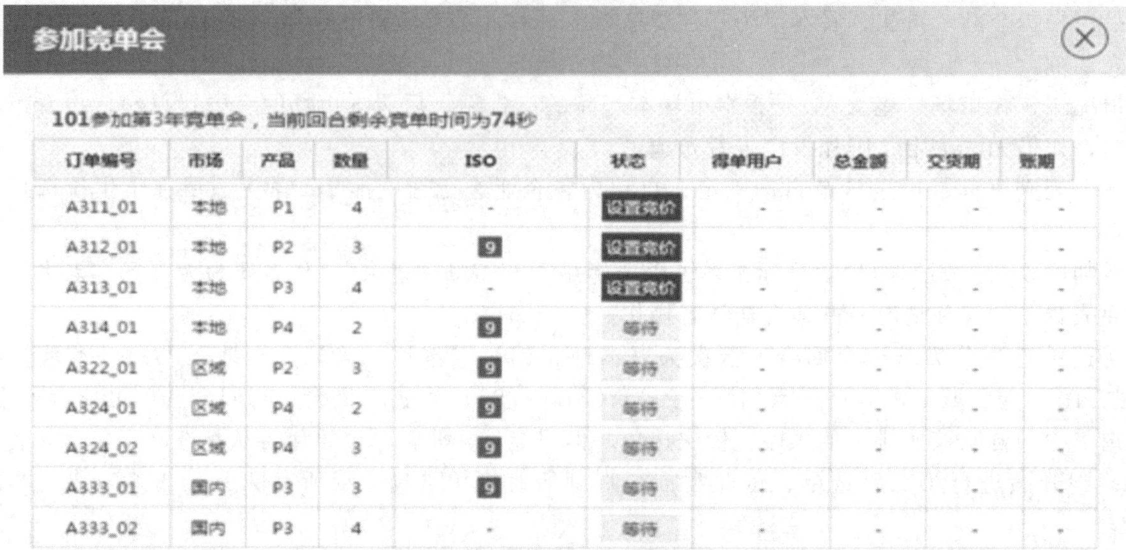

参加竞单会

101参加第3年竞单会，当前回合剩余竞单时间为74秒

订单编号	市场	产品	数量	ISO	状态	得单用户	总金额	交货期	账期
A311_01	本地	P1	4	-	设置竞价	-	-	-	-
A312_01	本地	P2	3	9	设置竞价	-	-	-	-
A313_01	本地	P3	4	-	设置竞价	-	-	-	-
A314_01	本地	P4	2	9	等待	-	-	-	-
A322_01	区域	P2	3	9	等待	-	-	-	-
A324_01	区域	P4	2	9	等待	-	-	-	-
A324_02	区域	P4	3	9	等待	-	-	-	-
A333_01	国内	P3	3	9	等待	-	-	-	-
A333_02	国内	P3	4	-	等待	-	-	-	-

图2-12 参加竞单会的界面

①参与竞拍的订单标明了订单编号、市场、产品、数量、ISO资格等。

②参与竞拍的企业要为订单设置竞单总价、交货期、账期。

③获得订单的企业需要为订单支付10W的竞拍费，竞拍会结束后系统将一次性扣除。

④系统会按照下列公式计算得分：

得分=100+（5-交货期）×2+应收账期-8×总价/（该产品直接成本×数量）

得分最高者中标，如果多家企业得分相同，那么先提交竞价申请者中标。

（3）交货。

新商战沙盘企业要想获得销售收入，必须在经营年度结束之前向代理商交付年初获得的所有订单，否则视同违约。订单交货必须按照以下原则进行：

①严格按照订单要求的数量交货，不能把一个订单分几次完成。

②在订单规定的交货期之前交货，如订单规定的交货期为第3季度，则企业可以在当年第3季度以前（含第3季度）交货。

③当需要交货时，需要在电子沙盘的“系统”中选择要交货的订单，然后点击“确认交货”按钮。

④将出售产品所得应收款按订单上所写的账期，放入实物沙盘盘面“应收款”相应的账期，如果账期为0，则直接进入现金库。

⑤不能按照以上规则交货的订单，视为违约订单。违约订单将直接被取消，违约订单的违约金在当年第4季度结束时按违约订单销售收入的20%计算，并从现金中予以扣除，计入损失中。违约金的计算公式为：

违约金=订单总价×20%

七、其他规则

1.税金计算

新商战沙盘企业涉及的税项只有企业所得税，如果年度发生亏损，则不用缴纳所得税，以后年度如果盈利，则应首先弥补以前年度的亏损，具体的税金计算方式如下：

（1）去年所有者权益<股东初始资本。

税金=（税前利润+去年所有者权益-股东初始资本）×25%

（2）去年所有者权益>股东初始资本。

税金=税前利润×25%

企业当年应交未交的所得税，只在当年计入资产负债表的“应交税费”项目中，税金款项的支付在下一年的第1季度缴纳，由系统自动扣除。

2.数据取整规则

数据取整规则，见表2-13。

表2-13　　　　　　　　　　　　　　　**数据取整规则表**

项目	取整原则
违约金扣除	四舍五入
扣税	四舍五入
贷款利息（包括长期贷款和短期贷款）	四舍五入
库存拍卖所得现金	向下取整
贴现费用	向上取整

3.计分排名

新商战电子沙盘会根据企业的总体经营状况对各模拟企业进行排行，排行榜的计分标准如下：

总成绩 = 所有者权益×（1 + 企业综合发展潜力/100）

其中：

企业综合发展潜力=市场资格分值+ISO资格分值+生产资格分值+厂房分值+各条生产线分值

生产线建成（包括转产）即加分，无须生产出产品，也无须存在在产品；厂房必须通过购买才能获得。

第3节　新商战沙盘的报表编制与分析

新商战沙盘企业虽然是对现实中企业的模拟，但其经营流程和经营思路与现实中的企业在本质上是一致的。在模拟经营中，为了加强对企业经营的控制，也要采取一定的管理控制手段对企业的经营过程进行规划。

新商战沙盘企业的经营成果会反映在报表中，新商战沙盘的报表主要有综合费用表、利润表和资产负债表，以后工作为了方便模拟，实验中这三个表都是经过简化的报表，但是学生掌握了这三个表的编制方法，可以提高以后工作中对企业报表的编制能力。这三个表相互之间存在逻辑关系，在编制的过程中要先编制纸质版的综合费用表，然后根据综合费用表编制利润表，最后根据利润表编制资产负债表，并录入商战电子沙盘系统中。

上述纸质版的三个表格可参见"附录4　分角色学生实训用表"中的"新商战沙盘（手工+电子版）学生实验手册——财务总监专用"。

一、综合费用表的编制

新商战沙盘企业在经营过程中，会发生一些与直接生产产品无关但属于企业运营必不可少的期间费用，根据会计的配比原则，应计入当年利润表，用当年收入加以补偿。新商战沙盘的综合费用有10项，详见表2-15。

综合费用表编制

综合费用表的编制主要是依据物理沙盘台面费用区的摆放或商战电子沙盘的信息显示填制，做到账实相符，并填入表格。综合费用表的填制方法如下：

（1）"管理费"项目根据企业当年支付的行政管理费填列，属于固定费用。企业每季度支付10W的行政管理费，全年共支付行政管理费40W。

（2）"广告费"项目根据企业当年年初的"广告登记表"中填列的广告费总额填列，需要注意的是，企业第1年没有广告费，从第2年开始，每年年初（即第1季度开始前）支付广告费。

（3）"维护费"项目根据企业实际支付的生产线保养费填列。根据规则，只要生产线建设完工，不论是否生产，都应当支付一定的维护费。设备维护费，见表2-14。

表2-14 **设备维护费**

名称	超级手工线	自动线	柔性线	租赁线
维护费	5W/年	20W/年	20W/年	65W/年

（4）"其他"项目的构成比较多，主要包括：

①紧急采购。原材料的紧急采购价格是订购价的2倍，产成品的紧急采购价格是成本的3倍，企业应分别计算其与正常订购价、正常生产成本之间的差额，并计入损失。

②生产线变卖。生产线的变卖属于非正常经营活动，生产线的净值与残值的差额部分计入损失。

③库存折价拍卖。原材料按订购成本80%的价格被拍卖后，订购成本的剩余20%计入损失。

④销售订单违约。企业没有按订单约定的条件交付产品，即构成违约，按违约订单销售额的20%计算违约金，并计入损失。

（5）"转产费"项目根据企业生产线转产支付的转产费填列。

（6）"租金"项目根据企业支付的厂房租金填列。

（7）"市场开拓费"项目根据企业本年开发市场支付的开发费填列。为了明确开拓的市场，需要在"备注"栏本年开拓的市场前画"√"。

（8）"产品研发费"项目根据本年企业研发产品支付的研发费填列。为了明确产品研发的品种，应在"备注"栏产品的名称前画"√"。

（9）"ISO认证费"项目根据企业本年ISO认证开发支付的开发费填列。为了明确认证的种类，需要在"备注"栏本年认证的名称前画"√"。

（10）"信息费"项目根据系统参数设定计算。本书以教学为主，不以比赛为目的，因此我们主张教师把这一参数设置得大一点。

为了更好地说明综合费用表的编制，现列示简明综合费用表，参见表2-15。

表2-15 **简明综合费用表** 单位：万元

项目	金额	简明计算规则
管理费	40W/年	每季度10W，每年40W，各年都一样
广告费		第1年无，第2~6年每年各产品、各市场投放广告的总和
维护费		根据截至第4季度末建成的生产线的数量计算
转产费		超级手工线、柔性线为0；自动线、租赁线为20W，转产期为1Q
租金		大厂房40W/年，小厂房18W/年
市场开拓费		每个市场都是10W/年
产品研发费		每年各产品研发支出的总和
ISO认证费		ISO 9000为10W/年，ISO 14000为20W/年
信息费		根据系统设定
其他		高价紧急采购、低价库存折价拍卖、生产线拍卖、订单违约
合计		以上10个项目的金额总计

二、利润表的编制

利润表编制

利润表是反映企业经营成果的报表，利润表把一定期间内的营业收入与其同一期间内相关的成本费用相配比，从而计算出企业一定时期的利润。新商战沙盘企业通过编制利润表，可以反映企业的生产经营收益情况、成本耗费和费用支付情况，从而表明企业一年的生产经营成果。同时，通过利润表提供的不同时期的比较数字，学生可以分析企业利润的发展趋势和获利能力。

在沙盘模拟中，利润表的编制主要是依据企业的年度订单销售信息、生产产品成本信息和综合费用表填列，具体方法如下：

（1）利润表中"上年数"栏反映各项目的上年的实际发生数，根据上年利润表的"本年数"填列。利润表中"本年数"栏反映各项目本年的实际发生数，根据本年实际发生额的合计数填列。

注意：为了更好地进行年度之间的对比分析，建议填表人要把上年数和本年数都填写完整。

（2）"销售收入"项目反映企业销售产品取得的收入总额，本项目应根据"产品核算统计表"填列，具体参见附录。

（3）"直接成本"项目反映企业本年已经销售产品的实际成本，本项目应根据"产品核算统计表"填列。

（4）"毛利"项目反映企业销售产品实现的毛利，本项目应根据销售收入减去直接成本后的余额填列。

（5）"综合费用"项目反映企业本年发生的综合费用，根据"综合费用表"的合计数填列。

（6）"折旧前利润"项目反映企业在计提折旧前的利润，根据毛利减去综合费用后的余额填列。

注意：在沙盘模拟中计算该项目数据，是为了更好地反映企业现有资产创造收益的能力。

（7）"折旧"反映企业当年计提的折旧额，根据当期计提的折旧额填列，可通过核对物理沙盘台面上费用区的"折旧"中的灰币①填列。

（8）"支付利息前利润"项目反映企业支付利息前实现的利润，根据折旧前利润减去折旧后的余额填列。

（9）"财务费用"项目反映企业本年发生的长期贷款、短期贷款的利息，再加上应收款贴息计算填列，也可以通过物理沙盘台面上的"利息"填列。

（10）"税前利润"项目反映企业本年实现的利润总额，本项目根据支付利息前利润减去财务费用后的余额填列。

（11）"所得税"项目反映企业本年应缴纳的所得税费用。

（12）"年度净利润"项目反映企业本年实现的净利润，本项目根据税前利润减去所得税后的余额填列。

为了更清楚地说明沙盘企业的利润表编制过程，本书以简明的方法列示了编表过程和取数方法，参见表2-16。

表2-16　　　　　　　　　　　　　　　　　利润表（简表）

项目	序号	备注
销售收入	①	企业当年所争取的订单，所有能够在年度结束前按订单条件交货的订单的总价值
直接成本	②	销售数量×单位成本，其中单位成本：P1为20W，P2为30W，P3为40W，P4为50W
毛利	③	③=①-②
综合费用	④	根据综合费用表中的合计数填列
折旧前利润	⑤	⑤=③-④
折旧	⑥	参见表2-5生产线折旧规则
支付利息前利润	⑦	⑦=⑤-⑥
财务费用	⑧	包括：长期贷款10%，短期贷款5%，应收款贴现
税前利润	⑨	⑨=⑦-⑧
所得税	⑩	如果⑨＜0，则不支付所得税。 如果当年⑨＞0，则有3种情况： 情况1：弥补以前年度亏损，即如果（⑨+资产负债表中"利润留存"）＜0，则本年不缴纳所得税； 情况2：如果（⑨+资产负债表中"利润留存"）＞0，则差额部分按25%的税率计算应交所得税； 情况3：在情况⑨下，下一年度如果⑨＞0，则⑩=⑨×25%
年度净利润	⑪	⑪=⑨-⑩

---

① 在企业新商战沙盘中代表现金的是一种灰色的模拟币，简称"灰币"，每一个灰币代表100万元（1M），20枚灰币即可装满一个小塑料桶。

三、资产负债表的编制

资产负债表是反映企业某一特定日期财务状况的会计报表，其简明格式参见表2-17，它是根据"资产=负债+所有者权益"的会计等式编制的。

具体编制方法如下：

（1）资产负债表由期初数和期末数两个栏目组成。资产负债表的"期初数"栏各项目数字应根据上年末资产负债表的"期末数"栏内所列数字填列。资产负债表的"期末数"栏各项目，主要根据新商战沙盘物理沙盘盘面的资产状况，通过盘点后的实际金额和有关项目期末余额资料编制，也可以根据新商战电子沙盘信息区的显示填制。

（2）资产类项目主要根据新商战沙盘物理沙盘盘面的资产状况通过盘点后的实际金额填列，或根据新商战电子沙盘的信息区的显示填制。

（3）负债类项目中的"长期负债"和"短期负债"根据新商战沙盘物理沙盘盘面上的长期借款和短期借款数额填列，或根据新商战电子沙盘信息区的显示填制。对于一年内到期的长期负债，应单独反映。

（4）"应交税费"项目根据企业本年"利润表"中的"所得税"项目的金额填列，具体计算规则参见表2-16。

（5）所有者权益类中的"股东资本"项目，直接根据上年末"资产负债表（简表）"（本书以下简称"资产负债表"）中的"股东资本"项目填列。注意，在新商战沙盘模拟中，假设教师可以根据教学情况选择股东注资。

（6）"利润留存"项目根据上年"资产负债表（简表）"（本书以下简称"资产负债表"）中的"利润留存"和"年度净利润"两个项目的合计数填列。

（7）"年度净利润"项目根据本年"利润表"中的"年度净利润"项目填列。

为了更清楚地说明新商战沙盘企业的资产负债表的编制过程，本书以简明的方法列示编表过程和取数方法，参见表2-17。

表2-17　　　　　　　　　　　　　　　资产负债表（简表）

资产	序号	备注	负债和所有者权益	序号	备注
流动资产：			负债：		
库存现金	1	盘点物理沙盘现金库或电子沙盘信息区，必须是投放广告之前的现金	长期负债	12	盘点物理沙盘长期贷款、本金或电子沙盘信息区
应收款	2	盘点物理沙盘应收款或电子沙盘信息区	短期负债	13	盘点物理沙盘长期贷款、本金或电子沙盘信息区
在制品	3	盘点物理沙盘线上在制品或电子沙盘信息区	特别贷款	14	根据教师端操作确定
产成品	4	盘点物理沙盘成品库或电子沙盘信息区	应交税费	15	根据"利润表（简表）"中的⑩项填列
原材料	5	盘点物理沙盘或电子沙盘信息区，在途原料不计	一年内到期的长期负债		
流动资产合计	6	6=1+2+3+4+5	负债合计	16	16=12+13+14+15
固定资产：			所有者权益：		
土地和建筑	7	盘点物理沙盘或电子沙盘信息区，大厂房400W，中厂房300W，小厂房180W	股东资本	17	初始股东出资，每年不变
机器与设备	8	盘点物理沙盘或电子沙盘信息区，提完折旧后的净值	利润留存	18	18=上年利润留存+上年年度净利润
在建工程	9	盘点物理沙盘或电子沙盘信息区，未建成的设备	年度净利润	19	按照"利润表（简表）"中的"年度净利润"项目填列
固定资产合计	10	10=7+8+9	所有者权益合计	20	20=17+18+19
资产总计	11	11=6+10	负债和所有者权益总计	21	21=16+20

资产负债表编制

四、三表之间的关系

三表之间的关系

在新商战沙盘企业中，综合费用表、利润表和资产负债表（以下简称“三表”）是反映企业当年财务状况和经营成果的三张主表，三表之间的关系用四个字概括，即“数据、平衡”。

数据是指这三张表在数据来源上具有接口，综合费用表中的“合计”为利润表中“综合费用”的数据来源，利润表中的“年度净利润”为资产负债表中“年度净利润”的数据来源。

平衡是指这三张表之间在数据大小上要保持平衡，否则会影响企业的整体发展。比如，如果企业由于广告投放过多，或产品开发过多，或市场开拓过多，或租金支付过多等原因，导致企业的综合费用过多，而如果企业的收入没有大幅增加，这时就会使企业利润表中的“年度净利润”出现较大的负值。“年度净利润”如果负值较大，就会使资产负债表中的“年度净利润”产生较大的负值，这样就会使资产负债表中的“所有者权益合计”大幅减少，而实训规则要求负债不超过权益的3倍（即资产负债率不超过75%），这样企业融资能力就会下降，企业就失去了后续发展的能力，甚至会走向破产（所有者权益为负数，资不抵债）。

因此，在进行新商战沙盘企业模拟经营时，要特别重视三表之间的协调与平衡。三表之间的关系，如图2-13所示。

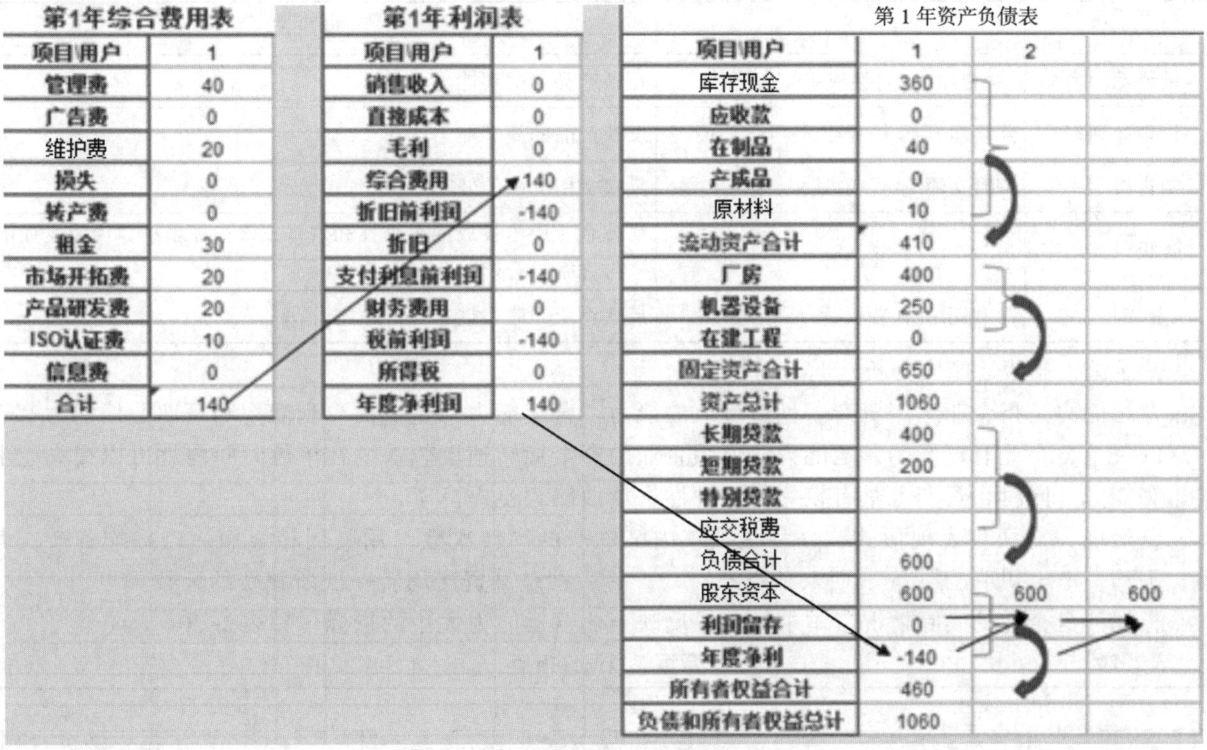

第1年综合费用表

项目\用户	1
管理费	40
广告费	0
维护费	20
损失	0
转产费	0
租金	30
市场开拓费	20
产品研发费	20
ISO认证费	10
信息费	0
合计	140

第1年利润表

项目\用户	1
销售收入	0
直接成本	0
毛利	0
综合费用	140
折旧前利润	-140
折旧	0
支付利息前利润	-140
财务费用	0
税前利润	-140
所得税	0
年度净利润	140

第1年资产负债表

项目\用户	1	2	
库存现金	360		
应收款	0		
在制品	40		
产成品	0		
原材料	10		
流动资产合计	410		
厂房	400		
机器设备	250		
在建工程	0		
固定资产合计	650		
资产总计	1060		
长期贷款	400		
短期贷款	200		
特别贷款			
应交税费			
负债合计	600		
股东资本	600	600	600
利润留存	0		
年度净利	-140		
所有者权益合计	460		
负债和所有者权益总计	1060		

图2-13　三表之间关系图

五、财务报表分析

通过对三表的分析，可以发现沙盘中的模拟企业在经营中的问题，进而帮助同学们掌握现实中的企业如何进行财务分析。

1.沙盘企业偿债能力分析

偿债能力是指企业偿还债务的能力，企业的偿债能力较差就会使企业面临破产的风险，所以沙盘企业在正常经营中要保证企业维持恰当的偿债能力。

根据企业偿还债务的期限结构，偿债能力又分为短期偿债能力和长期偿债能力，具体反映偿债能力的指标见表2-18。

表2-18   偿债能力评价指标

指标名称		公式	说明
短期偿债能力	流动比率	流动资产/流动负债	指标值2左右恰当
	营运资金	流动资产－流动负债	大于零恰当
长期偿债能力	资产负债率	负债总额/资产总额	处于40%~60%恰当
	产权比率	负债/所有者权益	反映资本结构
	权益乘数	1/（1－资产负债率）	反映负债对提高股东回报的加乘效应，负债越多，数值越大
	利息保障倍数	息税前利润/利息	利息可用利润表中的财务费用替代

2.沙盘企业盈利能力分析

盈利能力是指企业获取利润的能力。企业的获利能力取决于两方面，一方面是收入，这就要求企业尽可能争夺市场份额，扩大销售；另一方面是成本和费用，这就需要企业控制生产成本和费用的支付，提高资金的使用效率，减少无意义的支出。

根据沙盘企业的实际情况，本书推荐了反映企业盈利能力大小的指标，见表2-19。

表2-19   盈利能力评价指标

指标名称	公式	说明
销售毛利率	（销售收入－直接成本）/销售收入	反映产品的盈利能力
销售净利率	年度净利润/销售收入	反映产品的盈利能力
销售费用率	综合费用/销售收入	反映费用支出的效率
广告投入产出率	广告费/销售收入	反映企业广告投放的合理性和效率，该指标越小，说明企业的广告方案越合理
净资产收益率	净利润/所有者权益	反映企业为股东创造财富的能力

3.沙盘企业营运能力分析

营运能力是指企业运用资产、创造价值的能力。营运能力与企业的盈利能力和短期偿债能力都有一定的关系，企业有较好的营运能力，说明企业的资金周转速度较快，在单位时间内就可以提高企业的盈利能力，同时，资产也具有较好的流动性，偿债能力也提高了。

营运能力有两种表现形式：一种是一年内某资产的周转次数，用其周转金额除以平均资产，其中，平均资产=（期初某资产+期末某资产）÷2；另一种是某资产周转一次所花费的天数。

根据沙盘企业的实际情况，本书推荐了反映企业营运能力大小的指标，见表2-20。

表2-20   营运能力评价指标

指标名称	公式	说明
存货周转率	销售收入/平均存货	越大越好
存货周转天数	360/存货周转率	越小越好
应收账款周转率	销售收入/平均应收账款	越大越好
应收账款周转天数	360/应收账款周转率	越小越好
流动资产周转率	销售收入/平均流动资产	越大越好
流动资产周转天数	360/流动资产周转率	越小越好
固定资产周转率	销售收入/平均固定资产	越大越好
固定资产周转天数	360/固定资产周转率	越小越好
总资产周转率	销售收入/平均资产总额	越大越好
总资产周转天数	360/总资产周转率	越小越好

4.沙盘企业发展能力分析

发展能力是指企业的资产、销售额等的增长能力，反映沙盘企业的核心竞争能力。一般来说，发展能力的相关指标数值越高，说明企业的发展越好。但是，需要注意的是过快的增长速度对于企业来说不一定是好事，因为随着销售的增长和资产规模的增长，企业对资金的需求也会变得更大，这时，如果企业没有很好的资金预算和融资能力，也会因资金链断裂而破产。

根据沙盘企业的实际情况，本书推荐了反映企业发展能力大小的指标，见表2-21。

表2-21　　　　　　　　　　　　　　　　发展能力评价指标

指标名称	公式	说明
销售增长率	(本年销售收入–上年销售收入)/上年销售收入	越大，说明企业增长越快
利润增长率	(本年净利–上年净利）/上年净利	越大，说明企业增长越快
总资产增长率	(本年资产总额–上年资产总额)/上年资产总额	越大，说明企业增长越快
保值增值率	(本年所有者权益总额–上年所有者权益总额)/上年所有者权益总额	越大，说明企业增长越快

5.沙盘企业杜邦综合分析

以上四方面的分析，从不同角度对企业的财务状况和经营成果进行了分析，但是都存在片面性，所以为了综合反映企业对股东财富的创造能力，从总体上判断企业的财务状况和经营成果，需要对企业进行综合分析。对企业进行综合分析的方法有很多，本书将介绍杜邦分析法[①]。

杜邦分析法从两个角度分析了财务状况：一是对内部管理因素进行了分析；二是对资本结构和风险进行了分析，反映了一些财务指标之间的关系，如图2-14所示。

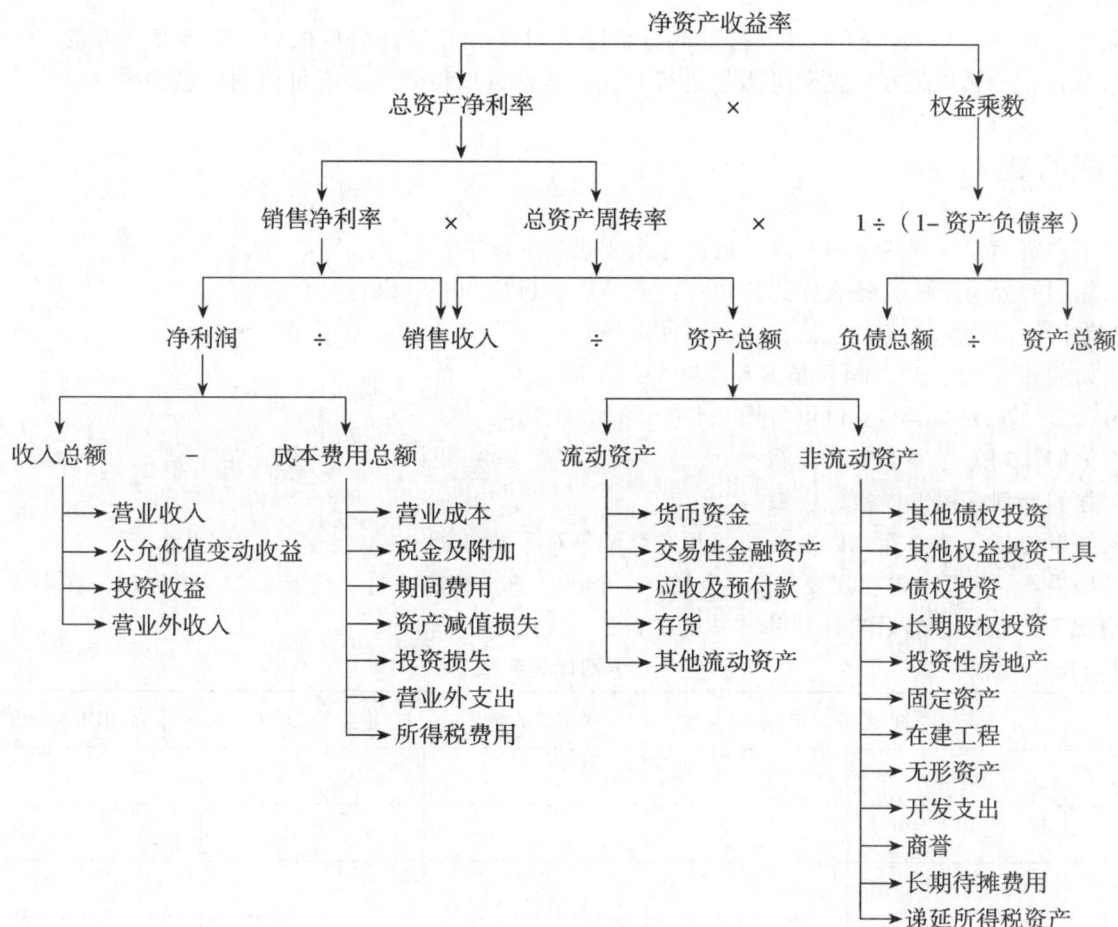

图2-14　杜邦分析图

---

① 该分析方法由美国杜邦公司率先采用，被称为杜邦体系分析法。它主要是通过杜邦分析图将有关指标按内在联系加以排列，从而直观地反映出企业的财务状况和经营成果的总体面貌。

净资产收益率是一个综合性很强的财务比率,是杜邦分析系统的核心。它反映所有者投入资本的获利能力,同时反映企业筹资、投资、资产运营等活动的效率。决定净资产收益率高低的因素有三个——权益乘数、销售净利率和总资产周转率。权益乘数、销售净利率和总资产周转率三个比率分别反映了企业的负债比率、盈利能力比率和资产管理比率。

总资产净利率是一个综合性的指标,也是一个重要的财务比率,综合性也较强。它是销售(营业)净利率和总资产周转率的乘积,因此,要进一步从销售成果和资产营运两方面来分析。销售净利率反映了企业利润总额与销售收入的关系,从这个意义上看,提高销售净利率是提高企业盈利能力的关键所在。要想提高销售净利率:一是要扩大销售收入,二是要降低成本费用。降低各项成本费用开支是企业财务管理的一项重要内容,通过将制造费用、管理费用、财务费用、销售费用等各项成本费用开支罗列出来,有利于企业进行成本费用的结构分析,加强成本控制,以便为寻求降低成本费用的途径提供依据。要想提高总资产周转率,则需要提高资产的利用效率,减少资金闲置,加速资金周转。

权益乘数反映企业的负债状况,这个指标越高,说明所有者投入企业的资本占全部资产的比重越小,企业负债的程序越高。负债经营给企业带来了较多的杠杆利益,同时给企业带来了较大的风险,而这个指标越低则说明企业的财务政策比较稳健,负债较少,风险也小,但获得超额收益的机会也不会很多。

杜邦分析涉及企业获利能力方面的指标(净资产收益率、销售利润率),也涉及营运能力方面的指标(总资产周转率),还涉及偿债能力方面的指标(权益乘数),可以说杜邦分析法是一个三足鼎立的财务分析方法。

同学们可以利用EXCEL软件,按杜邦分析图(图2-14)设计分析框架,从沙盘企业的三表中取数进行分析,分析中最好用两年的数据进行对比,这样可以得到更多有价值的信息和结论。

本章练习题

1.综合费用包含哪些费用?可以通过什么方式减少成本?

2.你们的公司想成为什么样的公司?企业的经营目标和经营宗旨是什么?

3.你们倾向于生产何种产品,占领何种市场?

4.如何计算P2、P3、P4可能开始上线的最早时间?

5.什么情况下本年不支付设备维修费?

6.你们计划怎样增加生产设施?

7.你们计划采用怎样的融资策略?

8.如果你是营销主管,你准备如何开展对竞争对手的分析?

9.如果本年度第2季度需要上线2个P3,1个P4;第3季度需要上线1个P2,1个P4;在不考虑库存的情况下,制订你的采购计划并将其填在表2-22中。

表2-22　　　　　　　　　　　　　　　采购计划表

时间	上年第3季度	上年第4季度	本年第1季度	本年第2季度	本年第3季度
R1					
R2					
R3					
R4					

10.假设目前企业出现资金缺口18W,企业有2Q账期应收账款15W,3Q账期应收账款11W,如果只考虑采用应收账款贴现的方式弥补资金缺口,那么你准备如何贴现?

育人育德

伊利的社会责任

2020年年初，新冠肺炎疫情突然袭来，迅速蔓延至全国。伊利集团第一时间启动《新型冠状病毒肺炎防控预案》，将营养物资陆续送至全国数千家医院、疾控中心、诊所、隔离观察点、公安交警部门。同时，伊利集团调动全球供应链资源，紧急采购了100万个口罩先后送达全国各地疫区，并通过"公益战略联盟平台"携手苏宁、利乐等全球30余家产业链合作伙伴共同抗击疫情。2022年2月25日，伊利集团向呼和浩特捐赠1亿元用于抗击新冠病毒肺炎疫情。自2020年至今，伊利集团已持续捐赠3.8亿元，用于抗击新冠肺炎疫情。

请根据上述资料讨论企业利益与社会责任之间的关系。

资料来源：佚名. 哪里有需要，哪里就有伊利人的身影［EB/OL］.（2022-05-12）. https：//new.qq.com/omn/20220512/20220512A0CV1S00.html. 有改动.

第3章

新商战沙盘的教学引导
与学生端操作

在理解新商战沙盘的基础上，为了便于同学们更好地了解新商战沙盘模拟企业的运营流程和年初、年中、年末的经营活动，减少操作性误差对企业模拟实训效果的影响，本书设计了基于新商战电子沙盘的操作演练，供同学们在自主经营之前练习。

本书主张物理沙盘实训和电子沙盘实训同步进行，因为物理沙盘实训有助于增强学生对企业经营的感性认识，电子沙盘实训有助于学生控制企业运行流程、提高效率，二者相辅相成，缺一不可。

在下面的内容中，本书会介绍电子沙盘的电脑操作和物理沙盘的摆放，请留意。为了方便教学，我们录制了引导年学生端登录系统的操作视频，扫描左侧二维码即可观看。

引导年学生端
登录系统操作

第1节　新商战沙盘教学引导的基本规划

一、新商战电子沙盘系统初始状态设定

根据我们的教学经历，同学们对沙盘模拟课程最大的遗憾是：在基本掌握和理解了沙盘的规则，操作软件也很少犯错之后，课程也快要结束了，好多想法和战略都没有来得及很好地实施。

所以，本书为了尽可能地减少同学们因对规则的误解和软件操作的失误而对实验效果产生的影响，建议在模拟企业初始状态设定后，教师通过手把手带领学生实施一年的企业模拟运营，使参训学生尽快熟悉操作流程，为以后的"独立经营"打下基础，使他们尽快成为真正的驾驭沙盘的"行家里手"。

初始状态设定由教师负责，教师可以根据实训目的在新商战沙盘的教师端修改该系统参数。

（1）教师以管理员账户（用户名为"admin"，密码为"1"），登录系统，做相应的设置，如图3-1所示。

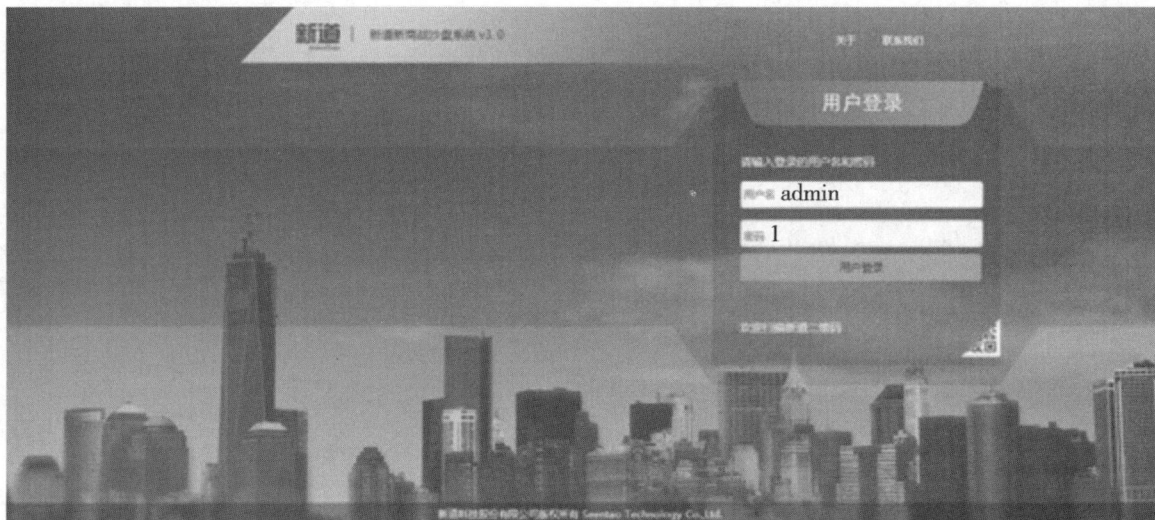

图3-1　教师登录界面

（2）管理员账户的主要功能为：管理各用户账号与权限、创建教学班、数据备份与还原。教师设置界面包含："创建教学班""教师管理""权限管理""数据备份"，如图3-2所示，其具体功能介绍如下：

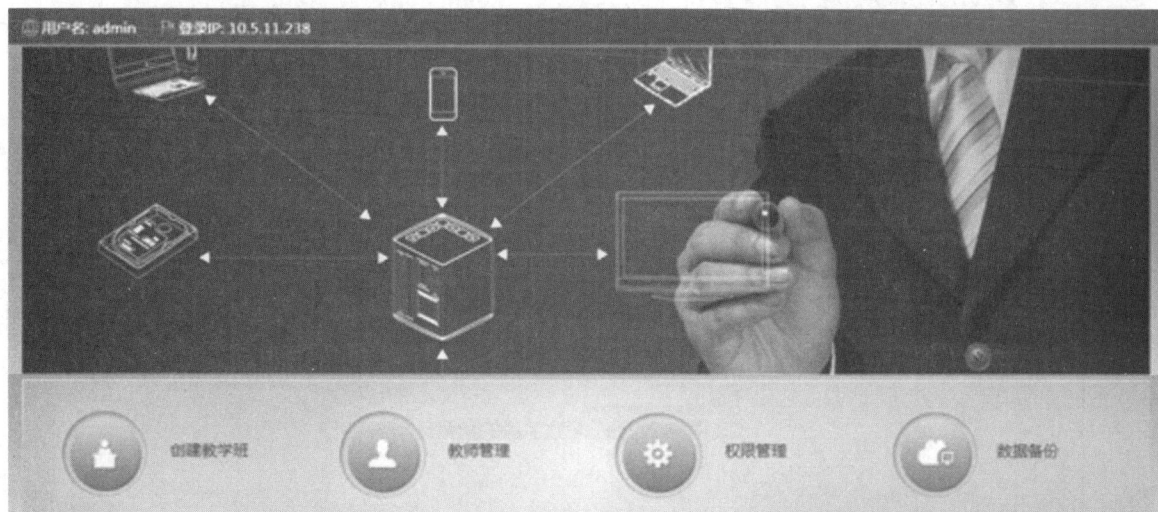

图 3-2　教师设置界面

首先，创建教学班：本系统支持用户建立多个教学班并授课，在管理员账户中命名教学班简称。同时在该菜单下可以查询已建立教学班的状态，包含"未初始化""正在进行""已结束"，如图 3-3 所示。

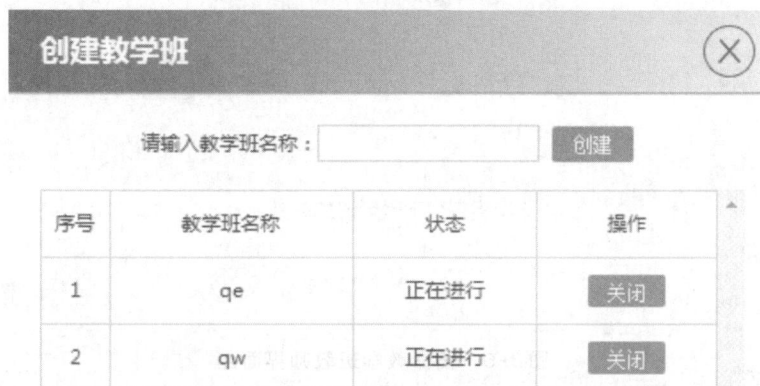

图 3-3　创建教学班界面

其次，进行教师管理：系统支持用户建立多个教师账户，方便学校分班开课，多个教师同时管理教学活动。该菜单中包含创建教师账号、修改管理员和教师密码、删除用户等功能，如图 3-4 所示。

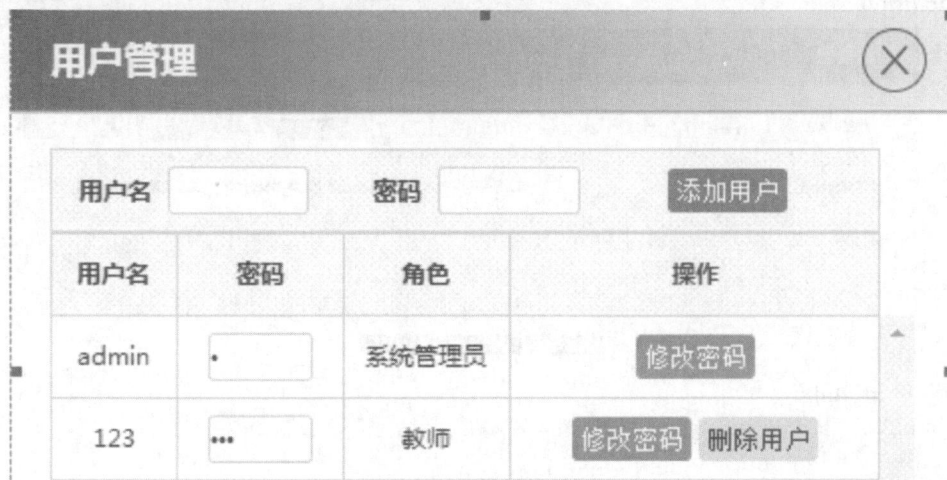

图 3-4　用户管理界面

再次，进行权限管理：本系统支持教师与教学班之间多对多管理，一个教学班可以有多名老师及助教，一个老师也可以管理多个教学班。

该菜单下可以选择老师要关联的教学班，同时可以查询每个老师已经管理的教学班，如图3-5、图3-6所示。

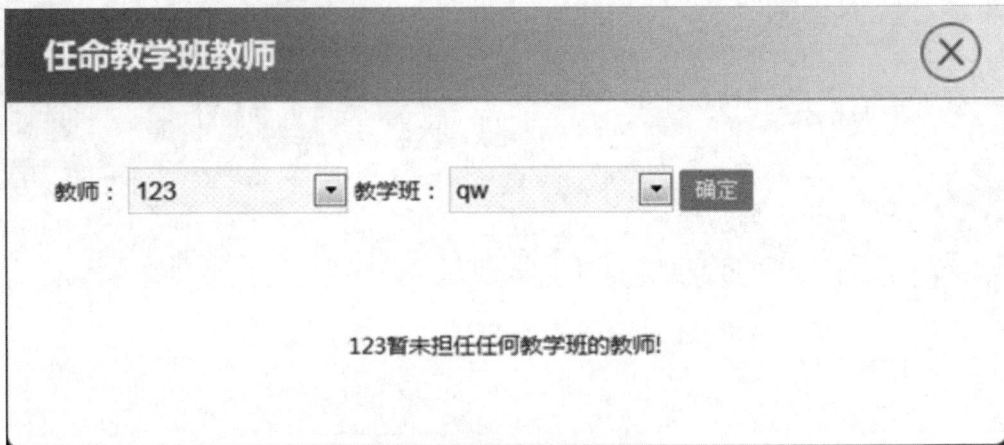

图3-5　任命教学班教师界面1

图3-6　任命教学班教师界面2

最后，进行数据备份：本系统支持用户按教学需要手动备份数据与还原，同时有系统自动备份数据功能，防止数据丢失。

在该菜单中先定义待备份数据的文件名，点击"备份文件"，也可选中需要还原的文件进行文件还原，如图3-7所示。

图3-7　数据备份与还原界面

（3）使用教师的账号登录，用户名为在管理员账户中增加的用户账号，如用户名为"123"，初始密码为"1"，如图3-8所示。

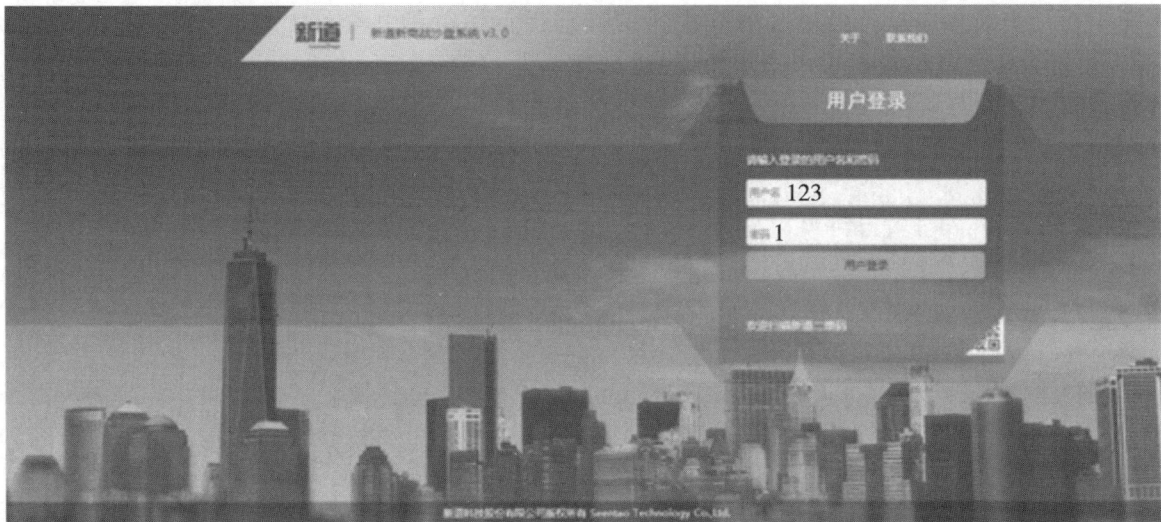

图3-8　教师登录界面

登录后，点击已选定的教学班初始化设置。根据授课前做好的教学方案规则进行设置，也可以对每个教学班进行个性化参数设置，如图3-9、图3-10所示，设置后点击"确定"即可。

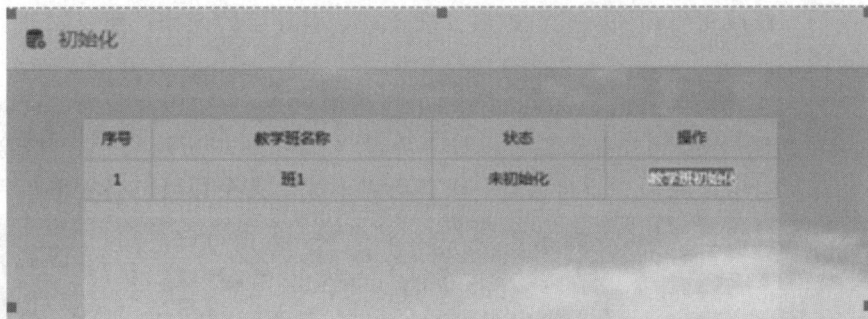

图3-9　初始化界面

图3-10　教学班初始化界面

二、学生进入新商战电子沙盘

1.初次登录

学生在已安装相应软件的电脑中，找到IE地址栏，并在其中输入IP地址+端口（如127.0.0.1：8080），运行后即可出现如图3-11所示的界面。

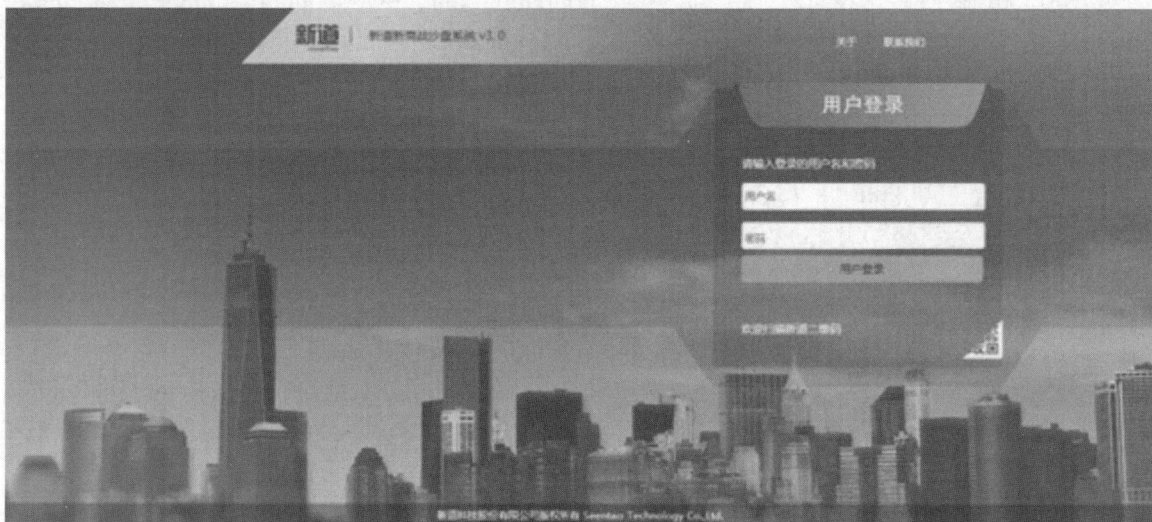

图3-11　学生登录界面

登录软件系统后，修改密码和团队成员姓名，准备进行引导年的操作，建议软件系统固定由小组中的同一个人进行操作。

用户名（不区分大小写）为：前缀+01、前缀+02、前缀+03……初始密码为"1"（建议学生修改密码，防止其他组用其账号登录）；登录后弹出如下界面（如图3-12所示），学生应将模拟企业信息填写完整，具体信息可自定。除了"公司宣言"项目可以不填，其余项目都必须填写完整。

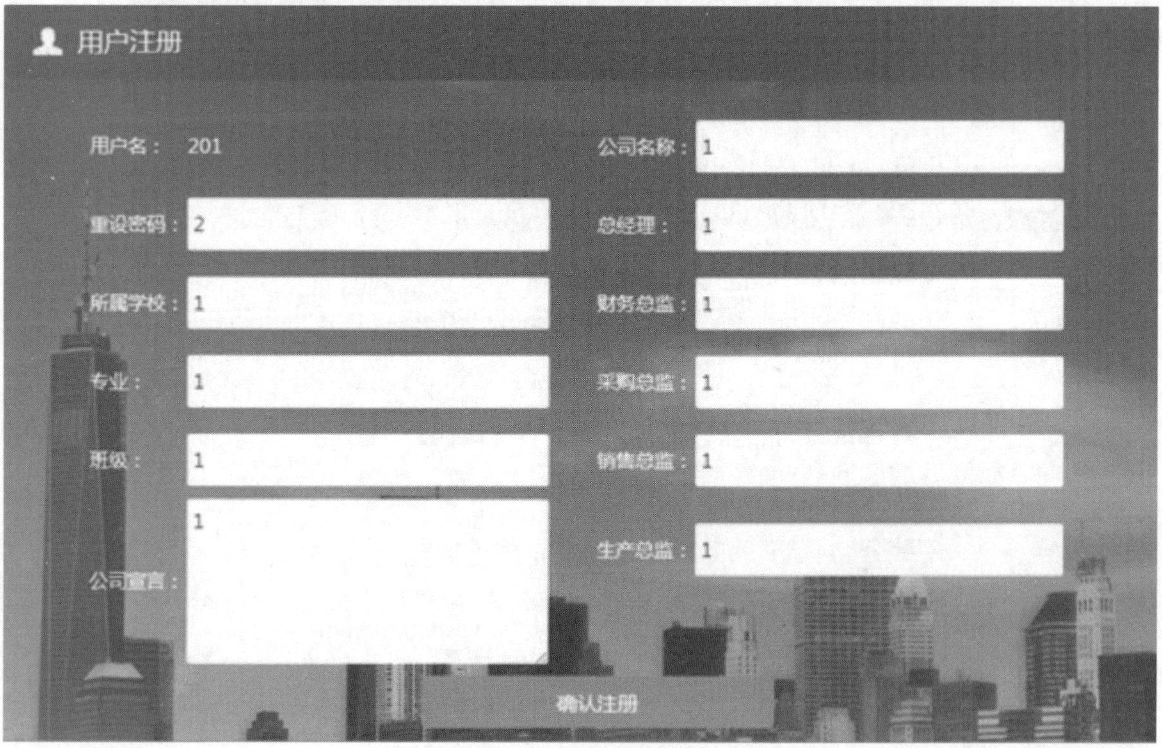

图3-12　用户注册界面

学生主页：为了让学生能够学习到企业经营过程所需的关键节点，并能够直观地看到企业厂房、生产线的工作状态，了解财务信息的变化、研发进度等信息，学生用户界面同时列示了主操作区（包括企业经营的关键步骤），以及当企业遇到资金流危机时的补救操作区，如图 3-13 所示。

图 3-13　学生用户界面

2.认识物理沙盘的经营流程表

新商战沙盘企业的经营过程具有一定的复杂性，并且企业内部存在多个职能部门，各部门之间存在分工与合作的关系，所以为了提高管理效率，必须使同学们树立遵守流程的观念，加强流程管理[①]。

在新商战沙盘企业中，进行流程管理的工具就是"企业经营流程表"，完整的表格见"附录4分角色学生实训用表"中的"新商战沙盘（手工+电子版）学生实验手册——总经理专用"和"新商战沙盘（手工+电子版）学生实验手册——财务总监专用"，企业经营流程表截取图如图 3-14 所示。

业务流程处理（手工+电子）			第 1 年				第 2 年			
手工流程		系统操作	1	2	3	4	1	2	3	4
提交广告方案	年初7项	输入广告确认								
参加订货会竞单/登订单		选单操作								
支付广告费		系统自动扣								

图 3-14　企业经营流程表截取图

企业经营流程表的基本结构分为三部分，现分别介绍如下：

（1）企业经营流程表的左侧是手工流程，列明了每一流程的工作内容，中间用"/"分隔开。手工流程的基本原则是"从上到下，从左到右，不能跳"，意思是各项工作总的顺序是上一行工作做完才能做下一行工作，每一行有多个工作时，左边的工作做完才能做右边的工作，不能跳着（或打乱顺序）做工作。

新商战沙盘企业如果不按这个基本的流程要求来做的话，企业的经营就会很混乱，会发生很多不必要的错误，并且由于流程混乱，导致错误的缘由无从查起，这就是不遵守流程的结果。

（2）企业经营流程表的中间列是电子沙盘流程，其基本流程顺序与手工流程一样，电子沙盘操作员按顺序点击软件中的按钮即可，大部分是由系统自动操作的，少部分需要录入数据或进行选择操作。

（3）企业经营流程表的右列是经营年度和年度内的经营季度，用数字1~4表示1年中的4个季度，其中白色空格表示这个流程的工作这个季度可以选择做，灰色空格表示这个流程的工作这个季度不能选择做。

特别强调，流程的控制由 CEO 负责，财务总监应当做好现金流的记录工作。

---

① 流程管理（process management），就是从公司战略出发、从满足客户需求出发、从业务出发，进行流程规划与建设，建立流程组织机构，明确流程管理责任，监控与评审流程运行绩效，适时进行流程变革。流程管理的目的在于使流程能够适应行业经营环境，能够体现先进、实用的管理思想，能够有效融入公司战略要素，能够引入跨部门的协调机制，使公司降低成本、提高效率、提高质量、方便客户，提升综合竞争力。

3.认识新商战电子沙盘的操作界面

学生登录注册后，弹出新商战沙盘软件的学生端界面，如图3-15所示。

图3-15　学生端界面

新商战电子沙盘的操作流程与手工沙盘的操作流程没有本质上的区别，但是软件加强了流程控制的准确性和严格性。在操作区内，根据操作按钮显示及实际需要，从左向右依次操作。

三、年度引导的战略规划

为了方便展示新商战电子沙盘操作的全过程，本书设计了一套引导方案，教师可以在课堂上演示一遍（预计用时10分钟），或让学生按教材自行操作一遍后，再展开自主经营。

（1）战略目标：不破产，成为市场竞争的追随者。

（2）产品组合：P1+P2。

（3）材料采购：R1。

（4）市场组合：本地+区域。

（5）ISO研发：ISO 9000。

（6）厂房：购买大厂房。

（7）生产线：第1年购建1条超级手工生产线，1条自动生产线，两条生产线都生产P1。

（8）融资：第1年年初申请400W长期贷款（5年期）和200W短期贷款。

（9）广告：第1年无广告；第2年在本地P1投入10W广告费。

第2节　新商战沙盘的教学引导年

在第1年年初（引导第1年年初），企业只有股东投资的现金600W，其资产负债表见表3-1。

根据设定好的战略规划，各组CEO应利用纸质版流程表来控制各企业的流程，新商战电子沙盘软件操作也应同步进行。在引导流程中，总经理和财务总监要在"附录4　分角色学生实训用表"中的"新商战沙盘（手工+电子版）学生实验手册——总经理专用"上做好标记："×"表示这项工作不做，"√"表示这项工作已经做过，负号加金额（如"-15W"）表示现金流出，正号加金额（如"+15W"）表示现金流入。建议实训中用铅笔进行记录，写错时便于修改。

完整一年新商战
沙盘经营过程

表 3-1		初始企业资产负债表（简表）		单位：万元
资　产	期初数	负债和所有者权益	期初数
流动资产：		负债：	
库存现金	600	长期负债	0
应收款	0	短期负债	0
在制品	0	特别贷款	0
产成品	0	应交税费	0
原材料	0	一年内到期的长期负债	
流动资产合计	600	负债合计	0
固定资产：		所有者权益：	
厂房	0	股东资本	600
机器设备	0	利润留存	0
在建工程	0	年度净利	0
固定资产合计	0	所有者权益合计	0
资产总计	600	负债和所有者权益总计	600

物理沙盘台面需要的教具应提前准备到位。

一、引导年电子沙盘流程

1. 第 1 年第 1 季度

（1）年初营运流程。

年初企业营运过程包括年度规划会、投放广告、支付广告费、缴纳所得税、参加订货会、长期贷款。具体的营运流程，如图 3-16 所示。

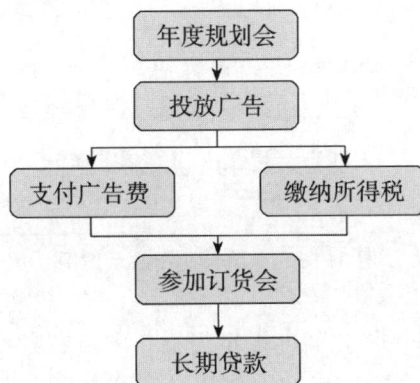

图 3-16　营运流程图

新商战电子沙盘注册完成后，出现如图 3-17 所示的界面，在第 1 年第 1 季度只申请长期贷款 400W、短期贷款 200W。

①点击"申请长贷"选项，弹出的对话框如图 3-18 所示，应选择的"需贷款年限"为 5 年，输入"需贷款额"400W，点击"确认"按钮进行贷款操作。

需贷款年限，系统预设的有 1 年、2 年、3 年、4 年和 5 年。最大贷款额度系统设定为上年末企业所有者权益的 N 倍，N 具体为多少，由管理教师（裁判）在参数设置中设定。需贷款金额由企业在年度规划会议中根据企业运营规划确定，但不得超过最大贷款额度。长期贷款为分期付息，到期一次还本。年利率由管理教师（裁判）在参数设置中设定。

图3-17　学生运营界面

图3-18　申请长期贷款示意图

现举例如下：

若长期贷款年利率设定为10%，贷款额度设定为上年末所有者权益的3倍，企业上年末所有者权益总额为600W，则企业本年度的贷款上限为1 800W（600W×3），假定企业之前没有贷款，则本次贷款最大额度为本年度贷款的上限（即1 800W）。若企业之前已经存在800W的贷款，则本次贷款最大额度为本年度贷款上限减去已贷金额（即1 000W）。

若企业第1年年初贷入了400W，期限为5年，则系统会在第2、3、4、5、6年年初每年自动扣除长期贷款利息40W（400W×10%），并在第6年年初自动偿还贷款本金400W。

操作时请注意：选单结束后进行操作，一年只此一次，操作完成后当年经营活动随即开始，企业不可超出最大贷款额度，否则系统将不予认可，可选择贷款年限，确认后不可更改，贷款额为不小于10W的正整数。

②点击"当季开始"，弹出如图3-19所示的界面。

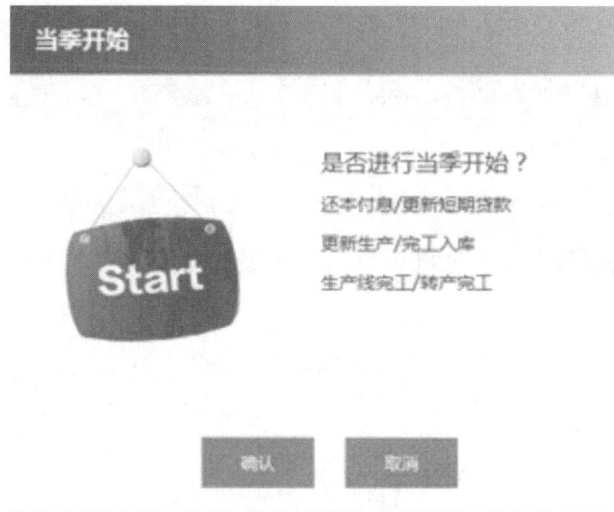

图 3-19　当季开始界面

操作注意：

系统自动进行三项操作，即"还本付息/更新短期贷款""更新生产/完工入库""生产线完工/转产完工"，涉及现金支付的，企业当前账面如没有足够现金，则意味着企业资金链断裂并破产，必须退出经营。

（2）季内营运流程。

企业的季内营运流程，如图 3-20 所示。

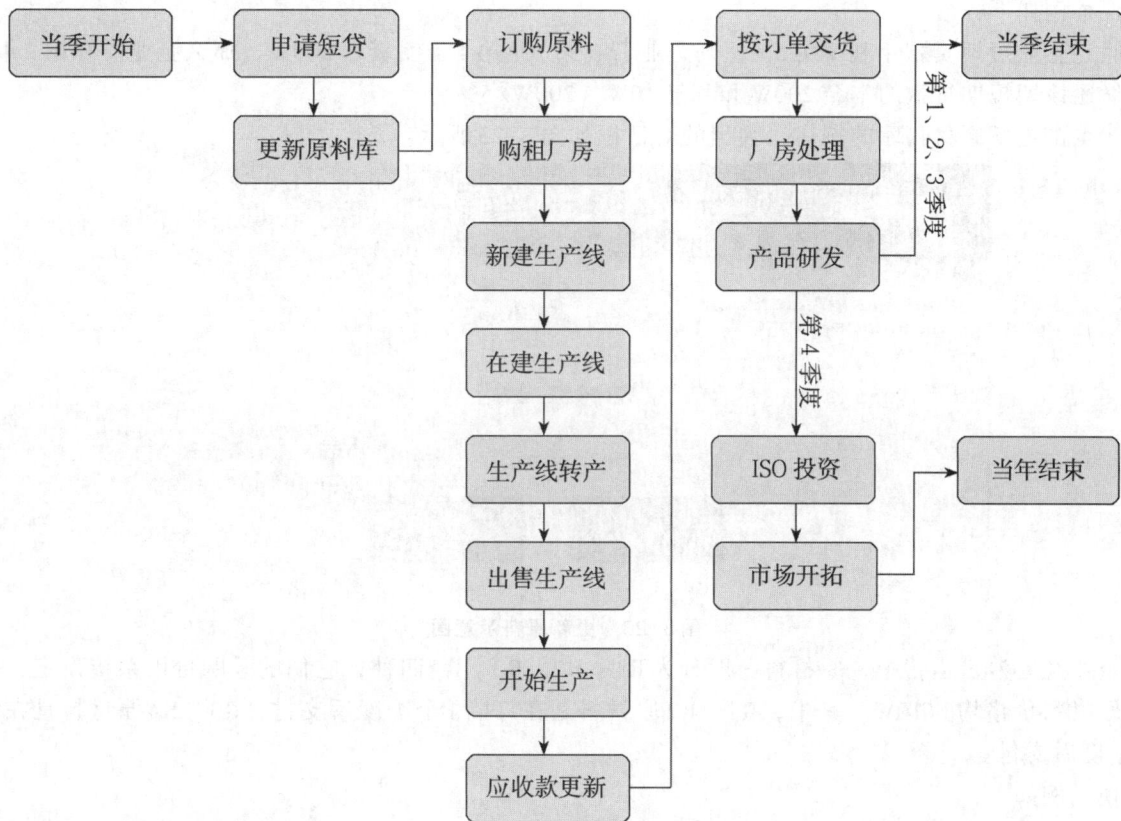

图 3-20　季内营运流程图

①选择"当季开始"并点击"确定"后，进入第 1 季的工作，弹出如图 3-21 所示的界面。

②点击短期贷款的按钮，弹出对话框，输入贷款额 200W，点击"确认"贷款，如图 3-22 所示。

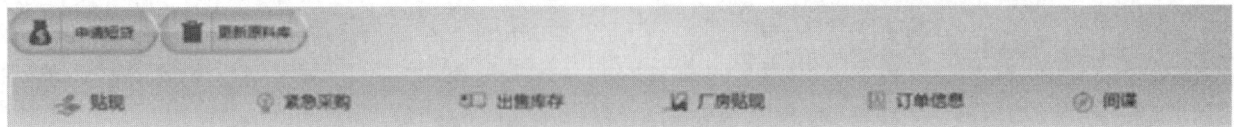

图 3-21 工作界面

图 3-22 申请短期贷款示意图

短期贷款期限默认为 1 年，到期一次还本付息，贷款年利率由管理教师（裁判）在"参数设置"中设定，短期贷款申请时不得超过"申请短贷"对话框中的"最大贷款额度"。

现举例如下：

假定企业短期贷款年利率为 5%，则企业若在第 1 年第 1 季度贷入 200W，那么企业需在第 2 年第 1 季度偿还该期短期贷款的本金 200W 和利息 10W（200W×5%）。

③点击更新原材料库的按钮，弹出的对话框如图 3-23 所示。

图 3-23 更新原料示意图

企业经营沙盘运营中，原材料一般分为 R1、R2、R3、R4 四种，它们的采购价由系统设定，一般单个原材料价格均为 10W。其中，R1、R2 原材料是在订购 1 个季度后支付，R3、R4 原材料是在订购 2 个季度后支付。

现举例如下：

假定每种原材料的采购单价均为 10W，若某企业在第 1 季度订购了 R1、R2、R3、R4 各 1 个，第 2 季度又订购了 R1、R2、R3、R4 各 2 个，则第 2 季度进行更新原料操作时，需支付的材料采购款为 20W（系第 1 季度订购的 R1 和 R2 材料款），第 3 季度进行更新原料操作时，需支付的材料采购款为 60W（系第 1 季度订购的 R3、R4 材料款和第 2 季度订购的 R1、R2 材料款）。具分析过程，如图 3-24 所示。

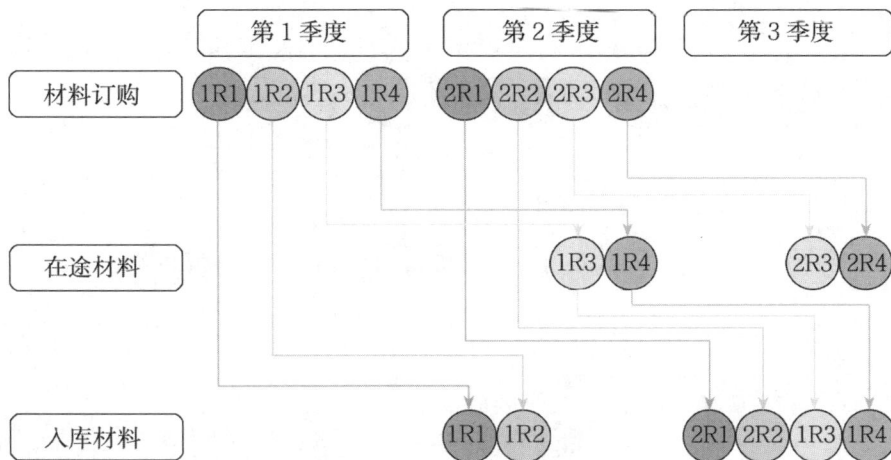

图3-24 更新原料分析图

④点击"确认"后，弹出如图3-25所示的界面。

图3-25 操作区界面

重要提示：

　　更新原材料库为每季必走的流程，相关操作完成后，实训系统中的后续流程将自动变为可用状态。否则，流程将无法进行下去。

⑤点击"下原料订单"，弹出如图3-26所示的订购原料界面。可录入相应原材料采购数量，点击"确认"订购。

图3-26 订购原料界面

　　企业原材料一般分为R1、R2、R3、R4四种，其中，R1、R2原材料需提前1个季度订购，在1个季度后支付材料款并入库，R3、R4原材料需提前2个季度订购，在2个季度后支付材料款并入库。材料订购数量由后期的生产需要来决定，订购多了会造成现金的占用，订购少了则不能满足生产的需要，会造成生产线停产，甚至不能按期完成产品并交货，导致企业产品订单违约。

　　现举例如下：

　　若企业第2季度需要领用5R1、4R2，第3季度需要领用3R1、4R2、5R3、4R4，第4季度需要领用4R1、6R2、4R3、5R4，则企业第1季度需要订购的原材料即为5R1、4R2、5R3、4R4，第2季度需订购的原材料为3R1、4R2、4R3、5R4。具体分析过程，如图3-27所示。

第1季度	第2季度	第3季度	第4季度

材料订购　⑤R1 ④R2 ⑤R3 ④R4　③R1 ④R2 ④R3 ⑤R4　④R1 ⑥R2

在途材料　　　　　　　　　⑤R3 ④R4　　④R3 ⑤R4

需用材料　　　　⑤R1 ④R2　　③R1 ④R2 ⑤R3 ④R4　④R1 ⑥R2 ④R3 ⑤R4

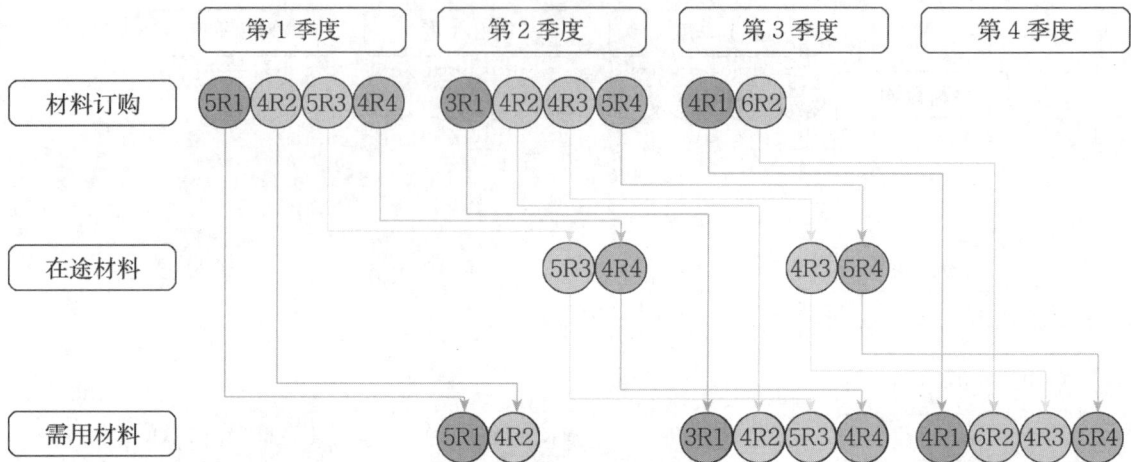

图3-27　订购原料分析图

⑥点击"购租厂房",弹出的对话框如图3-28所示;选择厂房类型为"大厂房",选择订购方式为"买",点击"确认"获得,系统自动扣除现金400W。

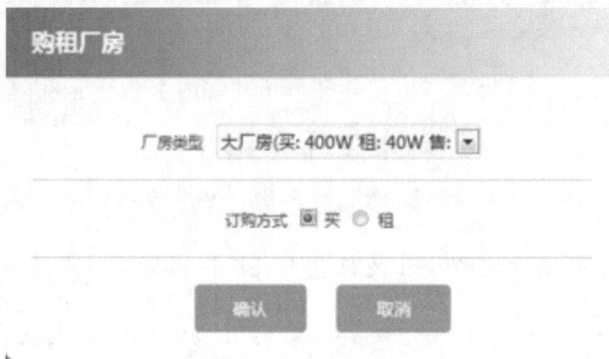

图3-28　购租厂房示意图

图3-28中,厂房类型可根据需要选择大厂房或小厂房,订购方式可以根据需要选择买或租。厂房每季均可购入或租入。若选择购入,则需一次性支付购买价款,无后续费用;若选择租入,则需每年支付租金,支付租金的时间为租入季度以及以后每年对应季度的季末。

现举例如下:

若企业在第1年第2季度选择购入1间大厂房,则系统会在购入时一次性扣除相应的购买价款,以后不再产生相关扣款。

若企业在第1年第2季度选择租入1间大厂房,则需在第1年第2季度租入时支付第1年租金,以后每年的租金由系统自动在第2季度末支付。

点击"确认"后,显示在新商战电子沙盘操作界面的相关信息如图3-29所示,这表示企业已经获得了大厂房。

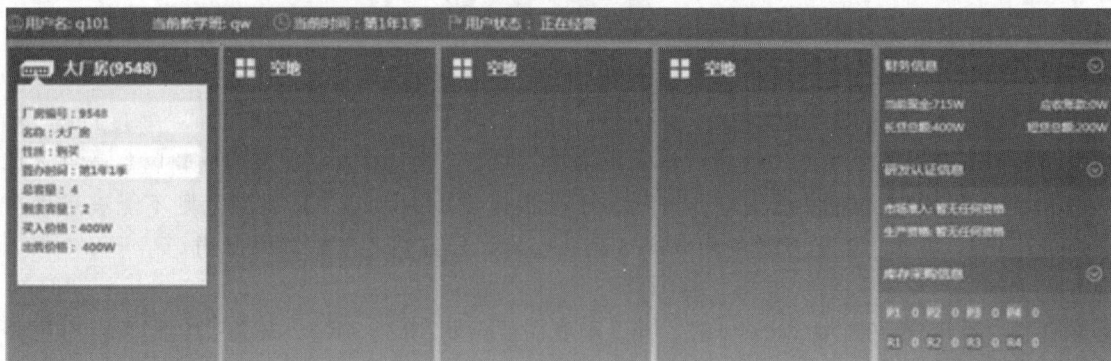

图3-29　新商战电子沙盘操作界面1

⑦点击"新建生产线"，弹出的对话框如图3-30所示。

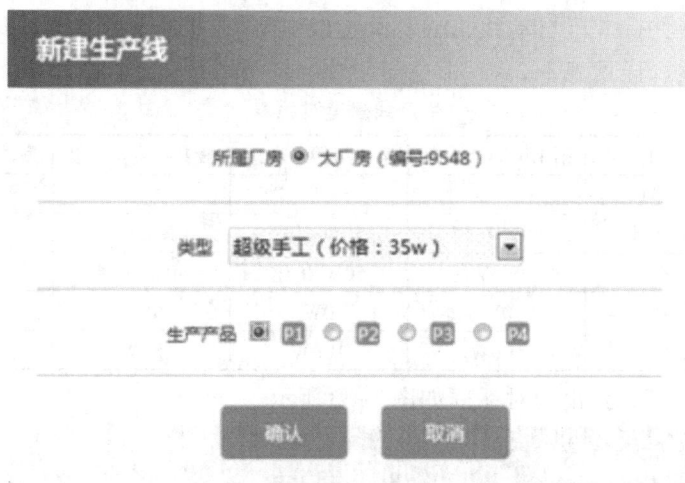

图 3-30　新建手工生产线示意图

选择所属厂房为"大厂房"，新生产线类型为"超级手工"，生产产品类型为"P1"，点击"确认"获得，系统自动扣除现金35W；再次点击"新建生产线"，弹出的对话框如图3-31所示。

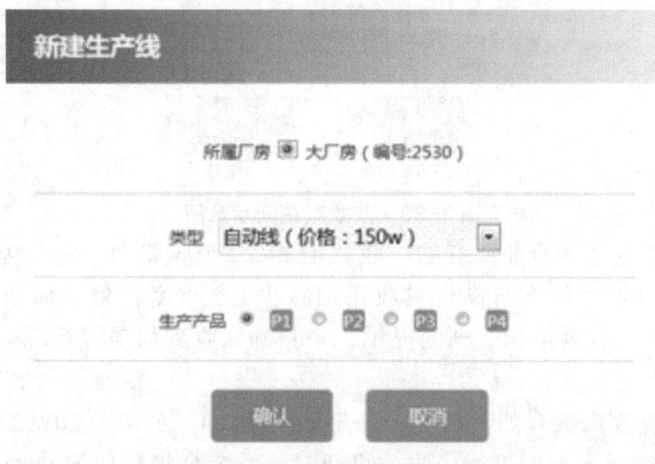

图 3-31　新建自动生产线示意图

图3-31中，选择所属厂房为"大厂房"，新生产线类型为"自动线"，生产产品类型为"P1"，点击"确认"获得，系统自动扣除现金150W。新商战电子沙盘操作界面的开发区信息如图3-32所示，表示企业已经获得一条超级手工线，另外有一条全自动生产线正在建设中。

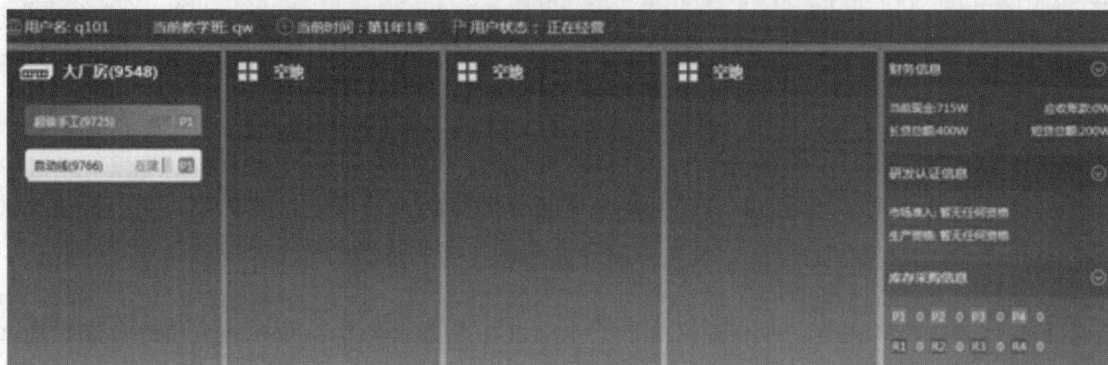

图 3-32　新商战电子沙盘操作界面2

假设规则规定：超级手工线买价为35W、建造期为0Q，自动线买价为150W、建造期为3Q，柔性线买价为200W、建造期为4Q，租赁线买价为0W、建造期为4Q。

企业如果在第1年第1季度同时建造上述生产线，则第1季度新建生产线时需支付135W（超级手工线35W、自动线50W、柔性线50W），第2季度建生产线需支付100W（自动线50W、柔性线50W），第3季度建生产线需支付100W（自动线50W、柔性线50W），第4季度建生产线需支付50W（柔性线50W）。生产线建造过程，详见表3-2。

表3-2　　　　　　　　　　　　　　生产线建造过程表

项目	第1年第1季度	第1年第2季度	第1年第3季度	第1年第4季度	第2年第1季度	总投资额
超级手工线	35W建成					35W
自动线	50W在建	50W在建	50W在建	建成		150W
柔性线	50W在建	50W在建	50W在建	50W在建	建成	200W
租赁线	0W	0W	0W	0W	建成	0W
当季投资总额	135W	100W	100W	50W		385W

⑧点击"应收款更新"，弹出的对话框如图3-33所示。

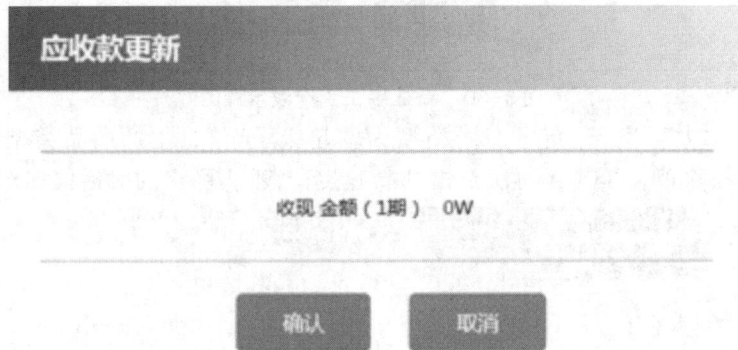

图3-33　应收款更新示意图

应收款更新操作实质上是将企业所有的应收款项减少1个收账期，它分为两种情况：一部分针对本季度尚未到期的应收款，系统会自动将其收账期减少1个季度；另一部分针对本季度到期的应收款，系统会自动计算并在"收现金额"框内显示，一旦确认收到款项，系统会自动增加企业的现金。

现举例如下：

若某企业上季度末应收账款有如下两笔：一笔账期为3Q、金额为20W的应收款，另一笔账期为1Q、金额为30W的应收款。本季度进行应收款更新时，系统会将账期为3Q、金额为20W的应收款更新为账期为2Q、金额为20W的应收款，同时系统会自动将账期为1Q、金额为30W的应收款收现。

点击"确认"更新后，弹出的界面如图3-34所示。

图3-34　更新界面

重要提示：

1.应收款更新为每季必走的流程，完成此步操作之后前面的操作权限随即关闭，并会自动开启"按订单交货""产品开发""厂房处理"几项权限。如果没有到期的应收款，也要确认更新，如不做此操作，系统将无法进入下一步骤。

2.本操作为一次性操作，即确认更新后，本季度不能再次操作，并且将关闭应收款更新之前的操作。

⑨点击"产品研发"，弹出的对话框如图3-35所示，复选操作选择P1、P2，点击"确认"研发，系统自动扣除企业现金20W。

图 3-35　产品研发示意图

产品研发按照季度来投资，每个季度均可操作，中间可以中断投资，直至产品研发完成，产品研发成功后方能生产相应的产品。产品研发的规则，详见规则说明。

现举例如下：

若规则规定 P1、P2、P3、P4 的研发规则如图 3-35 所示，则：

某企业在第 1 年第 1 季度开始同时研发上述 4 种产品，且中间不中断研发，则第 1 年第 1 季度需支付研发费用 40W，第 1 季度无产品研发完成；第 1 年第 2 季度需支付研发费用 40W，此时 P1 产品研发完成，第 3 季度即可生产 P1 产品；第 1 年第 3 季度需支付研发费用 30W，此时 P2 产品研发完成，第 4 季度即可生产 P2 产品；第 1 年第 4 季度需支付研发费用 20W，此时 P3 产品研发完成，第 2 年第 1 季度即可生产 P3 产品；第 2 年第 1 季度需支付研发费用 10W，此时 P4 产品研发完成，第 2 年第 2 季度即可生产 P4 产品。具体研发过程，见表 3-3。

表 3-3　　　　　　　　　　　　　　　　产品研发表

项目	第1年 第1季度	第1年 第2季度	第1年 第3季度	第1年 第4季度	第2年 第1季度	第2年 第2季度
P1	10W	10W	研发完成			
P2	10W	10W	10W	研发完成		
P3	10W	10W	10W	10W	研发完成	
P4	10W	10W	10W	10W	10W	研发完成
当季投资总额	40W	40W	30W	20W	10W	

⑩点击"当季结束"，弹出的对话框如图 3-36 所示。

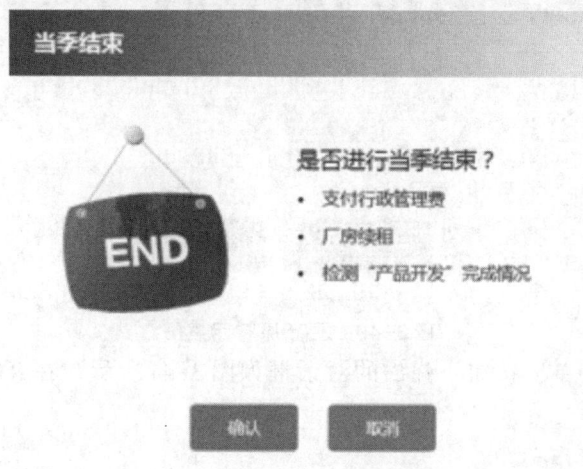

图 3-36　当季结束示意图

点击"确定",系统自动扣除行政管理费10W,弹出如图3-37所示的界面。

图3-37 扣费后界面

2.第1年第2季度

第2季度的工作和第1季度基本差不多,季度内工作同样为22大项,操作人员将继续完成第1季度未完成的工作。

(1)点击"当季开始",弹出如图3-38所示的界面。

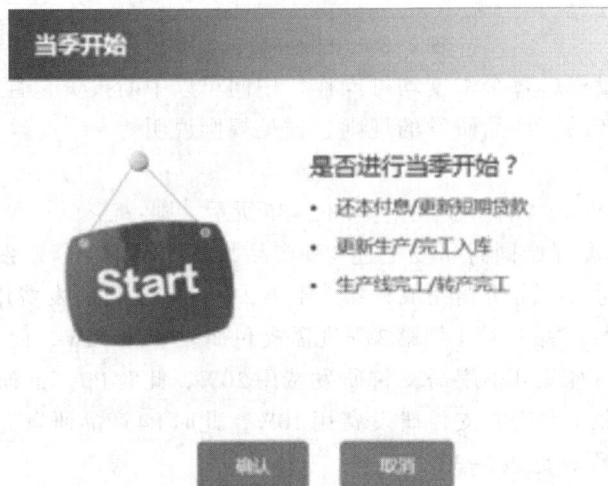

图3-38 当季开始示意图

点击"确定",出现如图3-39所示的界面。

图3-39 确认开始后界面

(2)点击"更新原料"按钮,并点击"确认"支付,系统扣除10W现金,如图3-40所示。

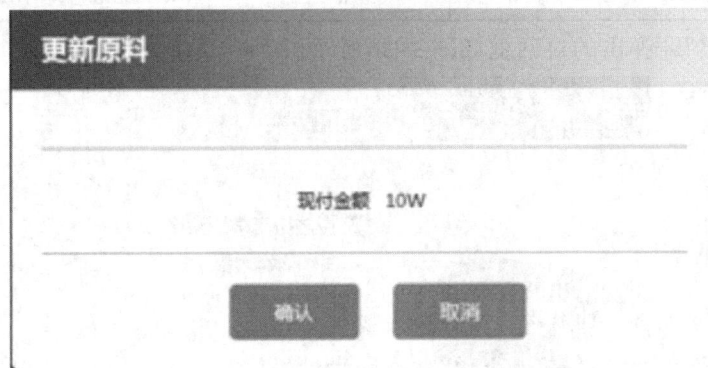

图3-40 更新原料示意图

(3)点击"下原材料订单"按钮,弹出的对话框如图3-41所示,在R1订购量处输入"1",点击"确认"订购。

图 3-41　订购原料示意图

重要提示：

　　确认后不可退订，但可以不下订单。

　　（4）点击主页面下方操作区中的"在建生产线"按钮，弹出"在建生产线"对话框，如图 3-42 所示，对话框中显示了需要继续投资建设的生产线信息，勾选决定继续投资的生产线，点击"确认"即可。

图 3-42　在建生产线示意图

　　复选需要继续投资的生产线，点击"确认"按钮投资，系统自动扣除现金 50W。只有处在建造期的生产线才会在此对话框中显示，该对话框中会提供处于建造期间的生产线的累计投资额、开建时间和剩余建造期。

　　（5）点击"应收款更新"按钮，弹出对话框，默认为 0W，点击"确认"按钮更新，出现如图 3-43 所示的界面。

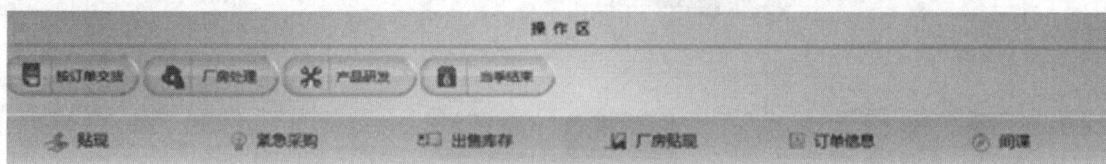

图 3-43　操作区界面

（6）点击"产品研发"按钮，弹出的对话框如图 3-44 所示。

产品研发

选择项	产品	投资费用	投资时间	剩余时间
☑	P1	10W/季	2季	1
☑	P2	10W/季	3季	2
☐	P3	10W/季	4季	-
☐	P4	10W/季	5季	-

确认　　取消

图 3-44　产品研发示意图

复选操作选择 P1、P2，点击"确认"按钮进行投资，系统自动扣除现金 20W。

（7）点击"当季结束"按钮，弹出的对话框如图 3-45 所示，点击"确认"按钮，系统自动扣除行政管理费 10W。

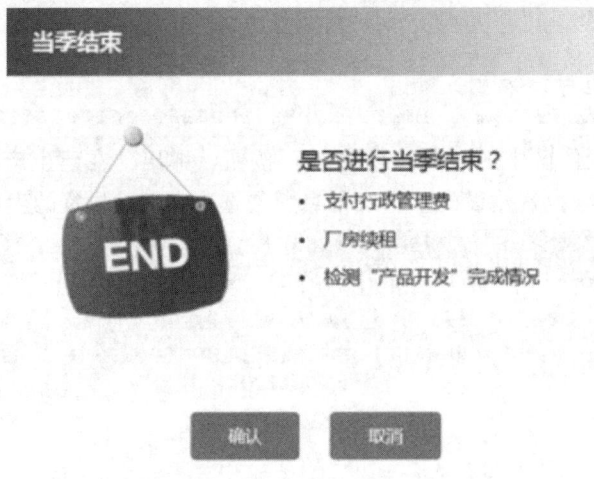

当季结束

END

是否进行当季结束？

- 支付行政管理费
- 厂房续租
- 检测"产品开发"完成情况

确认　　取消

图 3-45　当季结束示意图

3. 第 1 年第 3 季度

本季度接着做上一季度没做完的工作。

（1）点击"当季开始"按钮，弹出的界面如图 3-46 所示，点击"确认"后，弹出如图 3-47 所示的界面。

当季开始

Start

是否进行当季开始？

- 还本付息/更新短期贷款
- 更新生产/完工入库
- 生产线完工/转产完工

确认　　取消

图 3-46　当季开始界面

图 3-47　确认后界面

（2）点击"更新原料"按钮，弹出的对话框如图 3-48 所示。点击"确认"更新，系统弹出的对话框如图 3-49 所示，并且系统会自动扣除现金 10W。

图 3-48　原材料入库示意图

图 3-49　操作区界面

（3）点击"订购原料"按钮，弹出的对话框如图 3-50 所示，在原料 R1 的订购量框中输入"1"，点击"确认"订购。

图 3-50　订购原料示意图

（4）点击"在建生产线"按钮，弹出的对话框如图 3-51 所示。复选需要继续投资的生产线，点击"确认"投资，系统自动扣除现金 50W。

这时，开发区的生产线可以生产产品了，原因是 P1 产品已经取得了生产资格，原材料已经备好，生产线已经建好，如图 3-52 所示。

（5）点击操作区的"开始生产"按钮，开始上线生产 P1。点击"确认"生产后，系统自动扣除现金 10W，用于支付人工成本，如图 3-53 所示。

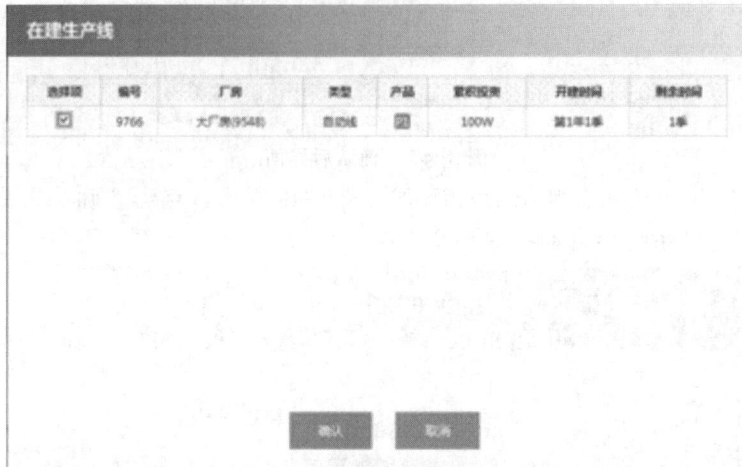

图 3-51 在建生产线示意图

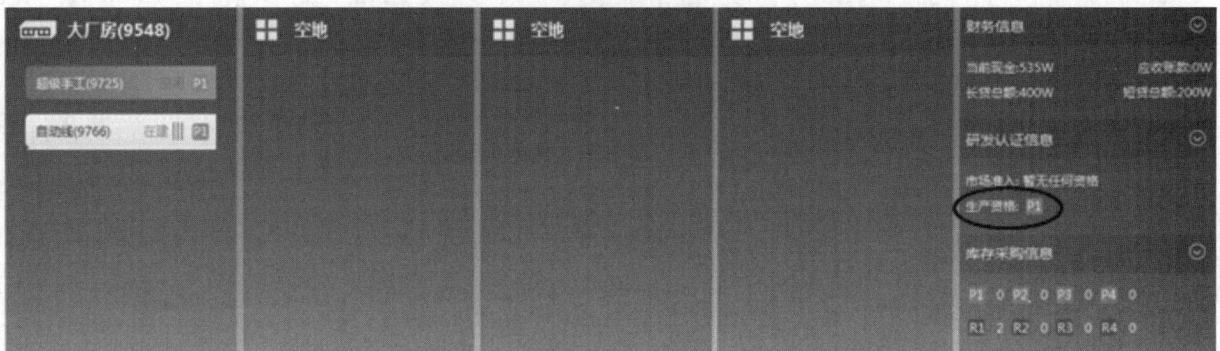

图 3-52 操作区界面

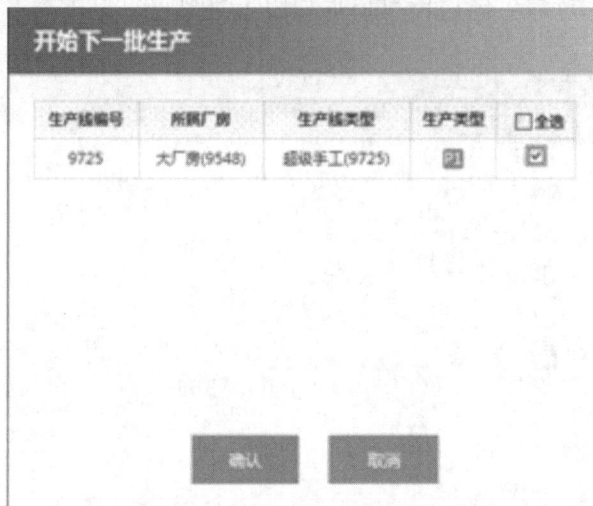

图 3-53 开始下一批生产示意图

开始下一批产品的生产前应保证：相应的生产线空闲、产品研发完成、生产原料充足、投产用的现金充足，上述四个条件缺一不可。开始下一批产品的生产操作时，系统会自动从原材料仓库领用相应的原材料，并从"现金"处扣除用于生产的人工费用。

现举例如下：

假设规则规定：P1 的产品构成为 1R1+10W，当前想在某自动线生产 P1 产品，则要求该自动线此时没有在产品（因为 1 条生产线同时只能生产 1 种产品），并且原材料仓库需有 1 个 R1 原材料，以及 10W 的现金余额用于支付生产产品的人工费用。P1 上线生产后，系统会自动从 R1 原材料库中领用 1 个 R1，并从现金库中扣除 10W 的生产费用。

（6）点击"应收款更新"按钮，弹出对话框，默认为0W，点击"确认"更新，如图3-54所示。

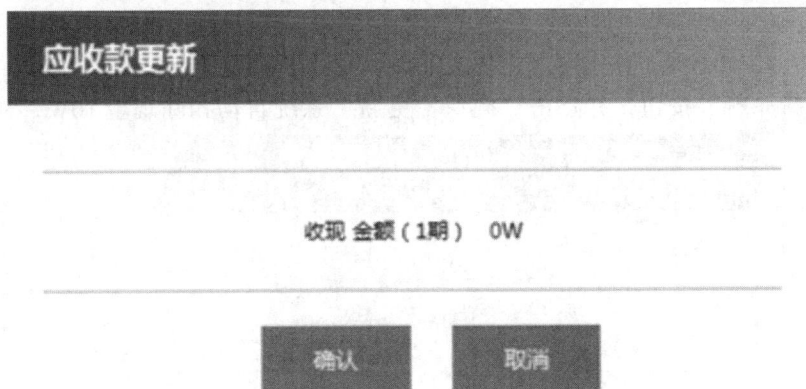

应收款更新

收现 金额（1期）　0W

确认　　取消

图 3-54　应收款更新示意图

（7）点击"产品研发"按钮，弹出对话框，复选操作选择P2，点击"确认"投资后，系统自动扣除现金10W，如图3-55所示。

产品研发

选择项	产品	投资费用	投资时间	剩余时间
☑	P2	10W/季	3季	1
☐	P3	10W/季	4季	-
☐	P4	10W/季	5季	-

确认　　取消

图 3-55　产品研发示意图

（8）点击"当季结束"按钮，弹出对话框，点击"确认"后，系统自动扣除行政管理费10W，操作完成后的界面如图3-56所示。

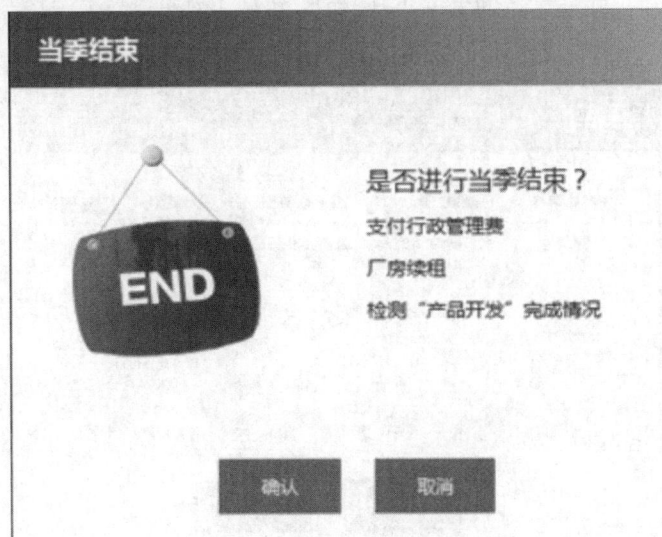

当季结束

END

是否进行当季结束？

支付行政管理费

厂房续租

检测"产品开发"完成情况

确认　　取消

图 3-56　当季结束示意图

4.第1年第4季度

转眼到了第4季度，也就是说沙盘经营中的1年快结束了，"年底"的工作还是很多的。第4季度的工作分为两部分：22项季度工作和年末的5项工作。

（1）点击"更新原料"按钮，并点击"确认"更新，系统自动扣除现金10W，如图3-57所示。

更新原料

现付金额　10W

确认　　取消

图3-57　更新原料示意图

（2）点击"下原料订单"按钮，弹出对话框，在R1订购量处输入"1"，点击"确认"订购，如图3-58所示。

订购原料

原料	价格	运货期	数量
R1	10W	1季	1
R2	10W	1季	0
R3	10W	2季	0
R4	10W	2季	0

确认　　取消

图3-58　订购原料示意图

（3）在操作区中点击"开始下一批生产"按钮，开始上线生产P1。点击"确认"开始生产后，系统会自动扣除现金10W，用于支付人工成本，如图3-59所示。

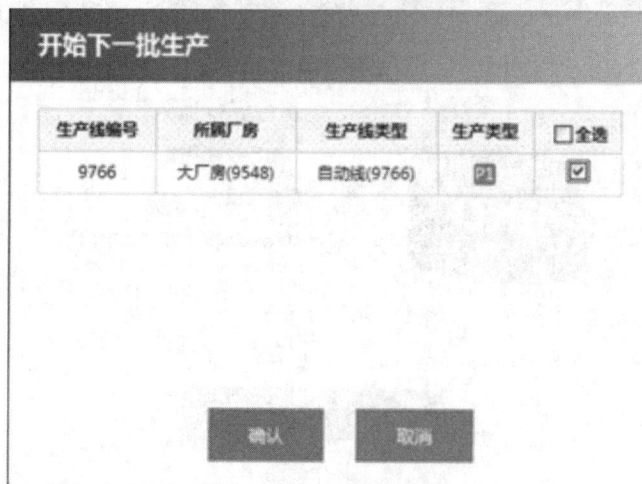

开始下一批生产

生产线编号	所属厂房	生产线类型	生产类型	□全选
9766	大厂房(9548)	自动线(9766)	P1	☑

确认　　取消

图3-59　开始下一批生产示意图

（4）点击"应收款更新"按钮，弹出对话框，默认收现金额为0W，点击"确认"按钮进行更新，如图3-60所示。

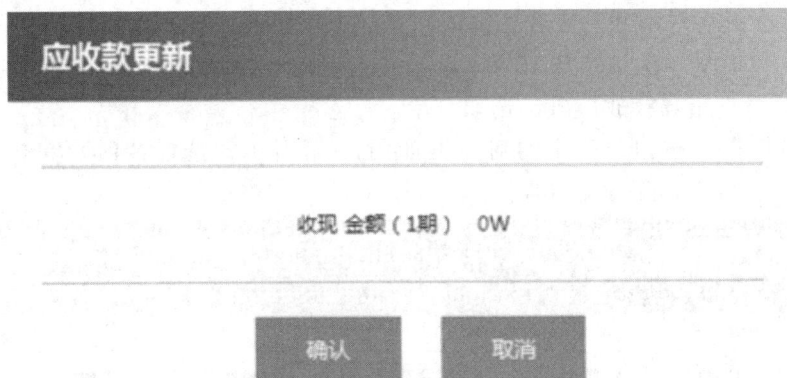

应收款更新

收现 金额（1期）　0W

确认　　取消

图3-60　应收款更新示意图

（5）开始年末工作，弹出的界面如图3-61所示，其中"市场开拓"和"ISO投资"只有在第4季度才会出现。点击"市场开拓"按钮，弹出的对话框如图3-62所示，"市场"复选操作中选择"本地""区域"，点击"确认"投资，系统自动扣除现金20W。

操作区

按订单交货　厂房处理　市场开拓　ISO投资　当年结束

贴现　　紧急采购　　出售库存　　厂房贴现　　订单信息　　间谍

图3-61　操作区界面

市场开拓

选择项	市场	投资费用	投资时间	剩余时间
☑	本地	10W/年	1年	-
☑	区域	10W/年	1年	-
☐	国内	10W/年	2年	-
☐	亚洲	10W/年	3年	-
☐	国际	10W/年	4年	-

确认　　取消

图3-62　市场开拓示意图

企业经营沙盘中的市场包括：本地市场、区域市场、国内市场、亚洲市场和国际市场。市场开拓是企业进入相应市场投放广告、选取产品订单的前提。市场开拓相关规则详见规则说明，每年第4季度末企业可操作一次"市场开拓"功能，中间可中断投资。

现举例如下：

假定规则规定：本地市场、区域市场、国内市场、亚洲市场和国际市场的开拓期分别为0、1年、2年、3年、4年，开拓费用均为每年10W。若企业从第1年年末开始开拓所有市场，并且中间不中断投资，则：

第1年需支付50W（各类市场各10W）市场开拓费用，并且当即完成本地市场的开拓，即在第2年年初的订货会上可对本地市场投放广告、选取订单。

第2年年末需支付30W（国内、亚洲、国际市场各10W）市场开拓费用，并且完成区域和国内市场的开拓，即在第3年年初的订货会上可对本地、区域和国内市场投放广告、选取订单。

第3年年末需支付20W（亚洲、国际市场各10W）市场开拓费用，并且完成亚洲市场的开拓，即在第4年年初的订货会上可对本地、区域、国内和亚洲市场投放广告、选取订单。

第4年年末需支付10W（国际市场10W）市场开拓费用，并且完成国际市场的开拓，即在第5年年初的订货会上可对所有市场投放广告、选取订单。

（6）点击"ISO投资"按钮，弹出的对话框如图3-63所示；选择"ISO 9000"标准，点击"确认"进行投资，系统会自动扣除现金10W。

图3-63 ISO投资示意图

ISO投资包括产品质量（ISO 9000）认证投资和产品环保（ISO 14000）认证投资。企业若想在订货会上选取带有ISO认证的订单，就必须取得相应的ISO认证资格，否则不能选取该订单。ISO投资每年进行一次，可中断投资，直至ISO投资完成。现举例如下：

若企业在订单市场中想选择带有ISO 9000认证的产品订单，则该企业必须已经完成ISO 9000的认证投资，否则不能选择该订单。

假定ISO投资规则如图3-63所示，企业若在第1年同时开始投资ISO 9000和ISO 14000，中间不中断投资，则第1年该企业需支付ISO认证投资额30W（ISO 9000认证投资费用10W+ISO 14000认证投资费用20W），第2年该企业还需支付ISO投资额30W，此时完成ISO投资，该企业方可在第3年的年度订货会上选取带有ISO资格要求的订单。

（7）点击"当季结束"按钮，弹出的对话框如图3-64所示。

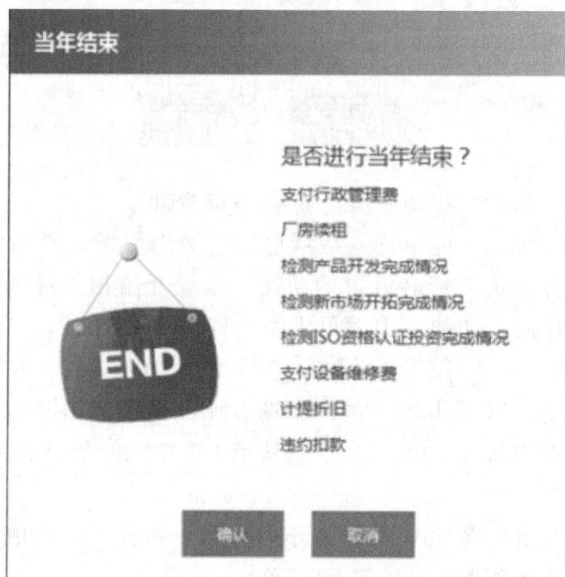

图3-64 第4季度结束示意图

点击"确定"，系统自动扣除行政管理费 10W。除此之外，系统还会自动进行年末几项工作——支付租金（下一年的厂房租金）、检测产品开发完成情况、检测新市场开拓和 ISO 投资完成情况、支付设备维护费、计提折旧、违约扣款。

5.引导年手工沙盘流程表

对于上述新商战沙盘物理沙盘的经营流程和电子沙盘的经营流程，总经理和财务总监都要借助业务处理流程表来实现流程控制，引导年的经营流程表见表 3-4。

表 3-4　　　　　　　　　　　　　　　　引导年经营流程表

业务流程处理（手工+电子）		系统操作	第 1 年				第 2 年			
手工流程		系统操作	1	2	3	4	1	2	3	4
提交广告方案	年初7项	输入广告确认	×							
参加订货会竞单/登订单		选单操作	×							
支付广告费		系统自动扣	×							
缴纳应交税费		系统自动扣	×							
支付长期贷款利息		系统自动扣	×							
更新长期贷款/长期贷款还款		系统自动扣	×							
申请长期贷款		输入金额并确定	400							
季初现金盘点	1	产品下线，生产线完工	1 000	685	605	515				
更新短期贷款/短期贷款还本付息	2	系统自动	×	√	√	√				
申请短期贷款	3	输入金额并确定	200	×	×	×				
原料入库/更新原料订单	4	需确认金额	×	×	−10	−10				
下原料订单	5	输入并确认	×	R1	R1	2R1				
购买/租用厂房	6	选择确认，自动扣除现金	−400	×	×	×				
更新生产/完工入库	7	系统自动	×	×	×	×				
新建/在建/转产/变卖生产线	8	选择确认	−85	−50	−50	√				
紧急采购（随时）	9	输入并确认	×	×	×	×				
开始下一批产品生产	10	输入并确认	×	×	−10	−10				
更新应收款/应收款收现	11	需输入到期金额	×	×	×	×				
按订单交货	12	选择订单并确认	×	×	×	×				
产品研发投资	13	选择确认	−20	−20	−10	0				
出售厂房/买转租/租转买	14	选择确认，自动转应收	×	×	×	×				
新市场开拓/ISO 投资	15	仅第4季度允许操作	×	×	×	−30				
支付管理费/更新厂房租金	16	系统自动	−10	−10	−10	−10				
出售库存（随时）	17	输入并确认	×	×	×	×				
厂房贴现（随时）	18	选择确认	×	×	×	×				
应收款贴现（随时）	19	输入并确认	×	×	×	×				
季末收入总计	20		200	0	0	0				
季末支出总计	21		−515	−80	−90	−60				
季末对账（1+20-21）	22		685	605	515	455				
缴纳违约订单罚款	年末5项	系统自动				×				
支付设备维护费		系统自动				−25				
计提折旧		系统自动				0				
新市场/ISO 换证		系统自动				√				
结账						430				

6.第 1 年期末工作

（1）每一年结束后，总经理带领其他成员开始讨论下一年的经营计划，财务总监要利用这个时间来编制相关报表。

①引导年综合费用表（简表），见表3-5。

表3-5　　　　　　　　　　　　　引导年综合费用表（简表）　　　　　　　　　　　　单位：W

项　目	金　额	备　注
管理费	40	
广告费	0	
维护费	25	
转产费	0	
租金	0	
市场开拓费	20	☑本地　☑区域　□国内　□亚洲　□国际
产品研发费	50	P1（ √ ）　P2（ √ ）　P3（　）　P4（　）
ISO认证费	10	☑ISO 9000　　□ISO 14000
信息费	0	
其他	0	
合　计	145	

②引导年利润表（简表），见表3-6。

表3-6　　　　　　　　　　　　　　　利润表（简表）　　　　　　　　　　　　　　　单位：W

项　目	上年数	本年数
销售收入	—	0
直接成本	—	0
毛利	—	0
综合费用	—	145
折旧前利润	—	−145
折旧	—	0
支付利息前利润	—	−145
财务费用	—	0
税前利润	—	−145
所得税	—	0
年度净利润	—	−145

③引导年资产负债表（简表），见表3-7。

表3-7　　　　　　　　　　　　　引导年资产负债表（简表）　　　　　　　　　　　　单位：W

资　产	期初数	期末数	负债和所有者权益	期初数	期末数
流动资产：			负债：		
库存现金	600	430	长期负债	0	400
应收款	0	0	短期负债	0	200
在制品	0	40	特别贷款	0	0
产成品	0	0	应交税费	0	0
原材料	0	0	一年内到期的长期负债		0
流动资产合计	600	470	负债合计	600	600
固定资产：			所有者权益：		
土地和建筑	0	400	股东资本	0	600
机器与设备	0	185	利润留存	0	0
在建工程	0	0	年度净利润	0	−145
固定资产合计	0	585	所有者权益合计	0	455
资产总计	600	1 055	负债和所有者权益总计	0	1 055

综合费用表（简表）反映企业期间费用的情况，具体包括："管理费""广告费""维护费""租金""市场开拓费""ISO认证费""产品研发费""信息费""其他"等项目。其中，"信息费"是指

企业为查看竞争对手的财务信息而支付的费用，具体由规则确定。

利润表（简表）反映企业当期的盈利情况，具体包括："销售收入""直接成本""综合费用""折旧""财务费用""所得税"等项目。其中，"销售收入"为当期按订单交货后取得的收入总额，"直接成本"为当期销售产品的总成本，"综合费用"根据综合费用表中的合计数填列，"折旧"系当期生产线折旧总额，"财务费用"为当期借款所产生的利息总额，"所得税"根据利润总额计算。

此外，下列项目系统将自动计算，公式如下：

毛利=销售收入-直接成本

折旧前利润=毛利-综合费用

支付利息前利润=折旧前利润-折旧

税前利润=支付利息前利润-财务费用

年度净利润=税前利润-所得税

资产负债表（简表）反映企业当期的财务状况，具体包括："库存现金""应收款""在制品""产成品""原材料"等流动资产项目，"土地和建筑""机器与设备""在建工程"等固定资产项目，"长期负债""短期负债""特别贷款""应交税费"等负债项目，以及"股东资本""利润留存""年度净利润"等所有者权益项目。

其中，相关项目填列方法如下：

① "库存现金"根据企业现金结存数填列。

② "应收款"根据应收款余额填列。

③ "在制品"根据在制的产品成本填列。

④ "产成品"根据结存在库的完工产品总成本填列。

⑤ "原材料"根据结存在库的原材料总成本填列。

⑥ "土地和建筑"根据购入的厂房总价值填列。

⑦ "机器与设备"根据企业拥有的已经建造完成的生产线的总净值填列。

⑧ "在建工程"根据企业拥有的在建生产线的总价值填列。

⑨ "长期负债"根据长期借款的余额填列。

⑩ "短期负债"根据短期借款的余额填列。

⑪ "特别贷款"根据后台特别贷款总额填列（一般不会遇到）。

⑫ "应交税费"根据计算出的应缴纳的所得税金额填列。

⑬ "股东资本"根据企业收到的股东注资总额填列。

⑭ "利润留存"根据截至上年年末企业的利润结存情况填列。

⑮ "年度净利润"根据本年度的利润表中的净利润填列。

（2）投放广告。

该操作在每年年初进行，点击主页面下方操作区中的"投放广告"，弹出"投放广告"对话框，如图3-65所示，录入各市场广告费，点击"确认"即可。

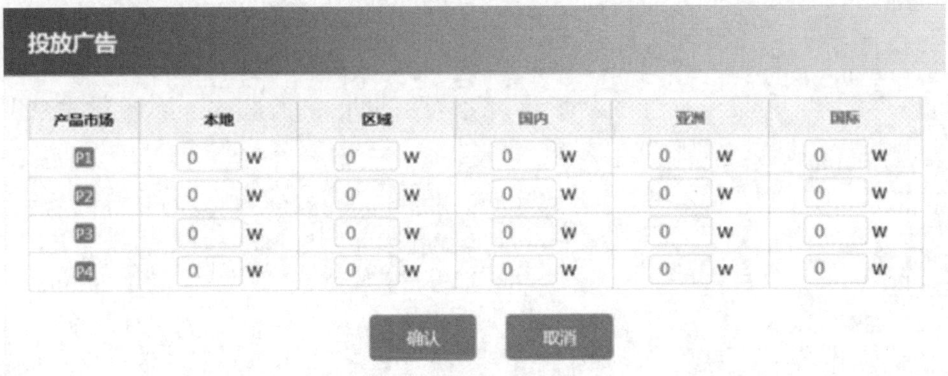

投放广告

产品市场	本地		区域		国内		亚洲		国际	
P1	0	W	0	W	0	W	0	W	0	W
P2	0	W	0	W	0	W	0	W	0	W
P3	0	W	0	W	0	W	0	W	0	W
P4	0	W	0	W	0	W	0	W	0	W

确认　取消

图3-65　投放广告示意图

市场开拓完成，相应的市场名称显示为黑色字时，企业可在该市场投放广告。若市场名称显示为红色字，则表示该市场尚未开拓完成，企业不可在该市场投放广告。广告的市场投放程度要根据市场竞争的激烈程度，企业自身的产能布置、发展战略，竞争对手的广告投放策略等多方面因素综合考虑。完成广告投放后，小组即可等待管理教师（裁判）开启订货会。所有的小组均完成广告投放后，管理教师（裁判）才会开启订货会。

本章练习题

6个经营年度后，你经营的企业如何，你有什么样的感想？

育人育德

茅台酒的酿酒工艺

茅台酒酿制工艺是一种独特的传统酿酒工艺。茅台酒的生产工艺包括制曲、制酒、贮存、勾兑、检验、包装6个环节。整个生产周期为1年，端午踩曲，重阳投料，酿造期间九次蒸煮、八次发酵、七次取酒，经分型贮放、勾兑贮放，5年后包装出厂。茅台酒的酿制包含两次投料、固态发酵、高温制曲、高温堆积、高温摘酒等，由此形成了其独特的酿造风格。

请根据上述资料讨论中国文化与精益生产之间的关系。

<table>
<tr><td>第4章</td><td># 新商战沙盘企业管理用表格的
编制与分析</td></tr>
</table>

第1节 资金预算表的编制

在新商战沙盘企业中，最稀缺的资源是资金和时间。综合费用的支付需要资金，各项投资需要资金，到期还债需要资金，如果没有一个准确、详尽的资金预算，企业很快会被资金问题弄得焦头烂额，顾此失彼。因此，每年年初做好资金预测是非常重要的，它可以助你运筹帷幄，在实验过程中游刃有余。本书在附录中准备了资金预算表供同学们使用。

如何编制资金预算表呢？

首先，新商战沙盘企业应在总经理的带领下，通过年度会议讨论出本企业的总体战略和年度战略。

然后，在每年年初（投放广告之前），由财务部经理开始编制本年度的资金预算表。

（1）根据企业的投产计划，把企业的现金支出项目在表中以负值填列。

（2）根据企业的融资计划，把贷款的金额以正值在表中填列。

（3）根据（1）（2）项中总结出的资金短缺，合理安排资金贴现，计算出贴现收回金额，以正值在表中填列。

（4）如还有资金短缺，则考虑增加融资金额或变卖资产，并填入表中。

在模拟经营中，同学们可以编制符合自己习惯的资金预算表，并做成EXCEL表格，设计好公式，简化计算过程，提高效率。本书中我们已经做好了一个模板，教师可以登录东北财经大学出版社网站（http://www.dufep.cn/）获取。

第2节 产能与采购的预测分析

新商战沙盘企业处于一个非常激烈的竞争性环境中，因此在接单时不能想拿几张订单就拿几张订单，在这里一定要做到"知己"，即应当知道自己的产能；否则年底无法交货，企业就要承受违约带来的损失，所以接单前一定要先计算产能，即可承诺量[①]。

产能的计算有三种方法：

一、表格计算法

采购及生产计划图解，如图4-1所示。

企业通过画表格的方法可以准确计算出每年、每个季度、每条生产线的产量及原材料的订购数量，以第一条超级手工线为例，如果第1年第3季度可以上线一个P1产品，那么意味着同期将下线一个P1产品。要上线必须先有原材料，R1、R2需要提前一个季度订货，R3、R4需要提前两个季度订货，根据产品的BOM图，我们知道P1主要是由R1原材料组成的，所以第3季度要上线一个P1，第2季度一定要下一个R1的原材料订单。超级手工线两个季度下线一个产品，第1年第3季度上线的P1将在第2年的第1季度下线……

---

① 可承诺量（ATP, available-to-promise）是指一家企业的库存或计划生产量中尚未分配到客户订单的部分。这个数量在主要生产计划中进行维护，作为承诺客户订单的依据。第一时区的ATP数量即为可用库存量，对于每个有主生产计划预计接收量的时区都要进行计算。第一时区的ATP等于现有库存量减去到期和过期的客户订单。在任何包含主生产计划接收量的时区内，ATP等于主生产计划量减去该时区内，以及该时区以后，下一个有主生产计划接收量的时区之前的所有客户订单。负的ATP为减少先前时区的ATP。

生产线		第 1 年				第 2 年			
		1 季度	2 季度	3 季度	4 季度	1 季度	2 季度	3 季度	4 季度
1	产品								
超级手工线	材料		R1		R1		R1		R1
2	产品								
自动线	材料			R1		R1		R1	
3	产品								
柔性线	材料				R1		R1		R1
合计	产品					2P1	2P1	3P1	2P1
	材料		1R1	1R1	2R1	1R1	2R1	1R1	2R1

图 4-1　采购及生产计划图解

如果转产，以图 4-1 中超级手工线为例，该线第 2 年的第 3 季度下线了一个 P1 产品，根据产品的价格和市场需求量，我们觉得该线生产 P2 更为合理（P2 已研发成功），且手工线转产周期和转产费用为 0，如果第 3 季度该线上线 P2 产品，那么第 1 季度必须下一个 R3 采购订单，并在第 2 季度下一个 R2 采购订单，否则就得停工待料。对于自动生产线而言，以图 4-1 中自动线为例，第 2 年第 3 季度要上 P3 产品，根据产品的 BOM 图，必须在第 1 季度下一个 R3 订单，第 2 季度下 1 个 R1 订单，这样才能保证产品上线，当然我们在订购原材料的时候，要注意扣减已有的原材料库存。

本书已提供了空白表格供学生使用，参见附录。

二、位置观察法

超级手工生产线的生产周期是两个季度，所以用超级手工生产线生产，年初生产线上的在产品状态应当有两种，如图 4-2 所示。

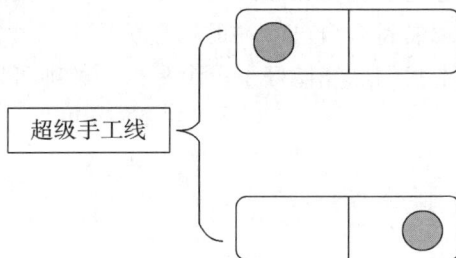

图 4-2　产品状态图

在这里，也有超级手工线上没有产品的情况，设备闲置，企业的总资产收益率（ROA）必定很小。因为机器设备是资产，当机器设备不生产产品时，企业的销售额一定很小，资产周转率必定下降，所以企业经营者应当尽量避免设备闲置，请看以下这两种情况（如图 4-3 所示）：

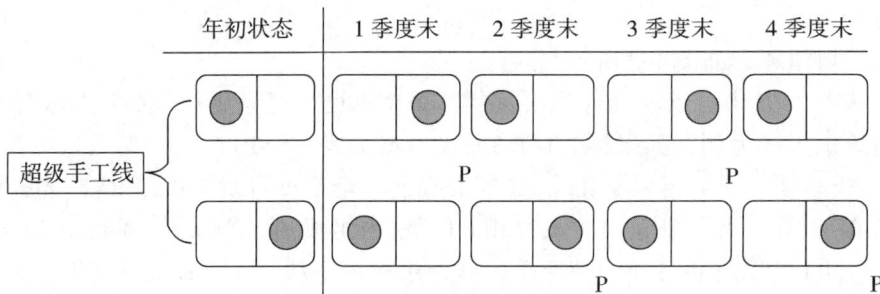

图 4-3　手工线产能计算

图 4-3 中，每个标记 P 均代表下线的产品，并且只有在第二种状态时手工生产线可以生产下线 1 个产品，每条生产线的平均产能为 2 个。关于原材料的订购，根据产品的 BOM 图，当产品位于生产线上 1Q 的位置时，这时可以预订需要两个提前期的 R3、R4 原材料，位于 2Q 位置时，这时可以预订

需要一个提前期的 R1、R2 原材料。

对于全自动线的产能测算，其原理相同，如图 4-4 所示。

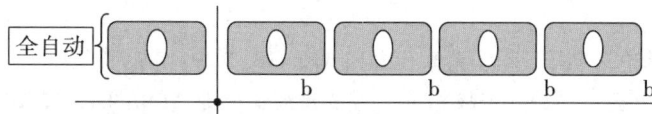

图 4-4　全自动线产能计算

通过以上分析，我们就可以计算出企业这一年度的总产能：

总产能 = $\sum$ 生产线数目 × 生产线产能

最大接单数量 = 总产能 + 总库存 + 可能的紧急采购数量

三、软件计算法

产能和原材料采购的计算是一项复杂的工作，需要投入大量的精力，稍有疏忽，就会误拿订单或导致生产线停工待料，对企业造成损失，如何准确无误地计算产能和制订原材料的采购计划是所有企业都应当关注的一个重大问题。

现代企业普遍重视信息化建设，信息化建设要求用信息化的方法科学地管理企业，将繁重的手工作业利用自动化的方法高效率、高准确率地完成。对于本课程涉及的产能及采购计划的制订，同学们可以利用上述原理，利用 Excel 编制小程序或工具完成计算。

本章练习题

假设企业 B 处于第 4 年第 1 季度初期，企业拥有 1 个大厂房，内有 5 条生产线。

1 条超级手工生产线生产 P3，在制品 P3 在第 2 季度。

2 条全自动线生产 P2，在制品 2 个。

2 条柔性线，其中：生产线 a 生产 P3，有在制品 1 个，生产线 b 生产 P4，有在制品 1 个。

所有生产线在第 5 年内不停产，不变卖。

因为市场总监的失误，多拿了一个 P3 订单，因此第 2 季度更新生产操作完工产品入库后，生产 P4 的柔性生产线 b 转产生产 P3。第 3、第 4 季度生产线 b 生产 P4。第 1 季度企业原材料入库后，有 R1 原材料 4 个，有 R2 原材料 8 个，有 R3 原材料 3 个，有 R4 原材料 3 个。第 3 年第 4 季度企业订购 R3 原材料 7 个，R4 原材料 1 个。要求第 2、第 3 和第 4 季度原材料入库开始下一批生产后原材料库存最少，尽量接近零。请回答：

（1）第 1 季度应至少下原料订单：R1____个，R2____个，R3____个，R4____个。

（2）第 2 季度应至少下原料订单：R1____个，R2____个，R3____个，R4____个。

（3）第 3 季度应至少下原料订单：R1____个，R2____个，R3____个，R4____个。

（4）这一年总共生产出：P1 成品____个，P2 成品____个，P3 成品____个，P4 成品____个。

育人育德

WPS 的坚持

1989 年，25 岁的求伯君在深圳某旅馆完成了一款汉字处理软件的开发，该软件就是大名鼎鼎的 WPS，国内第一款汉字处理软件。1996 年之前，WPS 占据国内办公软件市场 90% 以上的份额。1996 年，微软主动上门跟金山接洽，希望金山将 WPS 格式与微软共享，也就是让 WPS 和 Word 格式互相兼容。金山原本没觉得 WPS 格式是多大的秘密，很快同意了。但是他们没想到，微软当年推出的 Windows 97 系统迅速终结了 DOS 系统，与 Windows 绑定的 Word 也顺便终结了称霸 DOS 时代的 WPS，双方签署的格式共享协议则加速了用户向 Word 转移的进程。一夜之间，金山丢盔弃甲，雷军将其形容为"WPS 在微软 Word 面前死了一回"，双方就此结下宿怨。2015 年，金山办公发布"WPS+云办公"战略，在传统 WPS Office 基础上加入云模板、云储存、云办公、文档协同等功能，同时推出办公服务订阅功能，为个人和企业提供办公增值服务。新冠肺炎疫情使在线办公需求爆发，金山办公用户数量迅速增长。

请根据上述资料，讨论应如何学习优秀民族企业的坚持与自信力。

资料来源：唐郡．金山办公：与微软苦战 31 年，今要借疫情突围 ［EB/OL］．（2020-02-22）．https：//baijiahao.baidu.com/s？id=1659200780720160495&wfr=spider&for=pc.有变动．

第5章

新商战系统管理

第1节　系统准备

一、系统安装

双击点开产品安装光盘或拷贝安装包并打开，双击新商战沙盘系统安装程序，弹出的对话框如图5-1所示（如遇杀毒软件阻止，请点击"允许程序运行"）。

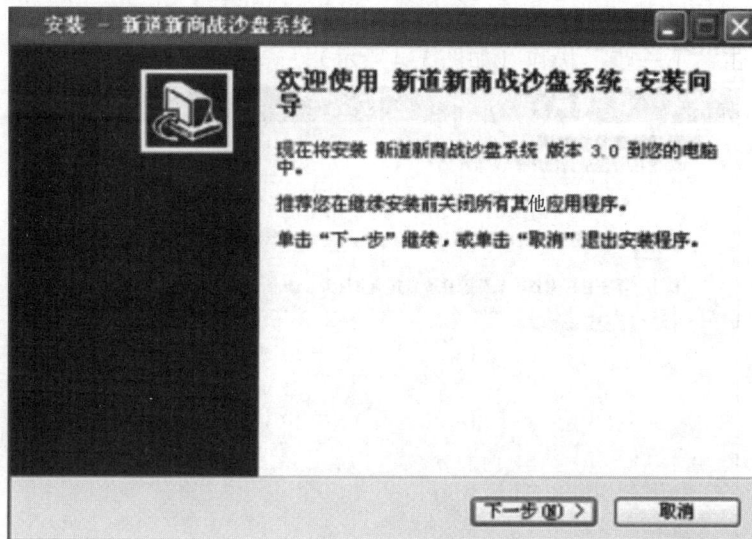

图5-1　安装界面

点击"下一步"，选择同意许可协议，如图5-2所示。

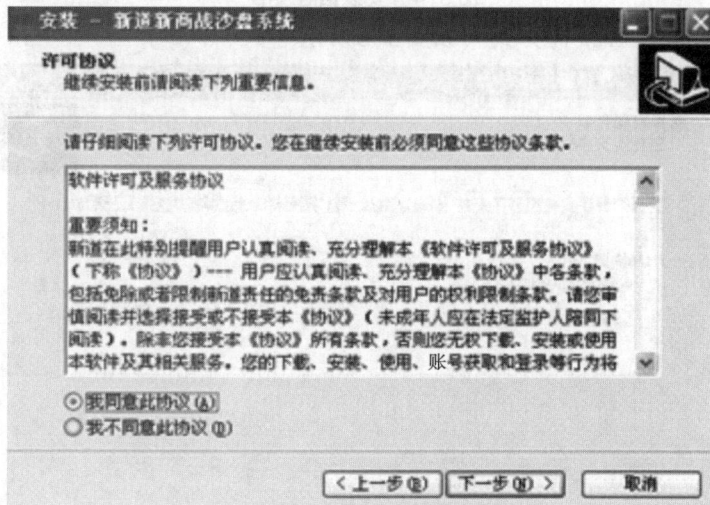

图5-2　许可协议界面

点击"下一步"显示文件安装路径，可选择默认路径或将其修改为其他路径，新建路径中不要有中文字符，以免引起不必要的错误提示。选择目标位置界面，如图5-3所示。

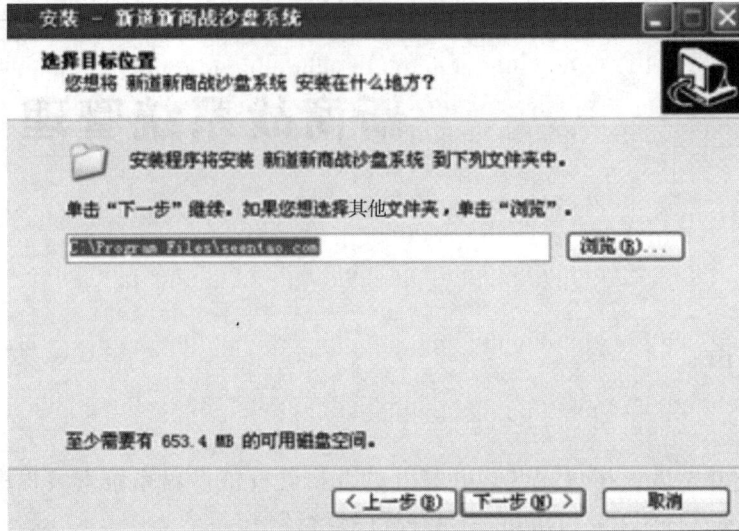

图 5-3　选择目标位置界面

按照提示依次点击"下一步"操作（如图5-4所示）。

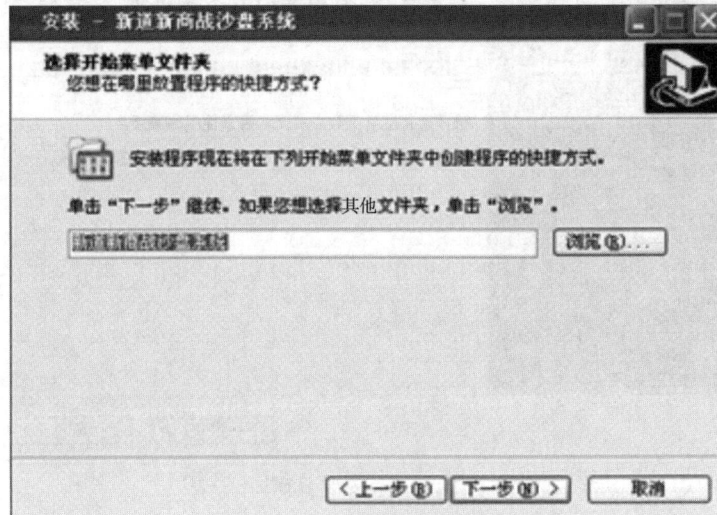

图 5-4　安装路径界面

点击"下一步"，创建桌面快捷方式（如图5-5所示）。

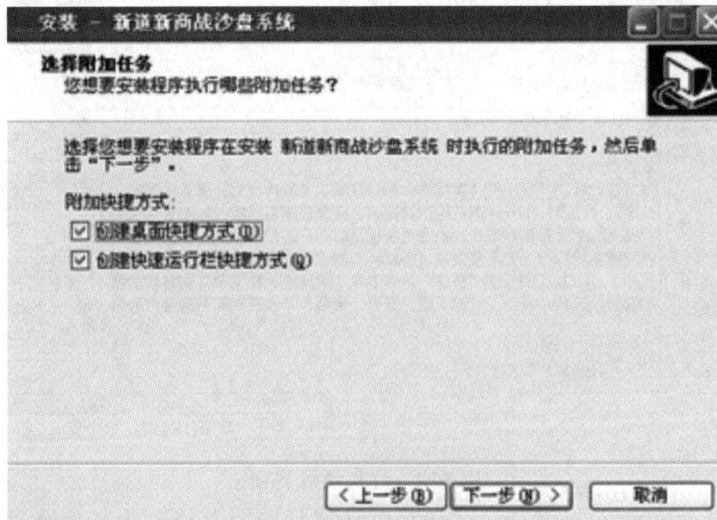

图 5-5　快捷方式创建界面

点击"下一步"，确认程序安装信息，点击"安装"（如图5-6所示）。

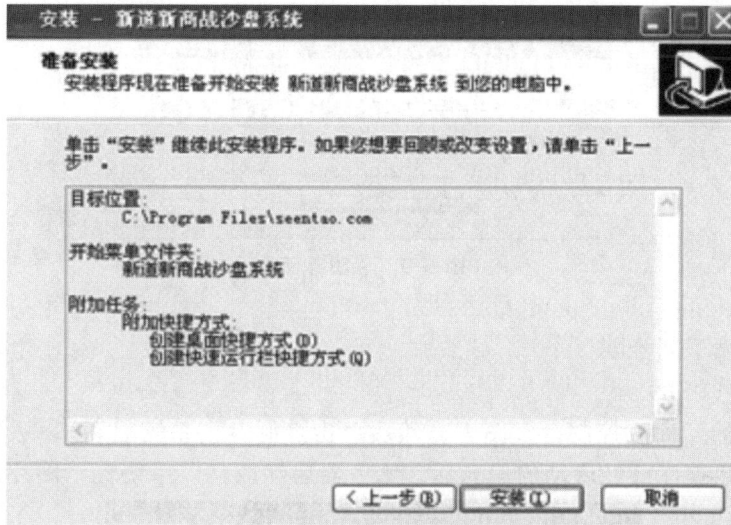

图 5-6　准备安装界面

等待安装进度条结束，点击"完成"，产品安装完毕（如图 5-7、图 5-8 所示）。

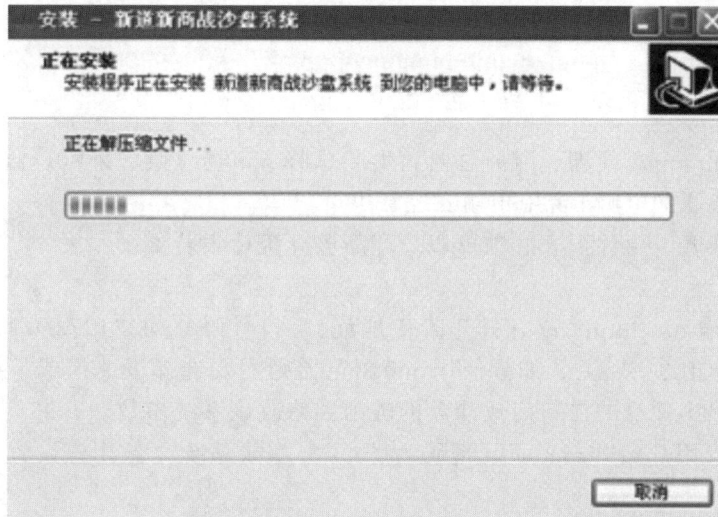

图 5-7　进度条界面

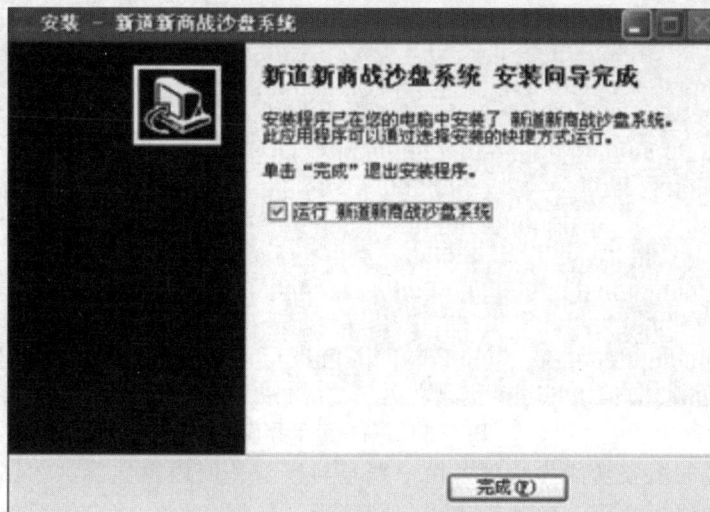

图 5-8　安装完成界面

勾选了"运行新道新商战沙盘系统"，点击"完成"，如果此时没有插入加密锁，则程序无法正常运行，请插入加密锁。相关说明界面，如图 5-9 所示。

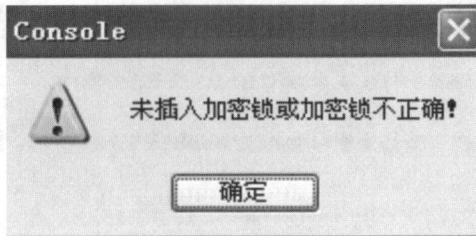

图5-9　说明界面

二、系统启动

服务器启动应遵循下列步骤：

（1）插入加密锁（USB）。

（2）双击桌面上的"商战控制台"图表，然后单击控制台"系统启动"，系统会弹出对话框自动运行服务，在显示出数据库已经启动的信息后，服务器启动成功。系统提示图片，如图5-10所示。

信息：Server startup in 10770 ms

图5-10　系统提示图片

第2节　经营前准备

一、学生

（1）完成角色分配——总经理、财务总监、生产总监、市场总监、采购总监。

（2）每队至少准备联网电脑1台用于输入经营决策。

（3）准备经营流程表、会计报表、预算表、产品核算统计表若干。

二、管理员

打开IE浏览器，输入"http：//"+服务器IP地址+端口号码，如"127.0.0.1：8080"，运行即可。IE浏览器版本必须为"IE8"以上，如果使用360浏览器则需要选择极速模式，初始状态的设定由教师负责，教师可以根据实训目的在新商战沙盘的教师端修改该系统参数。

（1）系统管理员以用户名"admin"（密码为"1"）登录系统，做相应设置。用户登录界面，如图5-11所示。

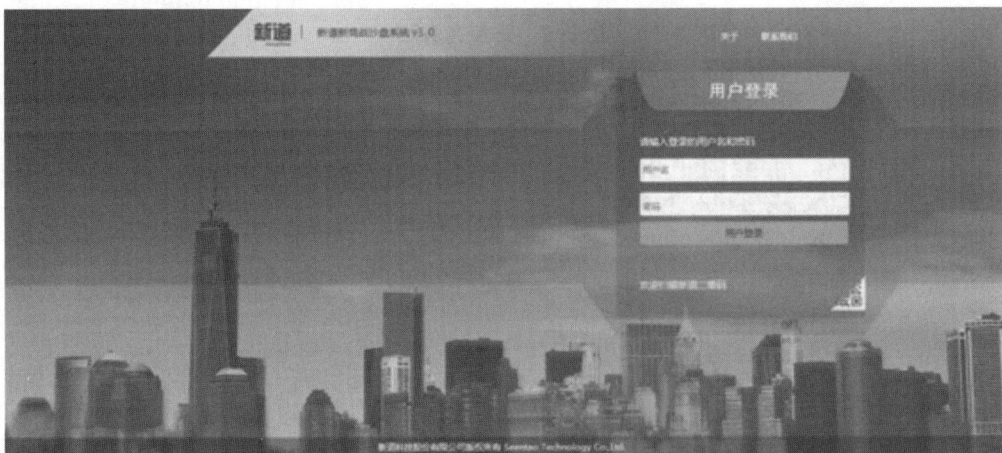

图5-11　用户登录界面

（2）管理员端账号的主要功能为管理各用户账号与权限、创建教学班、数据备份与还原。管理员端账号的菜单包含：创建教学班、教师管理、权限管理、数据备份，相应的菜单界面如图5-12所示。

首先，创建教学班：本系统支持用户建立多个教学班并授课，在管理员端命名教学班简称。同时在该菜单下可以查询已建立的教学班的状态（包含"未初始化""正在进行""已结束"）。创建教学班示意图如图5-13所示。

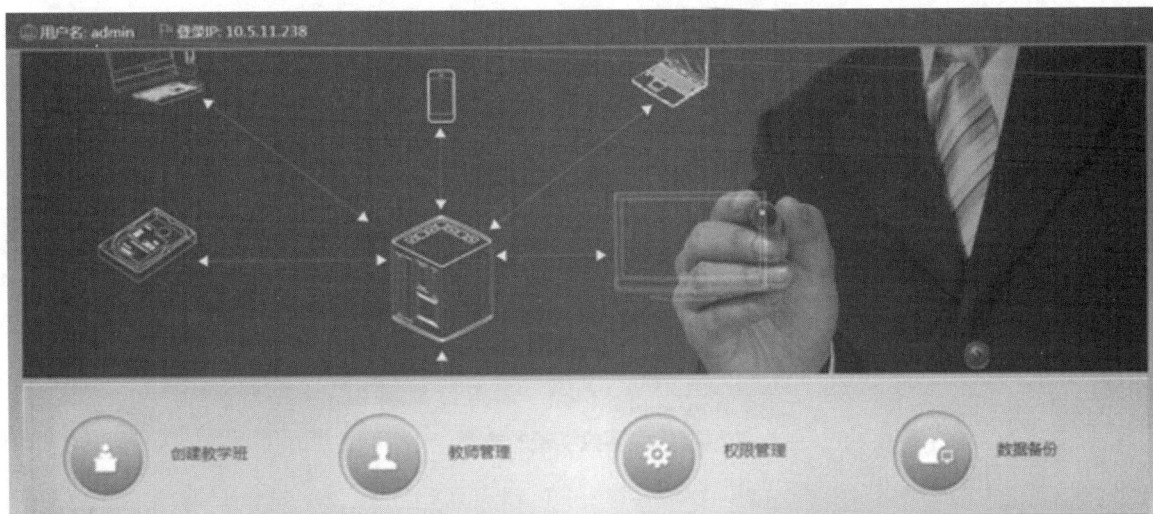

图 5-12 菜单界面

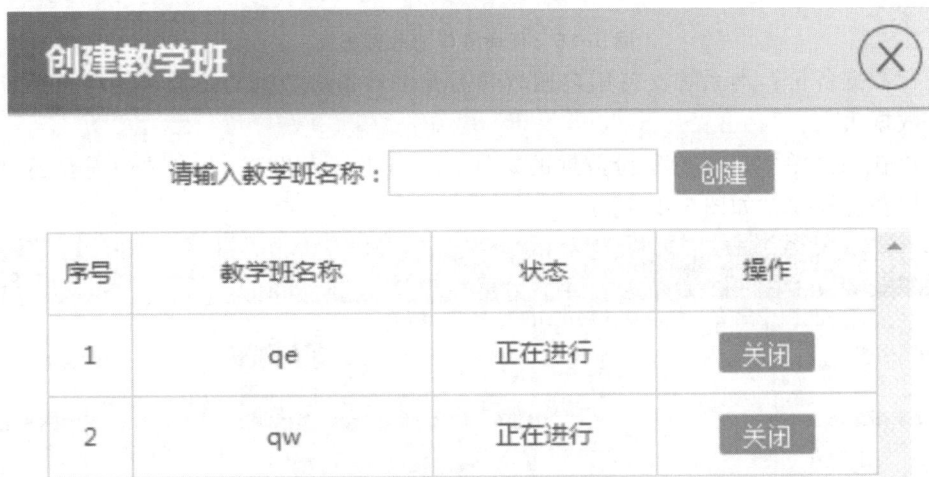

图 5-13 创建教学班示意图

其次，进行教师管理：本系统支持用户建立多个教师账户，方便学校分班开课时多个教师管理教学。菜单中包含创建教师账号、修改管理员和教师密码、删除用户等功能。用户管理示意图，如图 5-14 所示。

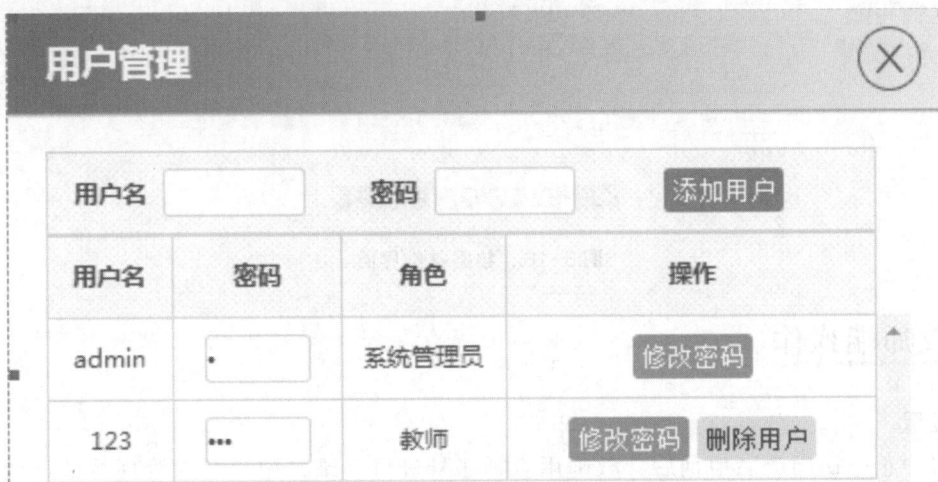

图 5-14 用户管理示意图

再次，进行权限管理：本系统支持教师与教学班之间进行多对多管理，一个教学班可以有多个老师及助教，一个老师也可以管理多个教学班。

该菜单中，教师可以选择自己要关联的教学班，同时可以查询每位教师已经管理的教学班。任命教学班教师界面，如图5-15所示。

图5-15　任命教学班教师界面

最后，进行数据备份：本系统支持用户按教学需要手动备份数据与还原，同时有系统自动备份数据功能，防止数据丢失。

使用者可以在该菜单中定义待备份数据的文件名，点击"备份"，也可选中需要还原的文件进行文件还原。数据备份界面，如图5-16所示。

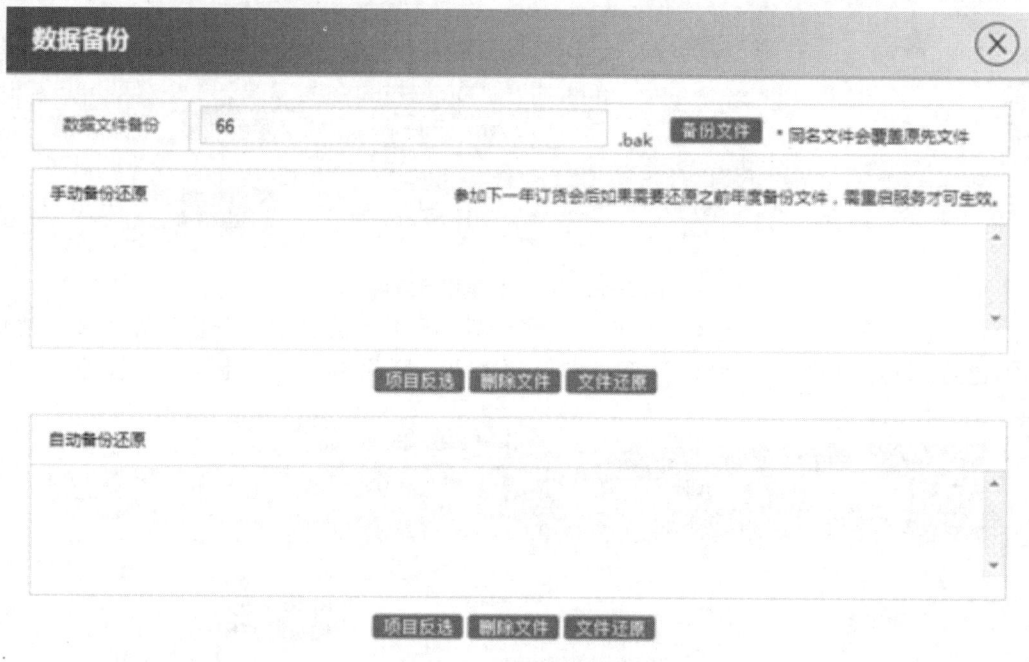

图5-16　数据备份界面

第3节　教师端操作

一、初始化设置

在浏览器中正确访问产品地址后，教师用教师账号进行登录，用户名为管理员端已增加的用户账号，（如账号为"123"），初始密码为"1"。如果不能成功登录，则可能的原因是当前网络环境没有连接外网，获取不到管理员登录的许可。

成功登录后，显示初始化界面（如图5-17所示），点击已选定的"教学班初始化"设置。

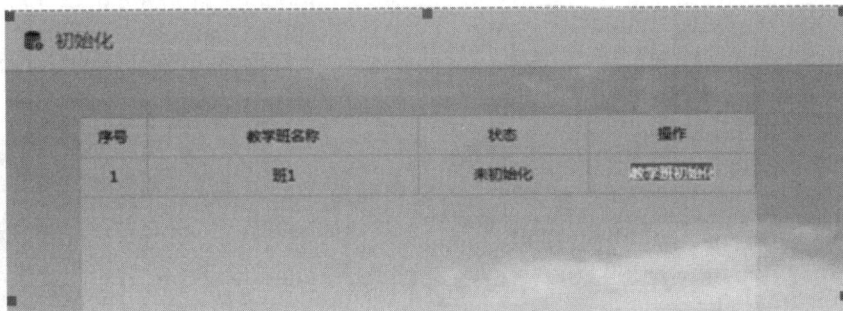

图5-17　初始化界面

操作人员在编辑框内可以编辑用户前缀、队数等信息，选择订单方案、规则方案，设置参数表中的各种信息，也可以对每个教学班进行个性化参数设置，点击"确定"，弹出提示框，初始化成功。教学班初始化示意图，如图5-18所示。

图5-18　教学班初始化示意图

二、查询每组信息

点击主页面上方的学生组号，如"q102"，可以查阅主页面中间区域，这里会显示该组的各项经营信息，包括公司资料、库存采购信息、研发认证信息、财务信息、厂房信息、生产信息、综合财务信息、综合费用表、利润表、资产负债表、现金流量表、订单列表等信息，也可以将公司信息导出Excel；还可以在公司资料页签内进行还原本年、修改密码、追加资本、修改状态等操作。用户信息界面，如图5-19所示。

图5-19　用户信息界面

三、操作区管理

通过点击操作区的选单管理、竞单管理、组间交易、排行榜单、公共信息、订单详情、系统参数、教学班备份等操作对班级进行管理。操作区管理界面，如图5-20所示。

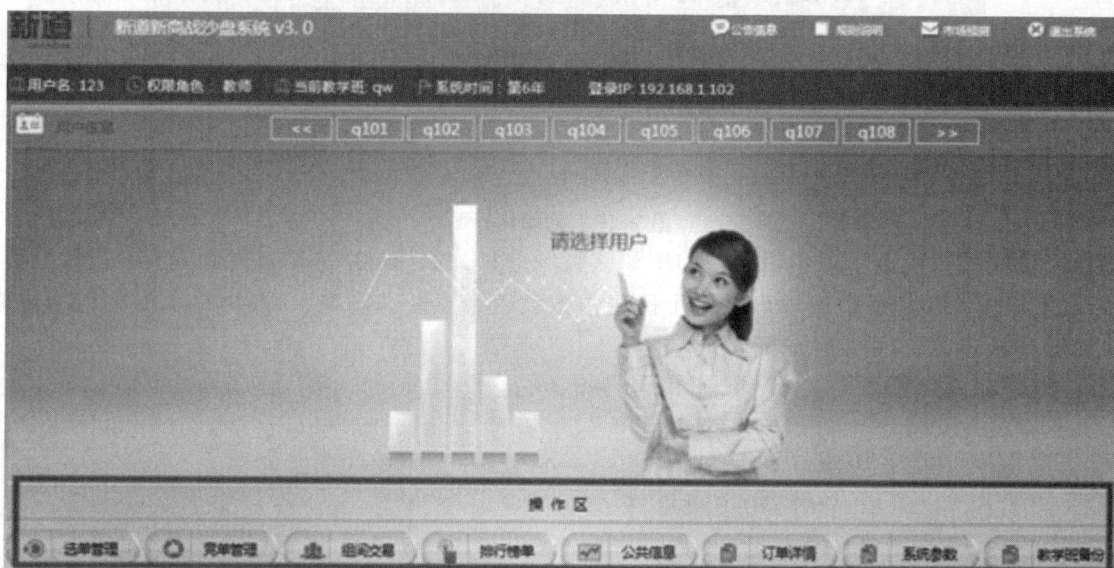

图5-20 操作区管理界面

1.选单管理

管理者可以点击主页面下方的菜单“选单管理”，管理每组学生选取市场订单的过程。

当所有学生组均未投放广告或者订货会结束时，系统弹出框会显示“订单会已结束或未有投广告用户！”的通知，通知界面如图5-21所示。

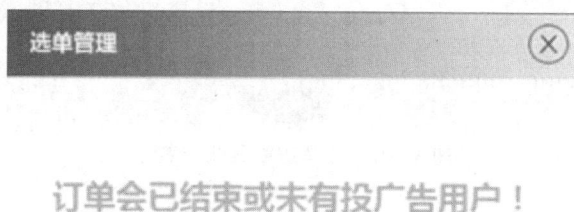

图5-21 通知界面1

当教学班里有部分学生组完成广告投放时，系统弹出框会显示每组投放广告的时间，选单管理界面如图5-22所示。

选单管理

第2年广告投放情况

用户名	用户时间	投完广告时间
q101	第2年第1季	2016-3-6 9时45分3秒
q102	第2年第1季	2016-3-6 9时52分47秒
q103	第1年第1季	-

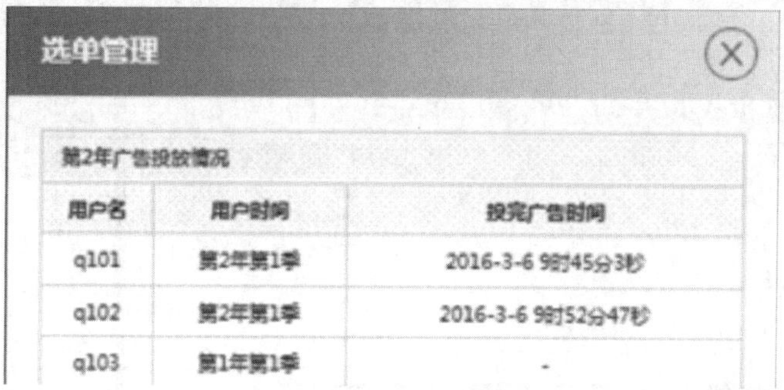

图5-22 选单管理界面1

当教学班里所有学生组均完成广告投放时，系统弹出框会显示开始选单页面，选单管理界面如图5-23所示。

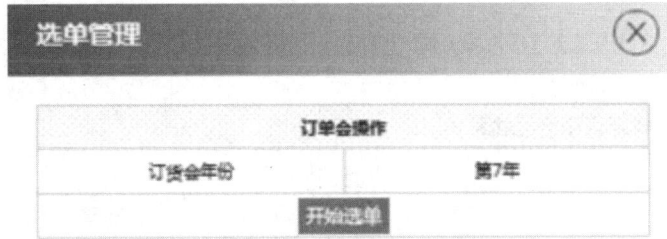

图 5-23　选单管理界面 2

点击"开始选单"按钮，系统弹出提示框，订货会正式开始，通知界面如图 5-24 所示。

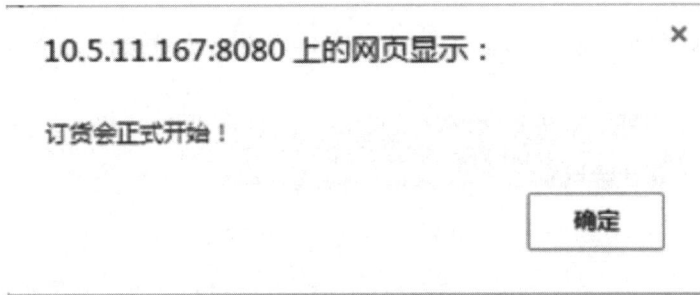

图 5-24　通知界面 2

点击"确定"按钮，跳转到订货会选单管理界面，弹出框中显示选单过程记录，选单时间、剩余回合、剩余单数等信息，点击"重新选单"，订货会将重新开始。点击"计时暂停/计时恢复"，来操作是否暂停订货会选单。选单管理界面如图 5-25 所示。

图 5-25　选单管理界面 3

当选单全部结束后，页面弹出提示框，显示本年订货会结束。通知界面如图 5-26 所示。

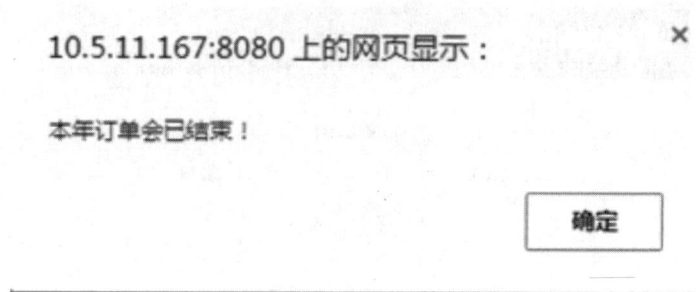

图5-26 通知界面3

2.竞单管理

点击主页面下方的菜单"竞单管理",当该经营年度没有竞单会时,会弹出提示框。提示框界面如图5-27所示。

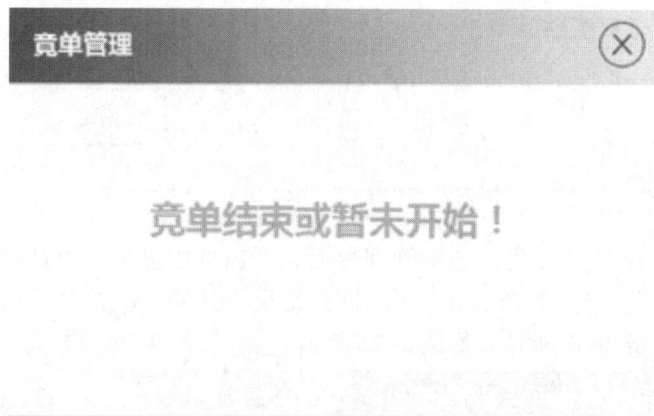

图5-27 提示框界面1

当进行到设有竞单会的年份时,页面将跳转到准备开始竞单的页面。竞单管理界面如图5-28所示。

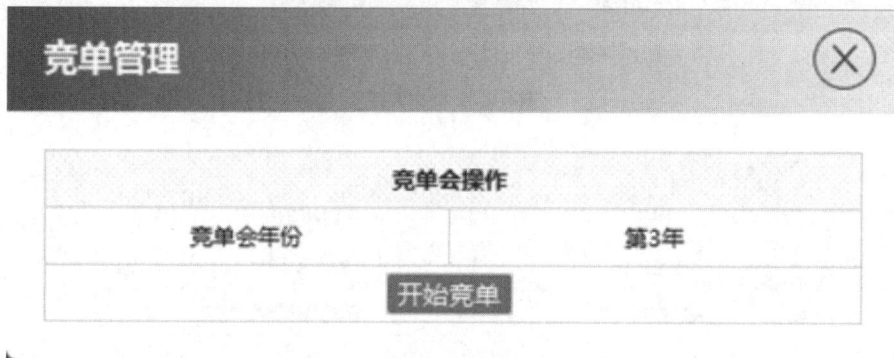

图5-28 竞单管理界面1

点击"开始竞单",弹出提示框,竞单会正式开始。提示框界面,如图5-29所示。

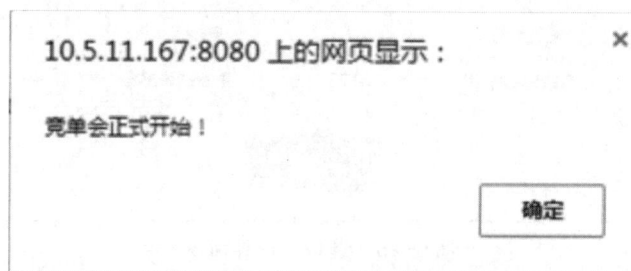

图5-29 提示框界面2

点击"确定"按钮,页面跳转到竞单会管理页面,如图5-30所示。

图 5-30　竞单管理界面 2

点击"重新竞单"，竞单会将重新开始。点击"计时恢复/暂停"，会暂停竞单的过程。

竞单结束时会弹出提示框，通知界面如图 5-31 所示。

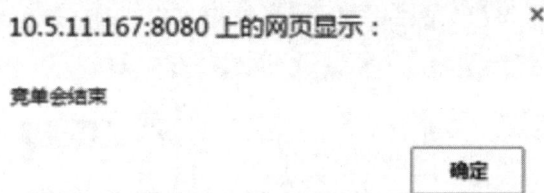

图 5-31　通知界面 4

3.组间交易

点击主页面下方的菜单"组间交易"，弹出对话框。

点击选择出货方和选择进货方的下拉框，选择买卖的双方组号，选择要交易的产品，在下方编辑框内输入交易数量以及交易金额，点击"确认交易"，即完成了此次组间交易。组间交易必须在两个学生组经营到某一共同系统时间点时才能操作。组间交易界面如图 5-32 所示。

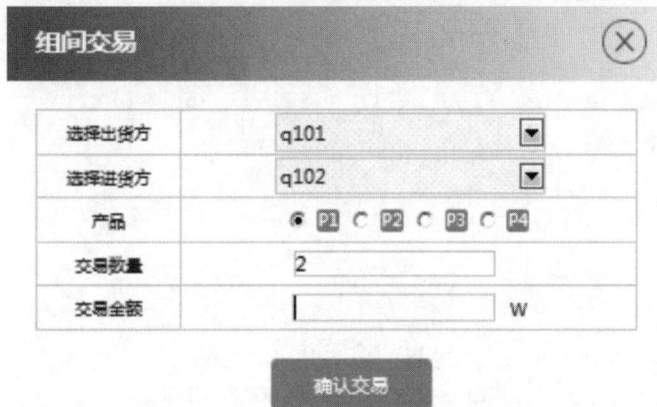

图 5-32　组间交易界面

4.排行榜单

点击主页面下方的菜单"排行榜单",显示弹出框,在当前修正后的编辑框中输入老师的加分或减分,点击"确定"保存修正分。此功能也可用来查询学生组经营的最后成绩排名。排行榜单界面如图5-33所示。

用户名 ⇵	系统时间	公司名称	学校名称	得分 ⇵	当前修正	累计修正	合计
q107	第1年1季	请修改公司名称	请修改学校名称	600.0			-
q101	第2年1季	A	A	668.85			-
q105	第1年1季	请修改公司名称	请修改学校名称	600.0			-
q103	第1年1季	请修改公司名称	请修改学校名称	600.0			-
q102	第2年1季	B	B	659.75			-
q108	第1年1季	请修改公司名称	请修改学校名称	600.0			-
q106	第1年1季	请修改公司名称	请修改学校名称	600.0			-
q104	第1年1季	请修改公司名称	请修改学校名称	600.0			-

确认

图5-33　排行榜单界面

5.公共信息

点击主页面下方的菜单"公共信息",显示弹出框。在"年份"后的下拉框里选择要查询的年份,点击"确认信息"。公共信息界面如图5-34所示。

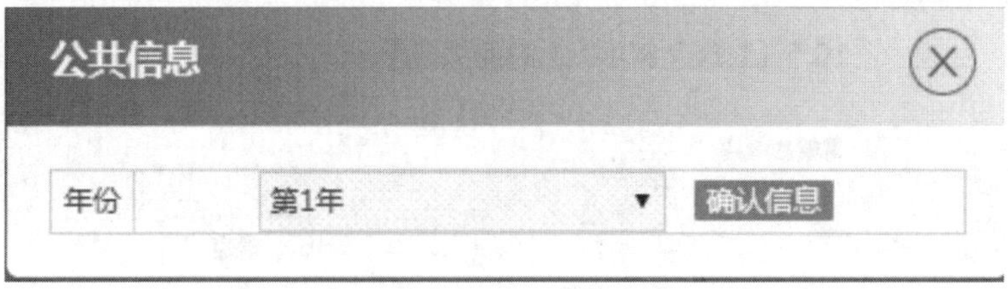

年份	第1年 ▼	确认信息

图5-34　公共信息界面1

点击"确认信息"后,页面跳转到每组的经营结果信息,在弹出框中显示各组的本年经营利润以及权益列表,在表的下方显示本年的销售额市场老大。公共信息界面如图5-35所示。

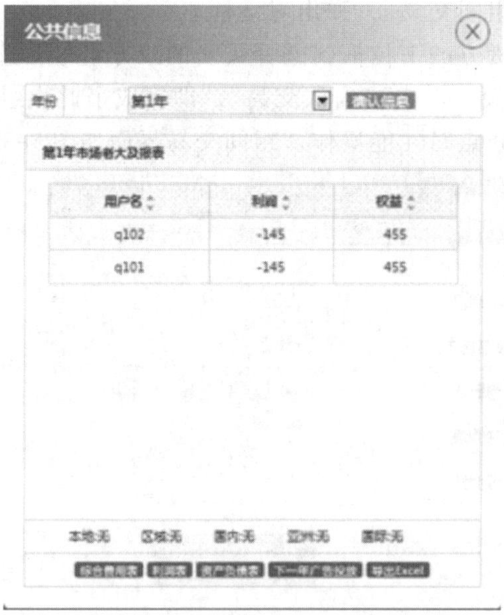

年份　第1年 ▼　确认信息

第1年市场老大及报表

用户名 ⇵	利润 ⇵	权益 ⇵
q102	-145	455
q101	-145	455

本地无　区域无　国内无　亚洲无　国际无

综合费用表　利润表　客户忠诚表　下一年广告投放　导出Excel

图5-35　公共信息界面2

点击“综合费用表”，页面跳转，显示各组的综合费用表，如图5-36所示。

综合费用表

综合费用表		
项目\用户	q101	q102
管理费	40	40
广告费	0	0
设备维护费	25	25
转产费	0	0
租金	0	0
市场准入开拓	20	20
产品研发	50	50
ISO认证资格	10	10
信息费	0	0
其他	0	0
合计	145	145

图5-36　综合费用表界面

点击“利润表”，页面跳转，显示各组的利润对比情况，如图5-37所示。

利润表

利润表		
项目\用户	q101	q102
销售收入	0	0
直接成本	0	0
毛利	0	0
综合管理费用	145	145
折旧前利润	-145	-145
折旧	0	0
支付利息前利润	-145	-145
财务费用	0	0
税前利润	-145	-145
所得税	0	0
净利润	-145	-145

图5-37　利润表（简表）界面

点击“资产负债表”，页面跳转，显示各组的资产负债对比情况，如图5-38所示。

资产负债表

资产负债表		
项目\用户	q101	q102
现金	420	520
应收款	0	0
在制品	40	40
产成品	0	0
原材料	10	10
流动资产合计	470	570
土地和建筑	400	300
机器与设备	185	185
在建工程	0	0
固定资产合计	585	485
资产总计	1055	1055

图5-38　资产负债表（简表）界面

点击"下一年广告投放"，显示下一年年初各组的广告投资额。该统计数据分别以每组投放广告和每个市场各组投放广告对比的两种方式展现，可供选择。相应的格式1如图5-39所示，格式2如图5-40所示。

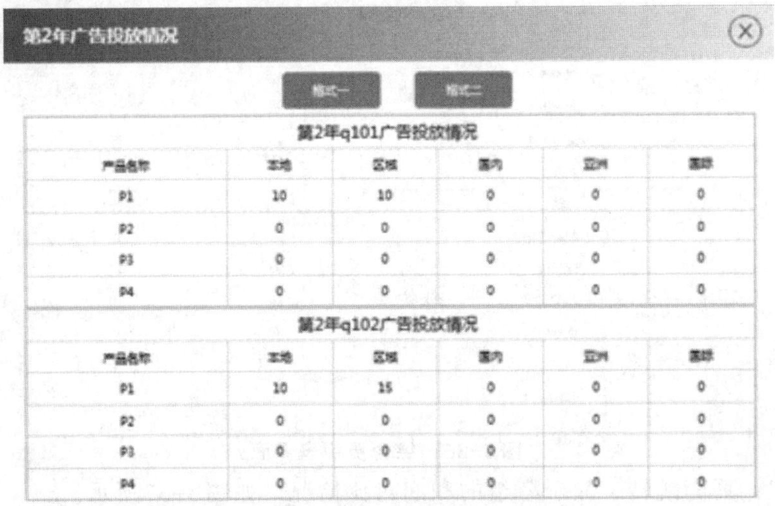

图5-39　广告投放情况界面1

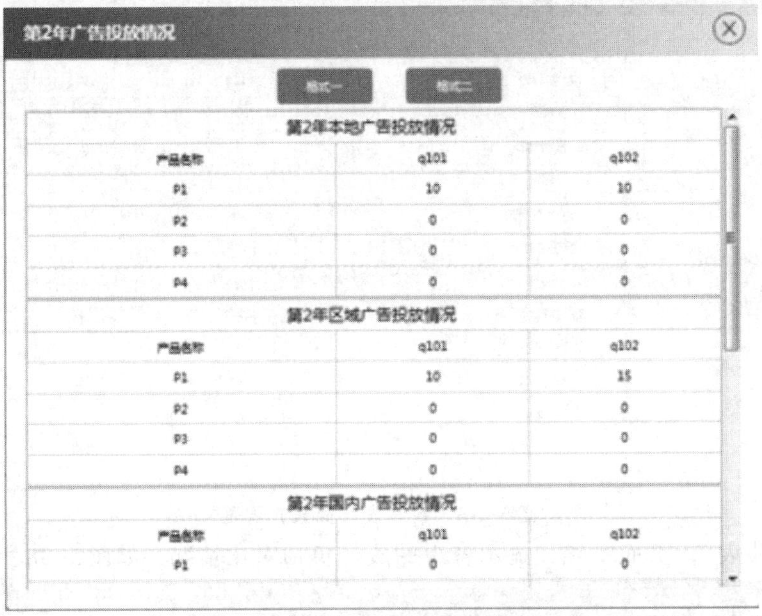

图5-40　广告投放情况界面2

点击导出Excel，将各组的对比信息以Excel表格的形式下载保存，以备查阅。下载提示界面如图5-41所示，导出的Excel表格界面如图5-42所示。

图5-41　下载提示界面

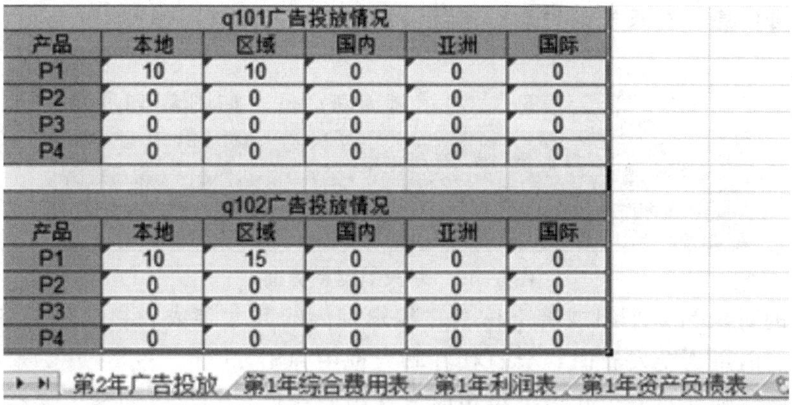

q101广告投放情况					
产品	本地	区域	国内	亚洲	国际
P1	10	10	0	0	0
P2	0	0	0	0	0
P3	0	0	0	0	0
P4	0	0	0	0	0

q102广告投放情况					
产品	本地	区域	国内	亚洲	国际
P1	10	15	0	0	0
P2	0	0	0	0	0
P3	0	0	0	0	0
P4	0	0	0	0	0

▶ ▶│ 第2年广告投放　第1年综合费用表　第1年利润表　第1年资产负债表

图 5-42　Excel 表格界面

6. 订单详情

点击主页面下方的菜单"订单详情",弹出框即显示该教学班所有年份的市场订单明细,如图 5-43 所示。

订单详情

订单列表

订单编号	年份	市场	产品	数量	总价	交货期	账期	ISO	所属用户	状态
S211_01	第2年	本地	P1	3	161W	4季	2季	-	q102	已交货
S211_02	第2年	本地	P1	2	89W	4季	2季	-	-	-
S211_03	第2年	本地	P1	1	52W	4季	2季	-	-	-
S211_04	第2年	本地	P1	1	58W	4季	1季	-	-	-
S211_05	第2年	本地	P1	4	193W	4季	0季	-	-	-
S211_06	第2年	本地	P1	1	56W	4季	2季	-	-	-

图 5-43　订单详情界面

7. 系统参数

点击主页面下方的菜单"系统参数",弹出框中会显示该教学班初始化的参数设置,选择可修改的参数,在后面的下拉框或编辑框内修改即可。点击"确认",保存修改结果。

其中,初始现金数额不可修改。系统参数界面如图 5-44 所示。

系统参数

最小每单广告额	10 W	拍卖会每拍数量	3 个
竞拍会竞拍时间	90 秒	初始现金(股东资本)	600 W
贴现率(1.2期)	10.0 %	贴现率(3.4期)	12.5 %
紧急采购倍数(原料)	2 倍	紧急采购倍数(产品)	3 倍
所得税率	25.0 %	信息费	1 W
库存折价率(原料)	80.0 %	库存折价率(产品)	100.0 %
贷款期倍数	3 倍	长期贷款利率	10.0 %
最大长贷年限	5 年	管理费	10 W
订单置选补时	15 秒	是否存在市场老大	○ 无 ● 有
订单市场同开数量	2 个	订货会选单时间	45 秒
违约扣款百分比	20.0 %	短期贷款利率	5.0 %
厂房数	4 个		

确认　　取消

图 5-44　系统参数界面

四、主页面上的公告信息、经营规则说明、市场预测管理

1.公告信息

点击主页面右上方的菜单"公告信息"，显示聊天对话框，如图5-45所示。

图5-45 聊天对话框界面

选择发送消息的对象为某个组或者全体，在编辑框内输入文字或表格，然后发送消息给学生端。当系统有默认设置的消息需要发布时，会直接在聊天框中弹出。

另外，为了方便教师在每一"年度"结束时发送报表等信息，也方便学生保存，软件中在教师端增加了下发公共文件的按钮，包含下发财务报表、应收款及贷款、广告投放信息。该操作仅支持学生从当年结束到参加下一年订货会前操作，其他时段公共文件由教师下发，学生端无法操作。公告留言界面，如图5-46所示。

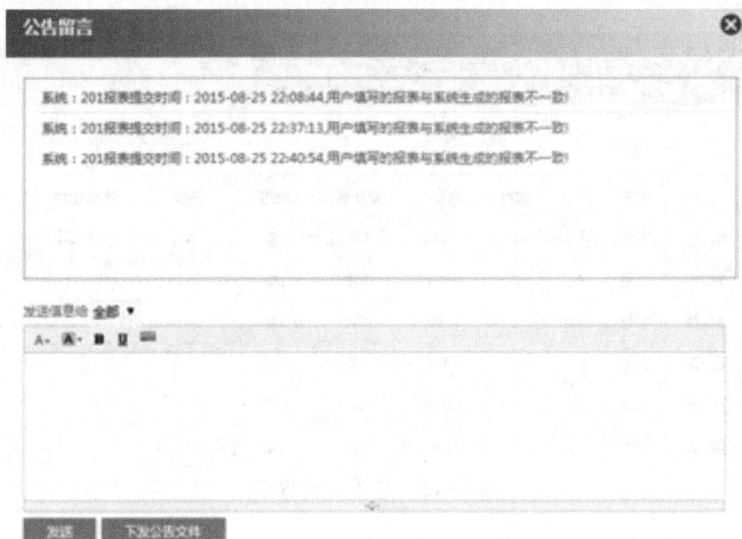

图5-46 公告留言界面

2.经营规则说明

点击主页面右上方的菜单"经营规则说明"，显示弹出框，即可查阅本场企业模拟经营的运营规则。该规则与初始化设置的系统参数一致，可根据每次参数设置的不同而变动。经营规则说明界面，如图5-47所示。

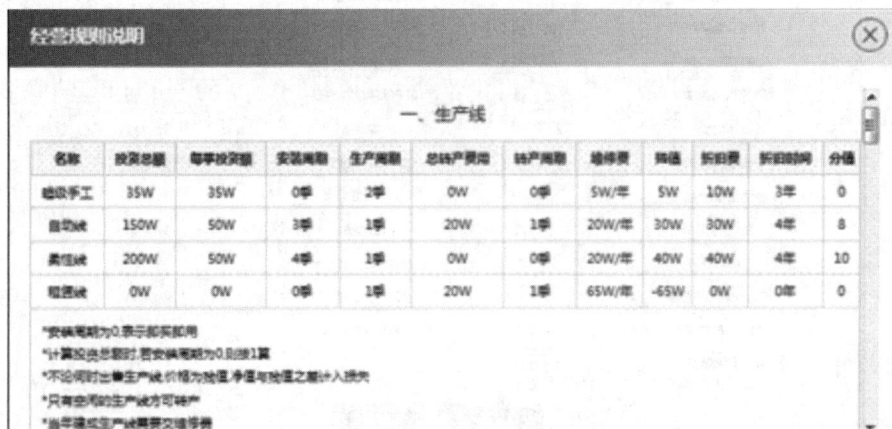

图5-47 经营规则说明界面

3.市场预测

点击主页面右上方的菜单"市场预测",显示弹出框,即可查阅此次企业模拟经营的市场预测信息,包含每个市场的需求数量值和市场均价。市场预测界面如图5-48所示。

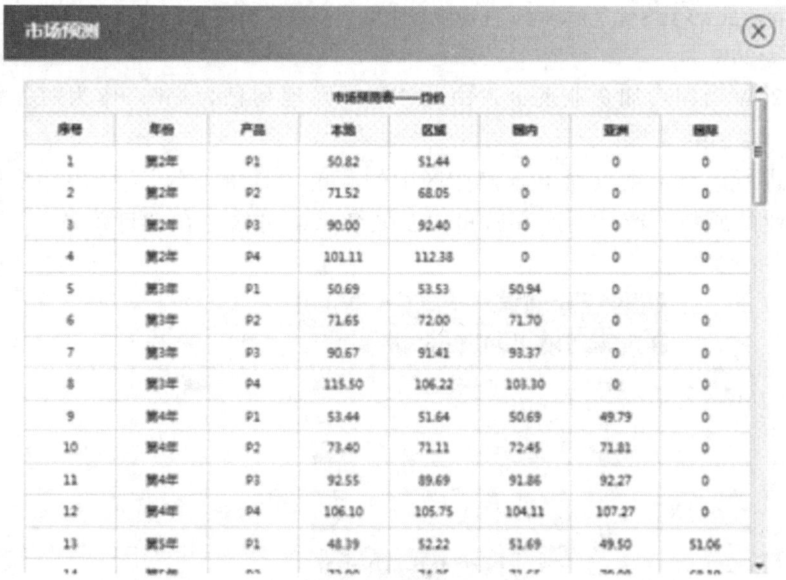

市场预测

市场预测简表——均价

序号	年份	产品	本地	区域	国内	亚洲	国际
1	第2年	P1	50.82	51.44	0	0	0
2	第2年	P2	71.52	68.05	0	0	0
3	第2年	P3	90.00	92.40	0	0	0
4	第2年	P4	101.11	112.38	0	0	0
5	第3年	P1	50.69	53.53	50.94	0	0
6	第3年	P2	71.65	72.00	71.70	0	0
7	第3年	P3	90.67	91.41	93.37	0	0
8	第3年	P4	115.50	106.22	103.30	0	0
9	第4年	P1	53.44	51.64	50.69	49.79	0
10	第4年	P2	73.40	71.11	72.45	71.81	0
11	第4年	P3	92.55	89.69	91.86	92.27	0
12	第4年	P4	106.10	105.75	104.11	107.27	0
13	第5年	P1	48.39	52.22	51.69	49.50	51.06

图5-48 市场预测界面

第4节 学生端特殊业务操作

一、贴现

此操作随时可进行,点击主页面下方操作区中的菜单"贴现",弹出"贴现"对话框,如图5-49所示。弹出框中显示可以贴现的应收款金额,选好贴现期后在贴现额一列输入要贴现的金额。点击"确认"按钮,系统根据不同贴现期扣除不同贴息,将贴现金额加入现金。

贴现

剩余账期	应收款	贴现额
1季	0W	0 W
2季	0W	0 W

剩余账期	应收款	贴现额
3季	0W	0 W
4季	0W	0 W

确认　　取消

图5-49 贴现示意图

贴现,是指提前收回未到期的应收款,因为该应收款并非正常到期收回,所以贴现时需支付相应的贴现利息。贴现利息=贴现金额×贴现率,贴现率由管理教师(裁判)在系统中设定,相关规定详见规则说明。这一操作一般在企业短期内存在现金短缺,并且无法通过成本更低的正常贷款取得现金流时才考虑使用。

现举例如下：

假定某企业账期为1Q和2Q的应收款贴现率为10%，账期为3Q和4Q的应收款贴现率为12.5%，若该期限内将账期为2Q、金额为10W的应收款和账期为3Q、金额为20W的应收款同时贴现，则：

贴现利息=10W×10%+20W×12.5%=3.5W≈4W（规则规定贴现利息一律向上取整）

实收金额=10+20-4=26W

贴现后收到的26W当即增加企业现金，由此产生的贴现利息为4W，作为财务费用入账。

二、紧急采购

该操作随时可进行，点击主页面下方操作区中的菜单"紧急采购"，弹出相应的对话框如图5-50所示。显示当前企业的原料、产品的库存数量以及紧急采购价格，在"订购量"一列输入数值，点击确定即可。

图5-50　紧急采购示意图

紧急采购是为了解决材料或产品临时短缺问题而设置的，企业原材料订购不足或产品未能按时生产出来，均可能造成产品订单不能按时交货，从而导致订单违约，失去该订单产生的收入并可能导致企业产生违约损失。为避免该损失，企业可通过紧急采购少量的短缺原材料或产品，从而满足生产或交货的需要，保证订单产品按时交货，由此取得相应的销售利润。紧急采购的价格一般比正常的采购价要高很多，具体由管理教师（裁判）在参数设置中设定。操作时既可以紧急采购原材料，也可以紧急采购库存产品。

三、出售库存

该操作随时可进行，点击主页面下方操作区中的"出售库存"菜单，弹出"出售库存"对话框，如图5-51所示。对话框中显示当前企业的原料、产品的库存数量以及销售价格，在"出售数量"一列输入数值，点击确定即可。

企业一般只有在出现资金极度短缺时才会考虑出售库存，出售库存时，企业一般会在成本的基础上打折销售，出售价由管理教师（裁判）在参数设置中设定。

四、厂房贴现

企业随时可以进行厂房贴现操作，点击主页面下方操作区中的"厂房贴现"菜单，弹出"厂房贴现"对话框，如图5-52所示。弹出框中显示可以贴现的厂房信息，选择某一厂房，点击"确认"，系统会根据每类厂房的出售价格贴现，如果厂房中已经存在在建（或建成）的生产线，那么系统会自动扣除厂房的租金，保证厂房的持续使用。

图 5-51　出售库存示意图

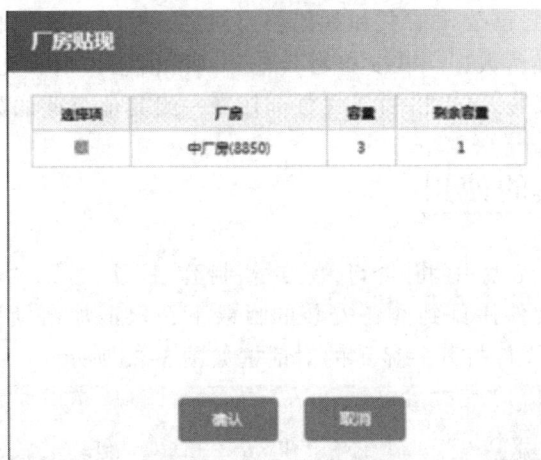

图 5-52　厂房贴现示意图

该操作实质上是将厂房卖出（买转租），将产生的应收款直接贴现取得现金。它与厂房处理中的卖出（买转租）的区别就在于，"卖出（买转租）"操作时产生的应收款并未直接贴现，而厂房贴现则直接将卖出（买转租）活动产生的应收款进行贴现处理。

五、订单信息

此操作随时可进行，点击主页面下方操作区中的菜单"订单信息"，弹出"订单信息"对话框，如图 5-53 所示。弹出框中显示当前企业所有年份获得的订单，可以查询每条订单的完成时间、状态等信息。

订单编号	市场	产品	数量	总价	状态	得单年份	交货期	账期	ISO	交货时间
S511_02	本地	P1	4	192W	已交货	第5年	4季	1季	9	第5年第2季
S521_01	区域	P1	4	205W	未到期	第5年	4季	0季	-	
S411_05	本地	P1	4	218W	已交货	第4年	4季	1季	-	第4年第4季
S421_01	区域	P1	3	170W	已交货	第4年	3季	0季	9	第4年第1季
S311_04	本地	P1	4	207W	已交货	第3年	4季	1季	9	第3年第1季
S321_04	区域	P1	3	174W	已交货	第3年	4季	0季	9	第3年第3季
S211_03	本地	P1	1	52W	已交货	第2年	4季	2季	-	第2年第2季

图 5-53　订单信息界面

企业随时可点击"订单信息"查阅所取得的订单情况，从而确定生产安排、交货安排等情况。

六、间谍

点击主页面下方操作区中的"间谍"菜单，弹出"间谍"对话框，如图5-54所示，点击"确认下载"即可。

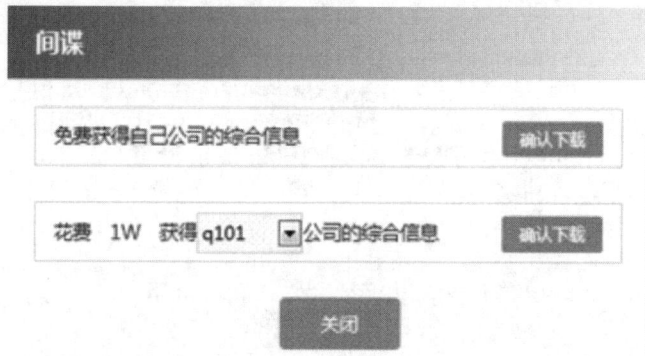

图5-54 间谍示意图

"间谍"对话框中可显示自己公司信息和其他公司信息，可免费获取自己公司的信息，以Excel表格的形式查阅或保存企业的经营数据。若要查看其他公司的信息，则需支付管理教师（裁判）在参数设置中设定的间谍费，才能以Excel表格的形式查询任意一组其他企业的数据。

第5节 订单生成工具的使用

步骤一：从产品安装光盘中将"订单方案制作工具"及"msvcr120.dll""SeenTao.dll""VMProtectSDK32.dll"插件文件拷贝到准备安装的目录下，保证加密锁插入电脑并正常运行，双击"订单方案制作工具"文件，文件打开后显示的对话框如图5-55所示。

图5-55 工具文件制作界面1

步骤二：点击"订单工具"按钮后，弹出的对话框如图5-56所示。

步骤三：点击左上角"文件"—"新建"，编辑文件名称、方案名称、作者、备注等信息。

1.添加订单

（1）点击右下角"添加订单年份"按钮，弹出年份选择框。添加订单界面如图5-57所示。

（2）点击"确认"后，右边"每年选单配置"栏就增加了该年数据，点击选中该年字段。"每年选单配置"栏示意图如图5-58所示。

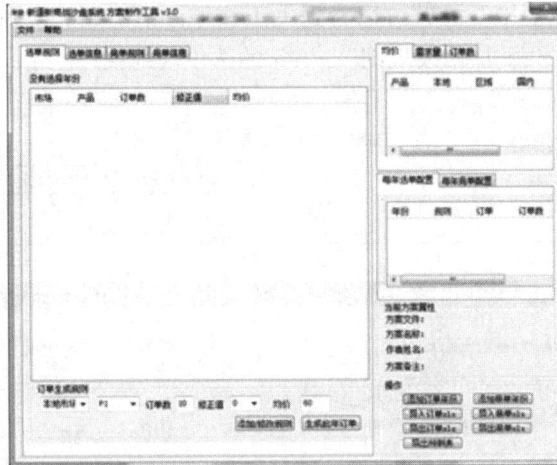

图5-56 工具文件制作界面2

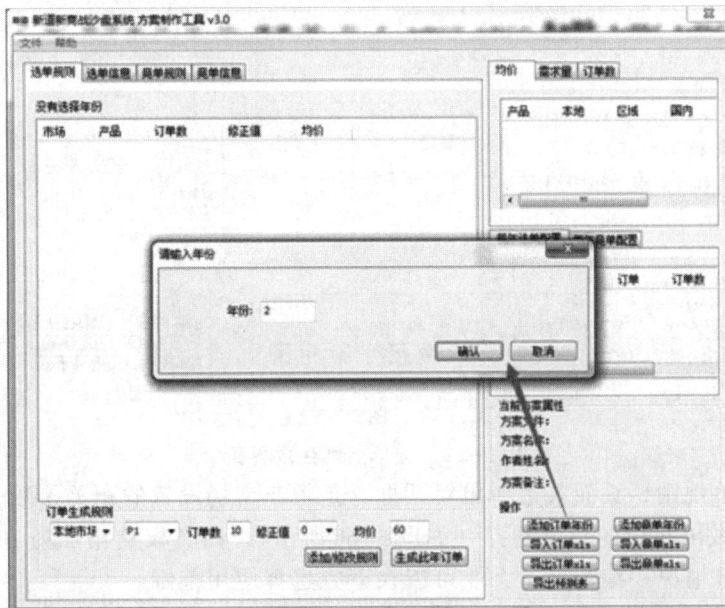

图5-57 添加订单界面

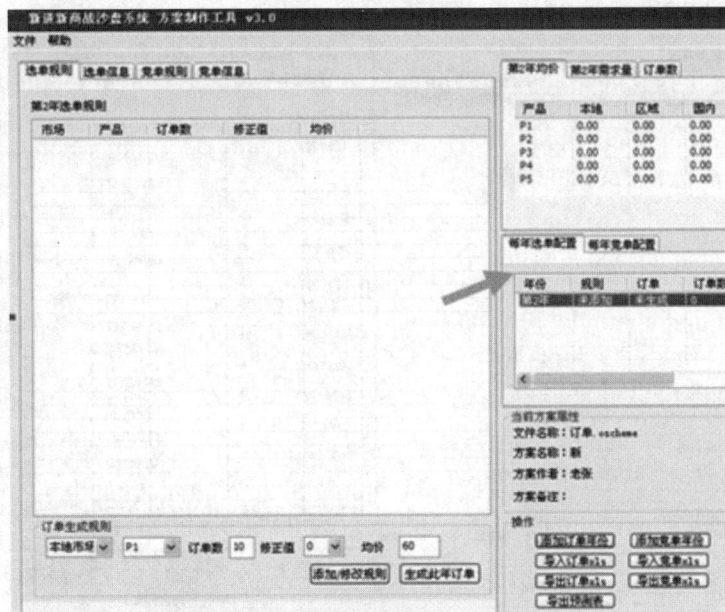

图5-58 "每年选单配置"栏示意图

（3）在左下角"订单生成规则"栏，可以看到关于该年订单生成的规则字段，根据预期各地市场订单数进行信息编辑，然后点击"添加/修改规则"，该年的选单规则就产生了，相应界面如图5-59所示。

图1

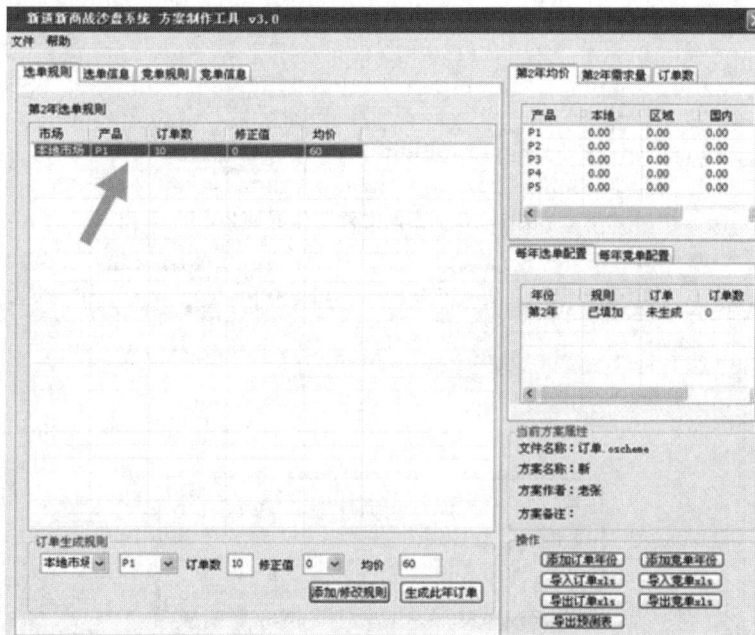

图2

图5-59　选单规则生成界面

（4）依此建立订单规则，页面右边弹出对话框，是关于市场设置的相关参数，企业可以对订单的数量、交货期等字段做出相应的权重选择（如图5-60所示），同类权重相加为100，这样就解决了以往订单不合理、废单等情况。编辑后，企业可以在下方选择应用范围。

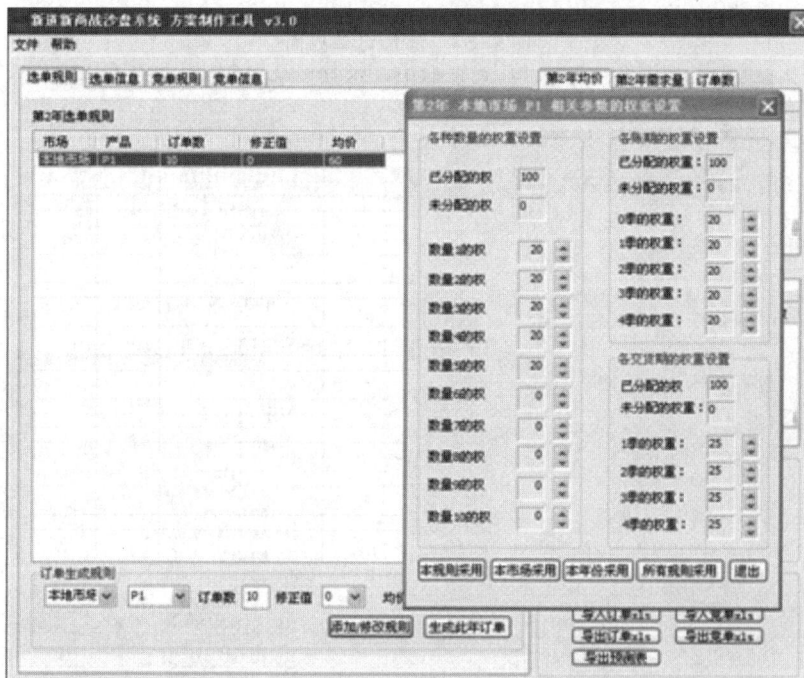

图5-60　权重设置界面

当规则定义好后，点击左下角的"生成此年订单"（如图5-60所示），系统会自动跳转到第二个页签显示订单详细信息。在页面的右上角也可以看到根据这样的选择规则生成的市场预测。市场预测界面如图5-61所示。

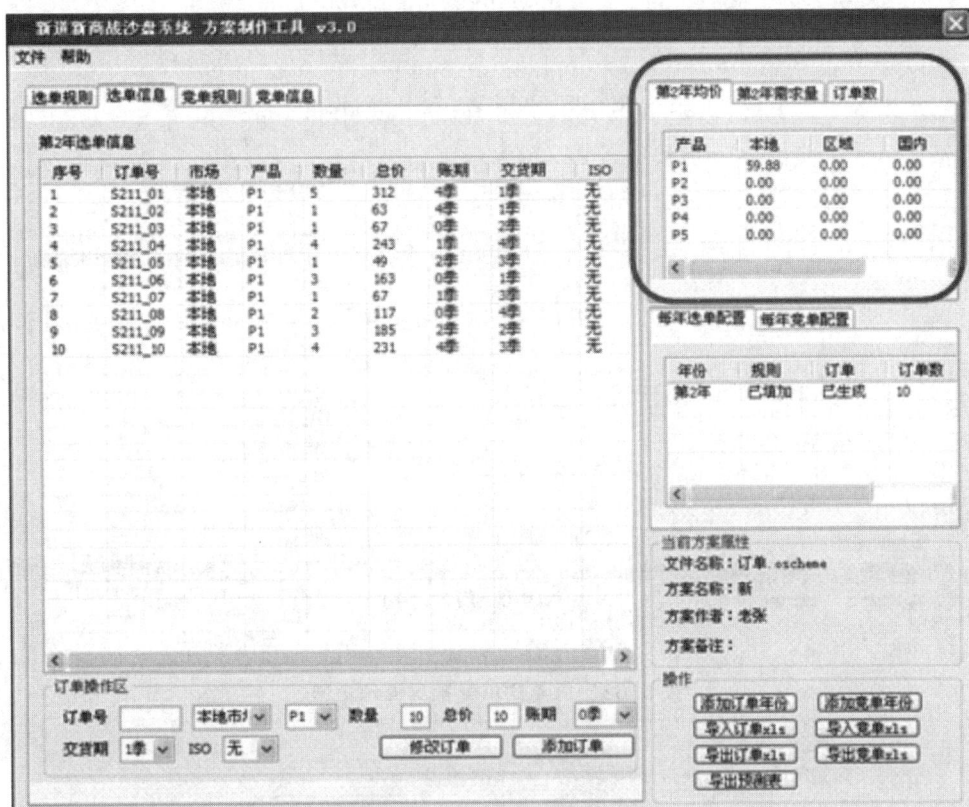

图5-61 市场预测界面

2.添加竞单

（1）点击右下角"添加竞单年份"，弹出年份选择框（如图5-62所示）。

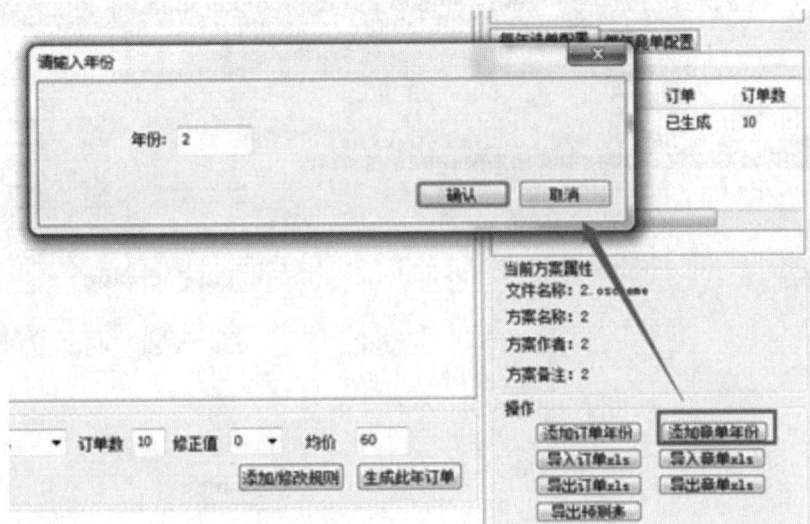

图5-62 年份选择框

（2）点击"确认"后，右边"每年竞单配置"增加了该年数据，点击选中该年字段。每年竞单配置界面示意图如图5-63所示。

（3）在左下角"竞单生成规则"栏，可以看到关于该年竞单生成的规则字段，使用者可以根据预期各地市场竞单数进行信息编辑，然后点击"添加/修改规则"，该年的竞单规则就产生了。添加/修改规则示意图如图5-64所示，竞单规则示意图如图5-65所示。

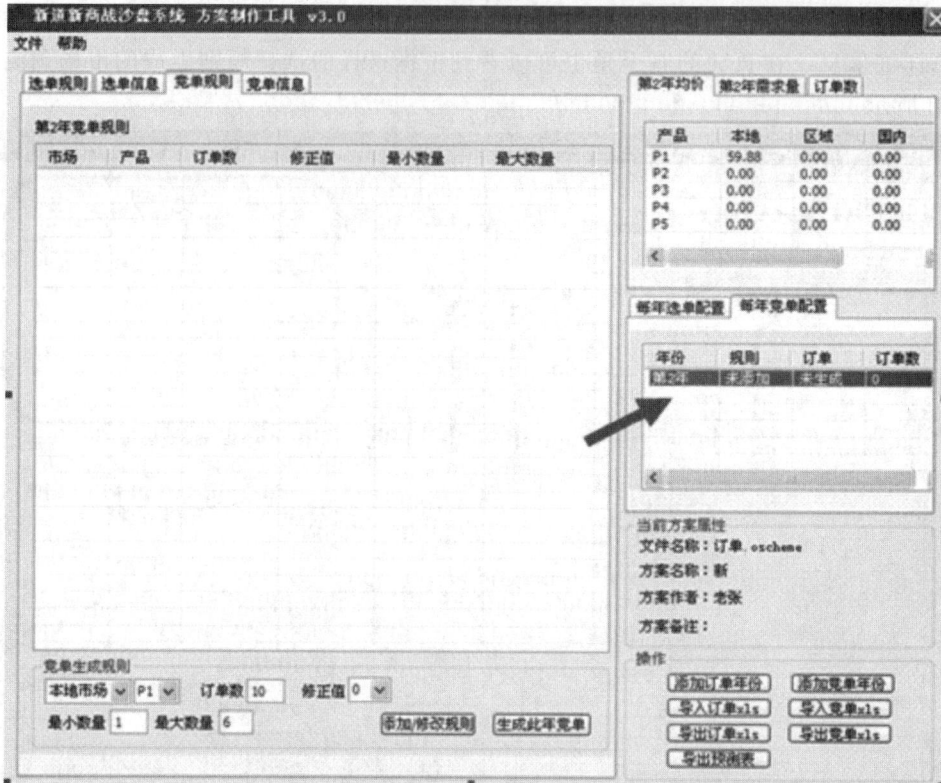

图5-63　每年竞单配置界面示意图

图5-64　添加/修改规则示意图

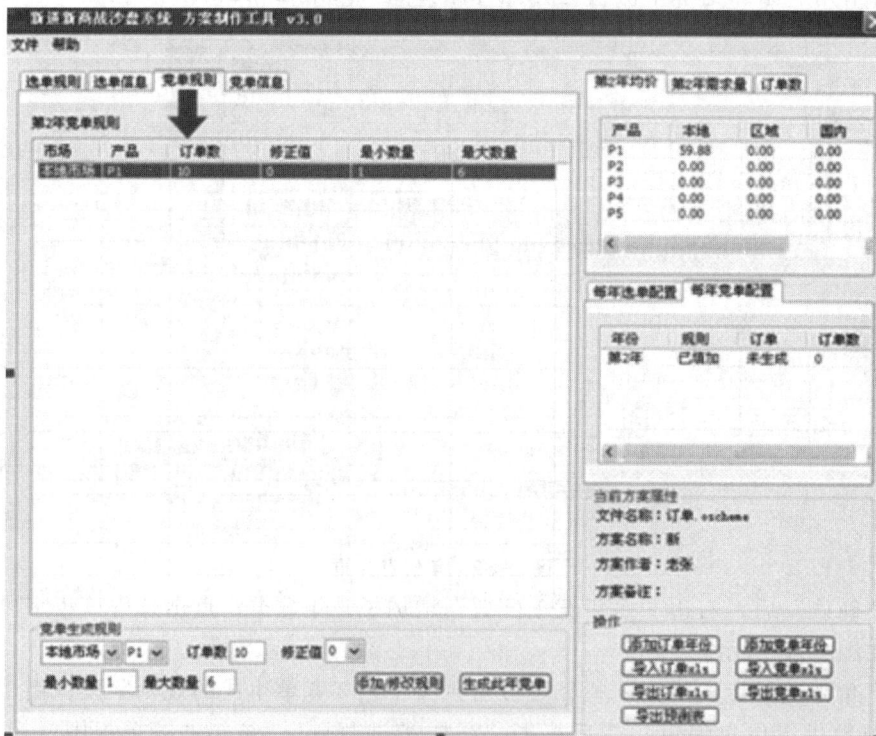

图5-65　竞单规则示意图

（4）依此建立竞单规则，当规则定义好后，点击左下角的"生成此年竞单"，系统自动跳转到第四个页签显示订单详细信息，在页面的右上角也可以看到根据这样的选择规则生成的市场预测。当订单和竞单方案完成制作后，点击左上角的"文件"-"保存"，也可以选择右下角导出方案、导出市场预测等操作。竞单信息操作示意图如图 5-66 所示。

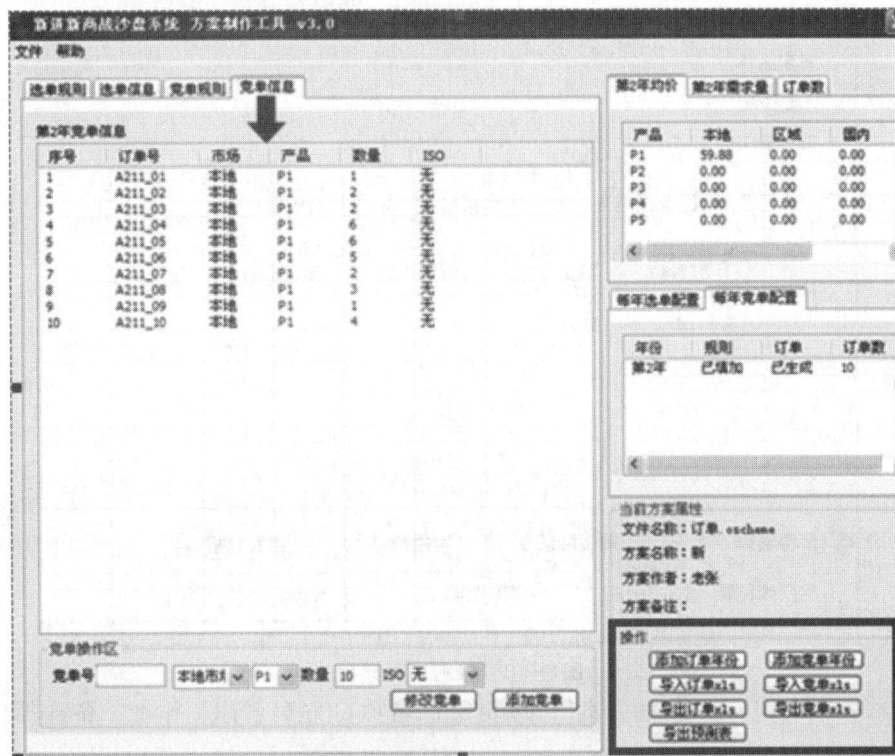

图 5-66 竞单信息操作示意图

第6节 规则生成工具的使用

步骤一：从产品安装压缩包中将"规则方案制作工具"及 msvcr120.dll、SeenTao.dll、VMProtectSDK32.dll插件文件拷贝到准备安装的目录下，保证加密锁已插入并且正常运行，双击规则方案制作工具文件，文件打开后弹出的界面如图 5-67 所示。

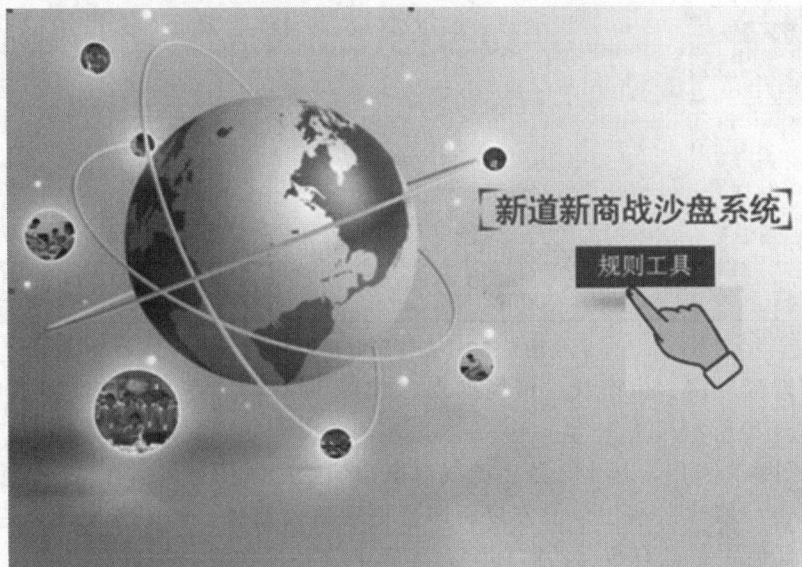

图 5-67 规则方案制作工具界面

步骤二：点击"规则工具"按钮后，弹出的界面如图5-68所示。

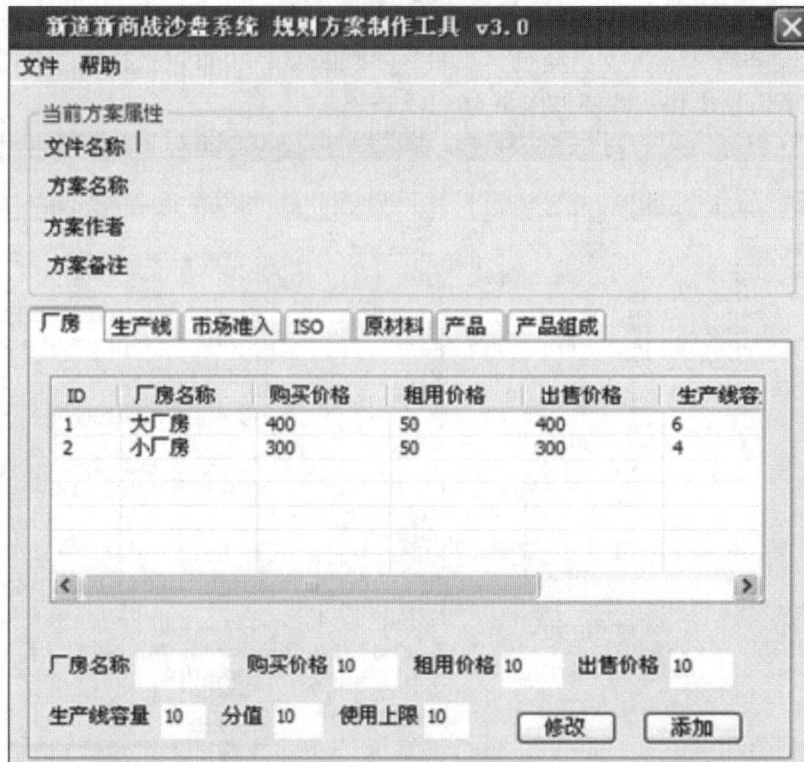

图5-68　规则工具界面

步骤三：点击"文件"-"新建方案"，编辑文件名称、方案名称、作者、备注等信息。创建新方案界面如图5-69所示。

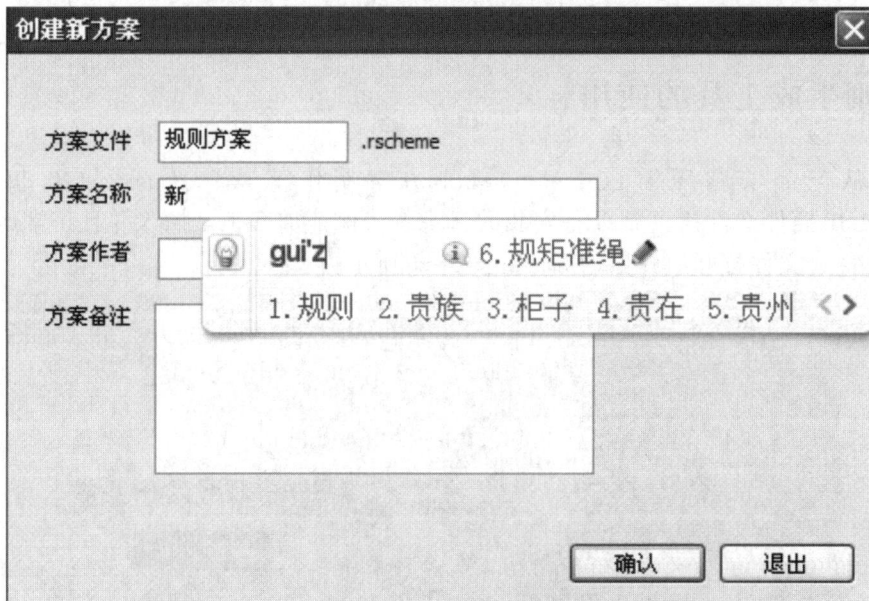

图5-69　创建新方案界面

步骤四：分别选择厂房、生产线、市场准入、ISO、原材料、产品、产品组成等规则进行编辑。规则编辑界面如图5-70所示。

进行生产线规则编辑：（1）选中一条生产线数据，该生产线信息显示在下方，使用者可以修改各字段值，确认后点击"修改"按钮，上方界面即会更新数据信息。（2）若使用者想再添加生产线种类，则应在不选中任何一条已有数据的前提下，编辑下方各项信息，完成后点击"添加"，新数据即可生成，但生产线名称不可以重复。其他页签依次进行编辑即可。

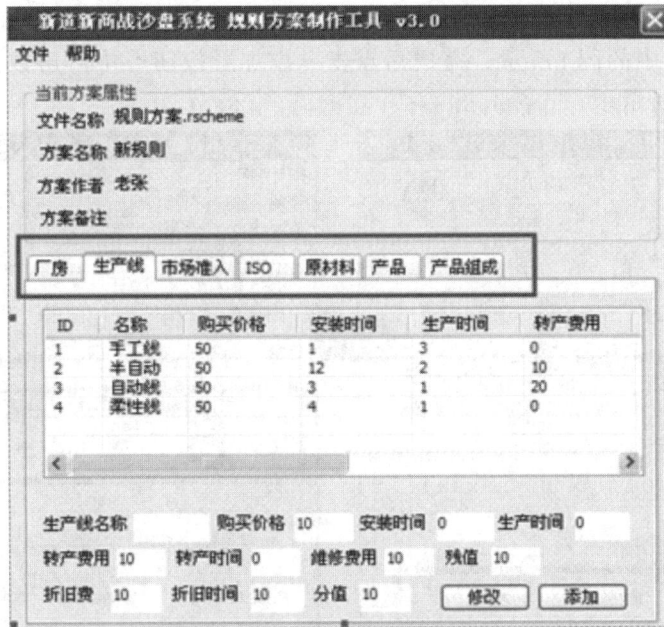

图 5-70　规则编辑界面

现举例如下:

(1) 对厂房页签下大厂房和小厂房的信息进行修改: 首先, 选中大厂房页签下的数据, 如图 5-71 中的图 1 所示, 然后对下方的数据进行修改, 如图 5-71 中的图 2 所示。其次, 点击 "修改" 按钮确定修改, 如图 5-71 中的图 3 所示, 最后生成新的页签数据, 如图 5-71 中的图 4 所示。

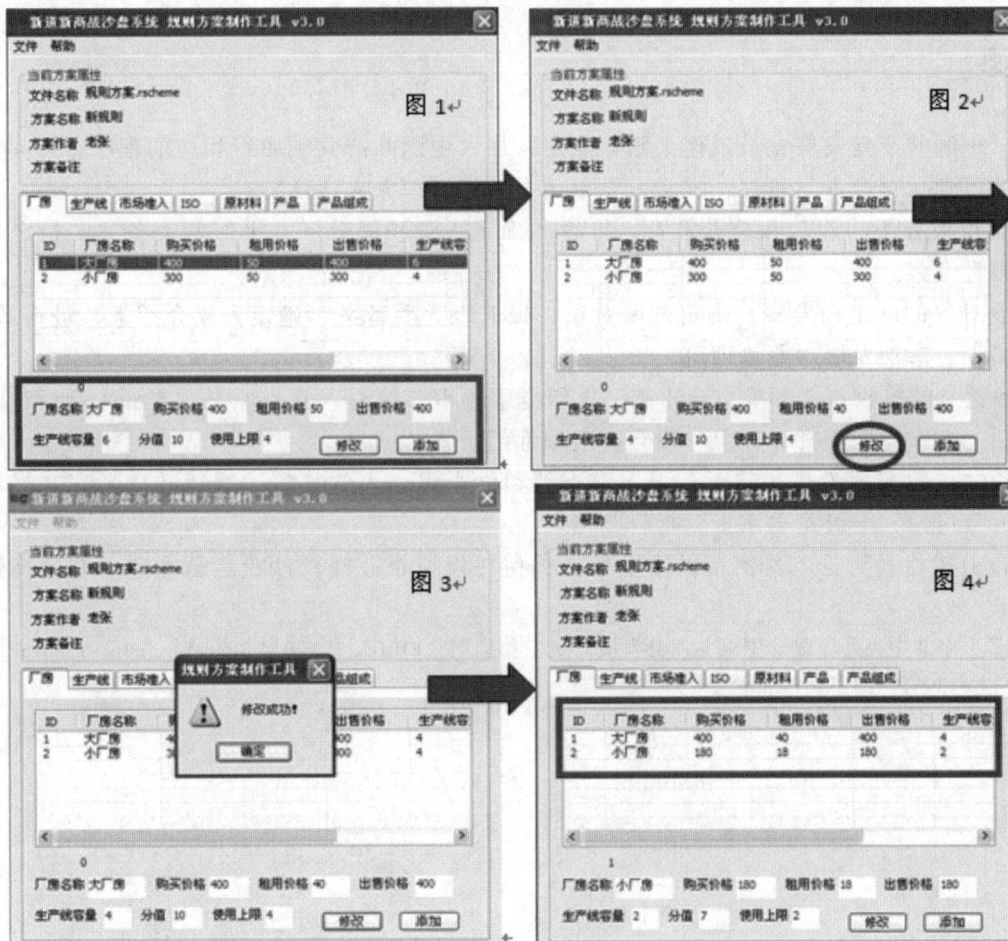

图 5-71　信息修改界面

（2）增加厂房页签下的中厂房数据信息：在不选中厂房页签任何一条已有数据的前提下，编辑下方各项信息，如图5-72中的图1所示，完成后点击"添加"按钮，中厂房数据信息就加入了厂房页签，如图5-72中的图2所示。

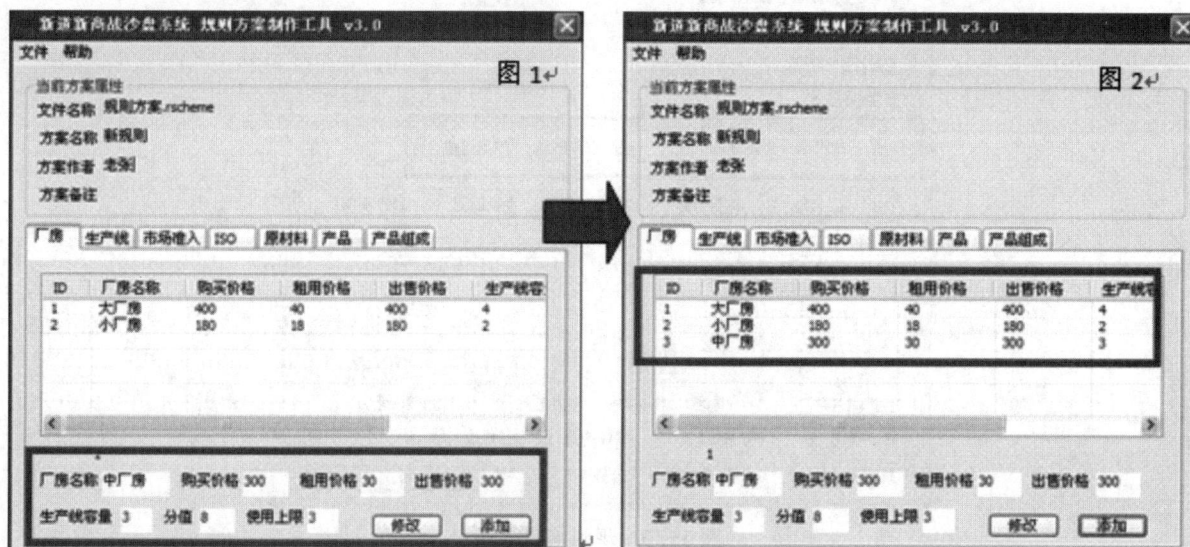

图5-72　增加厂房界面

步骤五：各页签完成修改后，点击对话框左上角"文件"下拉菜单中的"保存"按钮，弹出提示"保存成功"，系统会在安装目录下生成一个文件夹，其名称为"规则方案"（即规则文件所在处）。其他页签修改、添加的方法与此类似。

育人育德

根据《中国共产党发展党员工作细则》规定，加入中国共产党须履行相应的程序。

1. 申请入党：符合入党条件，提交入党申请书，党组织派人谈话。

2. 入党积极分子的确定和培养教育：推荐和确定入党积极分子，上级党委备案，指定培养联系人，培养教育考察。

3. 发展对象的确定和考察：确定发展对象，报上级党委备案，确定入党介绍人，进行政治审查，开展集中培训，参加发展对象培训班。

4. 预备党员的接收：支部委员会审查，上级党委预审，填写入党志愿书，支部大会讨论，上级党委派人谈话，上级党委审批，在上一级党委组织部门备案。

5. 预备党员的教育考察和转正：编入党支部和党小组，入党宣誓，继续教育考察，提出转正申请，支部大会讨论，上级党委审批，材料归档。

请结合上述材料讨论工作流程的重要性，如何在模拟企业经营沙盘运营中建立有序高效的经营流程。

资料来源：中共中央办公厅. 中国共产党发展党员工作细则［EB/OL］.［2014-06-11］. http://renshi.people.com. cn/n/2014/0611/c139617-25131619.html.

第6章

商战比赛策略与分析

第1节　沙盘竞赛技战术经验

我国教育界引入商业沙盘模拟比赛已经多年，如今，全球范围内有各种商战模拟比赛，其中绝大部分是通过软件创建虚拟环境进行比赛，由用友新道科技有限公司举办的每年一度的沙盘大赛很早就引起了国内广大学生和老师的关注，经过十多年的发展，该沙盘大赛已从当初的仅有十几支队伍参加发展成为如今全国比赛阶段有二百多支队伍同场竞技的庞大规模，其吸引力由此可见一斑。

沙盘模拟比赛中充满了对抗和博弈，在不断的对抗、博弈中，无论是学生还是老师，都积累了许多宝贵的技巧和战术。在这里，笔者与大家一起分享关于沙盘比赛中技战术的一些心得（本书也引用了一些论坛和其他著作中的观点，在此表示感谢）。

我们将对营运流程中的每一个环节进行分解、分析和探讨，由于水平和经验有限，不足之处还请读者批评指正。

1.做好新年度规划会议（战略选择）

新年度规划会议，在沙盘流程表中只有一个空格，没有资金的流入和流出，也没有相关的操作，因此很多初次接触沙盘的同学往往把新年度规划会议给忽视了。但截然相反的是，一支真正成熟的、有水平、有竞争力的队伍，往往会用大量的时间来进行年度规划，其重要程度可见一斑。那我们不禁要问，到底什么是年度规划？如何进行年度规划？年度规划要规划什么？

首先，我们要知道年度规划会议是一支队伍的战略规划会、全面预算会和决策会，是模拟企业将来进行运营的参照标准。读者可以对照经营流程表将企业要做的决策都模拟一遍，从而达到"胜者先胜而后求战"的效果。套用《孙子兵法》中的话：规划，企业大事也，生死之道，存亡之地，不可不查也。

那么规划应该怎么做才能有效呢？总体来说就是根据流程表上的步骤全部模拟一遍，这中间必然会涉及较多的技巧，但总体而言是有一定规律的，正如《道德经》所说的，"道可道，非常道"。"道"是需要我们去真正遵循、掌握的，但"道"又是"非常道"，我们在学习过程中切不可墨守成规，要敢于创新，"道"是靠悟的！所以除了在此讨论之外，更重要的是需要读者自己不断地实践和总结。

（1）万事预则立，不预则废。

沙盘比赛的成败很大程度上是由预算决定的。在比赛初期，我们何时创建厂房？厂房是租还是买？生产线建几条？建立什么样的厂房……我们对这一系列的问题会很困惑，这就要求我们根据实际情况编制预算，企业的每一次决策都离不开预算。可以这样说，没有好的预算，就很难在比赛中取得好的成绩。

（2）缜密计算，步步为营。

在沙盘模拟经营中，最重要的法则之一就是凡事要靠数据来检验，制定大的战略时也是如此，要经过严谨周密的计算，提供翔实可靠的数据来支持决策。没有数据依托的企业模拟运营就像大海航行中缺失果敢水手的船只，难以前行。

（3）知己知彼，百战不殆。

《孙子兵法·谋攻篇》中说："知己知彼，百战不殆；不知彼而知己，一胜一负；不知彼，不知己，每战必殆。"这个道理同样非常适用于沙盘模拟。在比赛中，会设置一个间谍环节，其目的就是让大家做到知己知彼。竞争对手的市场开拓、产品选择、产能大小、现金多少等都是必须关注的。简单来说，了解竞争对手要像了解自己一样，只有这样，才能够准确推断出对手的战略意图，从而采取相应的策略进行有效的阻击。

（4）失之毫厘，谬以千里。

"千里之堤，溃于蚁穴"，任何宏大的计划、壮伟的工程都依赖于每个步骤与细节的正确实施。在沙盘模拟经营中，也必须从细节入手。

无论是平时上课还是在比赛过程中，编者经常会听到有人抱怨说：就是因为点错了一步操作，就是因为着急算错了一个数，一不小心忘记某个操作了……很多人觉得这些"失误"都是无关紧要的，不是真正实力的体现，即使错了，也不关大局，下次注意改正就好了。其实不然。关注细节是一种习惯，是要从平时点滴中慢慢积累、培养的。很多时候我们会说运气不好，因为某个错误导致失败太可惜了。究其根本，都是因为在细节上没有把控好，犯了致命的"失误"，才导致满盘皆输。

一个好的财务（计算）可以保证公司不死，一个好的市场（博弈）可以让公司壮大，在两个条件（财务条件、市场条件）差不多的情况下，不犯错或者少犯错误的队伍就可以获得冠军。巅峰对决时，比的就是对细节的把控。

（5）因势利导，随机应变。

在比赛过程中，即使做了相当充分的预算和规划，还是随时可能有预想不到的情况发生。例如，我们就曾经遇到过由于没有注意选单结束时间而错过选单的情况，以及由于网络问题导致无法选单等突发状况。有些突发状况事先无法预测，一旦发生，企业无法回避。我们应当尽量避免突发状况的发生，一旦发生，应当沉着冷静，随机应变，灵活处理各种突发状况。只有这样才能在瞬息万变的局势中转危为安，进而找到制胜之道。

（6）季末对账，滴水不漏。

每一个成功的团队，都会在每年操作之前做好全年预算，甚至有的团队会做好未来几年的预算，但是在实际执行时偶尔也会出现较低级的操作失误，比如忘记继续研发产品、忘记下原料订单等情况，如果到年底才发现，则很可能造成无可挽回的损失。因此，每个季度末的对账工作，是对该季度计划执行情况的一个检验，可以帮助各企业杜绝失误。

此外，季末盘点现金的另一个重要作用是通过分析季末现金，测算出企业的资金周转率。现金流对于企业来说就像是人的血液，万万不能缺少，现金流一旦断开，意味着企业马上会陷入破产的境地。很多初学者在经营初期都喜欢持有很多现金，觉得很有"安全感"。事实上现金是流动性最好，收益性最差的资产形式，再多的现金握在手中，无论多少年，也不会增加。从另一方面来讲，企业持续发展经营，靠的不是高利润而是良好、充足的现金流。因此，在保证现金流安全的前提下，企业应尽可能降低季末结余现金，提高资金的周转率，甚至在计算精准的前提下，做到季末现金零持有，这也从一方面反映出企业已经把资源利用到了极限。

2.灵活选择申请长、短期贷款

企业的筹资策略不仅直接关系到企业的财务费用的高低，更重要的是会直接放大企业的财务风险。很多初次接触沙盘的同学就是没有合理安排好长、短期贷款的筹资策略，结果导致高额的财务费用"吃掉了"企业大部分的利润，有些同学操作的企业因为到期还不起贷款而导致现金断流，企业破产。

在分析筹资策略之前，我们必须明确筹资的资本成本率要低于必要报酬率的问题。企业通过负债筹资的目的是赚钱，也就是说企业利用借来的资金赚取的利润要比支付的利息多，在此种情况下，借得越多就赚得越多。相反，如果企业的利润还不够支付利息，那么借得越多就亏得越多。这就是财务杠杆的作用，因此我们可以得出结论，合理的贷款经营可以为企业创造更多的利润。

通常来说我们采用相对稳妥的筹资策略：将长期贷款用来做长期投资，比如用于新建厂房、购买生产线、加大产品研发投入等；短期贷款用来做短期周转，比如用于采购原材料、支付工人薪资等。这样当然是相对稳健的方法，但是在高水平的沙盘比赛中，如果一味采用这样保守的策略，可能导致企业不能取得最大的收益。

短期贷款利率低于长期贷款利率，通常我们建议尽量多地通过短期贷款的方式来筹集资金，可以有效减少财务费用。在短期贷款的具体操作上，有以下两个技巧：

一是将短期贷款尽量分散在一年的四个季度中，并且保证短期贷款获得的资金量能够满足企业的需求，贷款时间尽量推后；只要权益有保证，就提前一季借新的短期贷款归还到期的短期贷款，从而保证"以贷养贷"策略的顺利实施。但这也是风险相当高的一种贷款模式，这要求经营者绝不能出现操作失误，对预算要求非常高，因为突然的权益下降，会导致贷款额度的下降，从而导致企业无法用新的贷款来弥补资金缺口，会使企业陷入现金断流的境地。

二是借款数以"20N+9"为最佳，因为短期贷款的利率为5%，且以四舍五入的方式计算利息，"20N+9"中"N"为正整数，"9"对应的利息为0.45，恰好可以不计利息。

相较于短期贷款，我们可以看出长期贷款的利率较高，会导致财务费用过高，从而大量侵蚀企业的利润，使得企业发展缓慢。有的组一开始就拉满长期贷款，结果到了"第6年"要还款的时候，无法一次性筹集大量的现金，最终导致企业现金断流进而破产。

但这并不是说全部长期贷款策略就一定会失败。如果可以充分利用长期贷款还款压力小的特点，前期用大量资金扩大产能、控制市场和产品，那么凭借其过人的产能和对市场的绝对控制权，就可以创造巨额利润，挤压竞争对手的生存空间，加上利用分年申请长期贷款的方式，也可以达到意想不到的结果。

另外关于长期贷款还有一个小技巧，企业可以选择在"第2年"的时候拉满长期贷款（选择6年期），通常我们在"第6年"经营期结束后不用进行还贷。此外，长期贷款的利率一般为10%，且采用四舍五入的方式计算利息，与短期贷款类似，其当年计算利息本金数以"10N+4"为最佳，其中"N"为正整数，"4"对应的利息为0.4，恰好可以不计利息。

企业整体战略决策加上精准的财务预算，是决定长短期贷款比例最重要的因素。在实际操作中，我们要合理调节长短期贷款的比例，把每一分钱都投入到最需要的地方，尽可能地降低资本成本，让债务变成盈利的工具，就可以让借来的钱为我们服务，创造出更多的利润。

3.选择适当的厂房和生产线

（1）租厂房还是买厂房。

企业如果购买了厂房，只是将流动资产的现金变成了固定资产的土地、厂房，资产总量上并没有变化，而且年底厂房无需计提折旧。若我们租赁厂房则每期需要按时支付租金，因此如果是在自有资金充裕的情况下，购买厂房比租厂房更划算。

以全国比赛规则为例，长期贷款的利率是10%，短期贷款的利率是5%，厂房规则见表6-1。

表6-1　　　　　　　　　　　　　　　　　　**厂房规则**

类型	卖价（W）	租金（W/年）	售价（W）	容量（条）
大厂房	440	44	440	4
中厂房	300	30	300	3
小厂房	180	18	180	2

所有厂房的租金售价比均为10%，与长期贷款利率相同，但长期贷款利率是1年以后付息，而租金是租入时立即缴纳，显然，在自有资金不足的情况下，长期贷款购买厂房更划算。短期贷款利率仅为5%，若资金可以周转，则以短期贷款购入厂房会更为划算。

"第1年"年初，不仅有初始资金，还有充足的贷款额度，因此通常不会出现资金紧张的局面。而"第1年"年末的权益会直接影响到"第2年"企业的贷款额度，所以企业在"第1年"往往会减少费用的支出，想尽办法控制权益的下跌。根据上述分析不难看出，"第1年"开局即使利用银行贷款来买厂房，也会减少厂房租金的费用支出，对保持权益水平是非常有帮助的。当然，如果"第1

年"大规模铺设生产线，那么购买厂房可能会导致资金不足。

（2）厂房类型的选择。

假设我们购入厂房，并铺满所有生产线，通过计算，我们可以计算出小厂房的每条生产线分摊购买厂房费用为90W/条，看似购买或租用小厂房最合算。但是，当企业发展到一定程度时，小厂房将会限制企业的发展，根据厂房数上限为4的规则，全部选择小厂房最多只能建8条生产线，若建成4个大厂房，最多可以容纳16条生产线，产能上的巨大差距会使选择小厂房的企业丧失后期提升生产能力的空间。可见，只要有市场，就应该尽量选择容量大的厂房，多建生产线，同时保证厂房的生产线不闲置。

（3）厂房出售与租转买。

企业新商战沙盘提供了两种处理厂房的方式：一种是出售厂房，将厂房价值变成4Q应收款，如果厂房内还有生产线，则同时扣除厂房的租金；另一种是通过厂房贴现的方式，相当于直接将厂房出售后的4Q应收款贴现，同时扣除厂房的租金。

本质上，两种厂房处理方式相同，但是由于贴现的应收款账期不同，贴息也是不同的。因此如果企业预见到资金不够，那么可以提前出售厂房（厂房买转租），以获得资金。当企业需要现金的时候，原来4Q应收款就已经成了2Q应收款甚至是现金，这样可以节省出部分或全部厂房的贴现费用。

另外，企业后期资金充裕了，想买厂房的时候，发现总是不能租转买。其实是因为厂房租金是先扣再用的，例如"第5年"的租金，可能第1季度就扣掉了，而假如到了第2季度企业想实现租转买，系统是无法执行该操作的。企业只能等到"第6年"第1季度厂房处理的时候，实现厂房由租转买。相反，出售厂房或者厂房买转租则没有这样的限制，每个季度到厂房处理步骤时企业都可以进行相应的处理。

（4）生产线决策问题。

厂房建设完成后，就要进行生产线的铺设，我们以全国比赛规则（见表6-2）为例来进行一个讨论，看看究竟怎样建生产线最合理。

表6-2   生产线规则

类型	购置费（W）	安装周期（Q）	生产周期（Q）	总转产费（W）	转产周期（Q）	设备维护费（W/年）	残值（W）
超级手工线	35	无	2	0	无	10	10
租赁线	0	无	1	20	1	55	−55
自动线	150	3	1	20	1	20	30
柔性线	200	4	1	0	无	20	40

通常经营中自动线的运用最为广泛，一般我们将自动线作为比较标准。两条手工线产能和一条自动线相等，设备维护费也相同，而从折旧的角度考虑，两条手工线累计折旧为50W，一条自动线累计折旧为120W，企业可以节约70W。由此得出，建两条手工线可以多出70W的收益，再考虑到手工线不同的安装周期，两条手工线可以比自动线多产出3个产品，以每个产品40W的毛利算，又多出120W的收益，累计可以多出190W的收益。以此类推，是不是手工线更合算呢？不一定，两条手工线比一条自动线多占了一个生产线位，如果市场够大，多出的生产线位再建一条自动线的话，企业完全可以赚出190W利润。因此，如果市场够大，理想化预计可以容纳16条自动线，那当然是用自动线更好；如果市场不大，只能容纳最多8条自动线，则可以考虑将其改建为手工线。两者之间，可以考虑两类生产线的组合，当然还要考虑手工线有转产的优势。

那么柔性线与自动线相比孰优孰劣呢？柔性线在价格上比自动线贵了50W，如果可以用满4年，相当于柔性线比自动线贵40W。从规则中可知，柔性线的优势在于转产，那么我们假设自动线转产一次，这个时候需要停产一个周期，同时支付20W的转产费。由于柔性线安装周期比自动线多一个周期，因此停产一个周期就相当于基本持平。这个时候自动线仍然比柔性线少支出20W。但是如果自动线开始第二次转产，又需要停产一个周期并花费 20W 的转产费，显然在此期间柔性线可以比自动线多生产 1 个产品，自然更具优势。

租赁线是非常特殊的一类生产线，兼具手工线和自动线的优势，建设时不需要任何投入，仅需在年末支付 55W 的设备维护费，比自动线多出 35W 的设备维护费，扣除自动线 30W 的折旧费后相差 5W，若用 5 年，则相差 25W。但其不需要经历安装周期，比自动线可以多产出 3 个产品，完全可以赚回这 25W，而且其前期资金压力小，优势不可小觑。但是，租赁线不计小分，若不及时处理或者更换，一直使用到比赛结束，可能对总分影响较大，反而对排名不利。

综上所述，企业在选择生产线时，要认真分析市场，灵活选择。

4.规划产能，最优营销

（1）产品研发投资。

我们在实际操作中要考虑生产线和产品研发投资的兼顾问题，有的企业一上来还没有考虑建生产线，就先投资研发产品，结果出现产品研发完成了，但生产线还没建成，导致无法正常生产的情况；有的企业生产线早早建好了，但是因为产品研发没完成，导致生产线闲置。

产品研发是按季度投资的，生产线的投资也是按季度投资建设的。那么最理想的状态应该是，产品研发刚完成，生产线也刚好建成并投入使用。

产品研发与生产线投资信息表见表 6-3。在表 6-3 中，P1 产品资格并不是从第 1 季度开始研发的，因为那样即使在第 3 季度研发成功了，根据生产线的投资规划也没有生产线可以生产。P5 要到"第 2 年"第 1 季度才能完成投资，则生产线从"第 1 年"第 3 季度开始投资。

表 6-3　　　　　　　　　　　　　　**产品研发与生产线投资信息表**

项　目	第 1 年				第 2 年			
	1 季度	2 季度	3 季度	4 季度	1 季度	2 季度	3 季度	4 季度
P1 资格投资		10	10					
自动线（产 P1）		50	50	50				
P5 资格投资	10	10	10	10	10			
自动线（产 P5）			50	50	50			

因此产品研发投资与生产线建设投资是密切相关的，企业将两者协调好才能使自己有限的资源得到最大程度的利用。

（2）库存管理。

①零库存管理。

关于原材料的计算、采购计划排程，是 MRP 的核心内容之一，也是影响一家企业资金周转率的重要因素。以丰田汽车为首实行的零库存管理方法受到了很多人的推崇，创造了明显的效益。

为什么要推崇"零库存"管理？因为资金是有时间成本的。通俗地说，在企业经营中，用贷款购买原材料是需要支付利息的。然而在沙盘模拟企业中，原材料库存本身是不会产生利润的。因此原材料库存越多，就意味着需要更多的贷款，财务费用也越多，同时降低了资金周转率。因此减少库存是企业节流的一项重要举措。

在沙盘模拟中，原材料采购的时间周期是确定的，并且产品的物料清单（BOM）也是确定的，因此我们可以通过明确的生产计划，准确地计算出所需原材料的种类和数量，以及相应的采购时间。例如，P3 产品原材料构成是 R1+R3+R4，要在第 4 季度完成一个 P3 产品，是自动线的话第 3 季度就必须上线开始生产了，并且 R1、R3 和 R4 原材料都要到库。由于 R1 原材料需要提前一季开始采购，R3、R4 原材料提前两季采购，因此，我们需要第 1 季度分别下一个 R3、R4 的订单，第 2 季度下一个 R1 的订单，这样就可以保证 P3 在第 3 季度需要上线生产时正好有充足的原材料，同时才可以保证第 4 季度 P3 产品能够完成生产并准时交货。

这是最基本的生产采购流程。通过精确计算，做到下每个原材料订单都要明白其是什么时候生产什么产品用的，这样才可以做到及时制（Just in Time，JIT）管理，实现"零库存"目标。

②多变库存管理。

实现"零库存"，说明已经可以熟练掌握生产排程。但是"零库存"管理是基于未来需求不变的情况下所做的安排，而在实际比赛中，企业经常会利用柔性线转产来调整已有的一些生产计划以应对变化的市场。因此追求绝对的"零库存"就会暴露一个问题：不能根据市场订单情况及时灵活地调整生产安排。因此在有柔性线的情况下，企业针对原材料采购计划应该多做几种方案，取各种采购方案中出现的原材料需求量的最大值。

例如，企业现有一条柔性生产线，在"第2年"第1季度有可能需要上线生产P2产品，也有可能生产P3。P2产品由R2+R3构成，P3产品由R1+R3+R4构成。生产安排不确定，企业通过分析发现要在"第2年"第1季度实现P2、P3两种产品的任意转换生产，就需要在第1季度保证有R1、R2、R3、R4四种原材料。

为了充分发挥柔性线的转产优势，必须做好原材料预算，预见可能出现的拿单情况。提前在"第1年"的第3季度和第4季度原材料订购上就做好转产库存的准备，同时在"第2年"减少相应的原材料订单，从而将多订的预备转产的原材料库存消化掉。

做好原材料的灵活采购计划、"百变库存"管理，是保证后期机动调整产能、灵活选取订单的基础，同时需要兼顾资金的周转率，才能发挥出柔性生产线最大的价值。

③紧急采购。

紧急采购的成本较高，一般来说紧急采购相对不被重视，甚至很多队伍都忽略了它的存在，认为一旦涉及，就是亏本的买卖，不能做。事实上，恰恰是这么一个不起眼的规则，在市场选单和竞单过程中，可以发挥出巨大的作用。

例如在选单过程中，"第5年"和"第6年"的国际市场，P1产品均价可以达到60W，而这个时候，P1产品的紧急采购价格也就是60W。这就意味着，选单时如果出现大单而自己产能不够，完全可以利用紧急采购来补充。另外，可以利用这种类似代销的模式，扩大企业在该市场的销售额，从而帮助企业抢占"市场老大"的地位。同样，别的产品也是如此，企业通过紧急采购可以在无形中扩大自己的产能。

另外在竞单规则中，由于产品最大销售价格可以是该产品直接成本的3倍。因此，如果接到的订单是直接成本3倍的价格，即使产能不够，企业也可以利用紧急采购来弥补；同时因为紧急采购是随时可以购买（即买后也可即卖），所以还可以在交货期上占有一定的优势。

用紧急采购来交货可以在无形中扩大企业的产能，确定"市场老大"的位置，但这也有一定的副作用，即使在成本上没有亏损，也会导致企业把现金变成了应收款，因此在使用该方法时企业要先做好预算，看自身的现金流是否可以支撑。

（3）广告投放。

①该不该抢占"市场老大"的位置。

有人曾经在网上做过一个调查："第1年"，你愿意花多少广告费抢占"市场老大"的位置？结果是选择80W～90W广告费的占9.09%；选择100W～120W广告费的占59.09%；选择130W～150W广告费的占27.27%；选择160W～180W广告费的占4.55%。由此可见，大家普遍选择100W～150W广告费。其实这并不是一个巧合，仔细一算就会发现花多少代价抢占"市场老大"的位置是划算的。

首先，将"市场老大"所能带来的优势做一个时间假设。经常做沙盘演练的人都知道，通常由于市场被逐渐开拓和企业自身产品种类的逐渐丰富，产品需求量在后两年会大幅增加，因此"市场老大"的真正价值在于前四年的市场选单。由此，"市场老大"效应会延续到"第4年"，意味着如果企业"第1年"投110W广告费抢"市场老大"，之后三年每年投入20W在这个市场拿两种产品的订单，则三年来在这个市场共投入150W（假设不抢"市场老大"，"第1年"也需要投20W广告费，剩余的90W可计入后三年）的广告费，平均每年该市场广告费为50W。如果将这50W广告费分散投放在不同的产品市场，企业获得的订单是否会优于抢"市场老大"获得的订单呢？实践证明，在大家产能都比较低，在市场竞争不激烈的情况下，花费50W广告费完全可以很顺利地将产品卖完，这时如果不经过周密的计算，狂砸猛投广告费去抢占"市场老大"的位置，显然会得不偿失。相反，在大家产能都很高，竞争非常激烈的情况下，"市场老大"的优势才会体现出来。

另外，规则中指出："'市场老大'是指该市场上一年度所有产品总销售额最多的队，其有优先选单的权利。在没有'市场老大'的情况下，根据广告费多少来决定选单次序。"于是很多人就会存在一个误区，以为"市场老大"是根据广告费的多少决定的。其实不然，"市场老大"最终比较的是该市场的总销售额，而非一种产品的单一销售量。例如A公司只有P1产品，而B公司拥有P1和P2两种产品，那么在选单过程中，即使最大的P1产品订单是被A公司获得了，但是只要B公司P1和P2两种产品的市场销售总额大于A公司，那么无论A公司投多少广告费，"市场老大"仍不会归A公司所有。这就要求我们在抢占"市场老大"时，不能只考虑用"蛮力"猛砸广告费，还要更多地考虑利用"巧劲"，依靠合理的产品组合智取"市场老大"。

"市场老大"是把双刃剑，用好了威力无穷；用得不好，可能会"赔了夫人又折兵"。因此到底要不要抢占"市场老大"，以多少广告费去抢占"市场老大"，以什么样的产品组合去抢占"市场老大"，需要企业经过严密的计算然后做博弈。

②该投多少广告费。

初学者经常遇到的问题是，广告费怎么投？该投多少？很多人都希望得到一个通用的公式。在沙盘比赛中，参赛者交锋的"战场"是市场选单，而产品、市场的选择都集中反映在广告投放策略上。市场状况瞬息万变，不同的市场、不同的规则、不同的竞争对手都可能导致广告投放策略的不同。因此要想找一个通用的公式，从而做到广告投放的准确无误是不可能的。但是，这并不代表投放广告费就没有任何规律可循，很多优秀的市场总监都有一套广告投放的技巧和策略，下面一起来探讨一下。

通常拿到市场预测后，首先做的就是将图表信息通过Excel转换成易于理解的数据表，见表6-4。通过转换，可以明确地看出各产品、各市场、各年度的需求和毛利；弄清不同时期市场的"现金牛"产品。更重要的是，通过市场总需求与不同时期全部队伍的产能比较，可判断出该产品是"供大于求"还是"供不应求"。同时可以将市场总需求量除以参赛队伍，从而得到平均需求量。如果打算出售的产品数量小于平均值，那就意味着企业不需要投入更多的广告费用去抢占市场份额，反之则可以多投入广告费。

表6-4　　　　　　　　　　　　某年各产品的价格、数量和毛利　　　　　　　　　　金额单位：W

产品	项目	本地	区域	国内	亚洲	国际	合计
P1	单价	60	60	62.8	60	59	
	数量	87	62	59	59	79	346
	毛利	40	40	42.8	40	39	
	总毛利	3 480	2 480	2 525.2	2 360	3 081	13 926.2
P2	单价	67.4	66.8	65.2	67.1	72.7	
	数量	57	50	48	45	48	248
	毛利	37.4	36.8	35.2	37.1	42.7	
	总毛利	2 131.8	1 840	1 689.6	1 669.5	2 049.6	9 380.5
P3	单价	83.9	77.7	78.4	79.2	82.5	
	数量	60	45	47	40	40	232
	毛利	43.9	37.7	38.4	39.2	42.5	
	总毛利	2 634	1 696.5	1 804.8	1 568	1 700	9 403.3
P4	单价	93.5	97.2	91.4	96.2		
	数量	23	30	33	43		129
	毛利	43.5	47.2	41.4	46.2		
	总毛利	1 000.5	1 416	1 366.2	1 986.6		5 769.3

除了刚才说的根据需求量分析以外，还要考虑整体广告方案，吃透并利用规则："若在同一产品上有多家企业的广告投入相同，则按该市场上全部产品的广告投入之和决定选单顺序；若市场的广告投入量也相同，则按上年该市场销售额排名决定选单顺序。"如果在某一市场整体广告费较高，或者前一年度销售额相对较高的情况下，可以适当优化部分产品的广告费用，从而达到整体最优的效果。

（4）参加订货会/登记订单。

在选单环节之前，企业通常要先计算好自己的产能，包括每个季度可以产多少个产品，有多少个产品可以通过转产来实现灵活调整等。在对自身产能了如指掌后，通过市场预测，企业大概可以预计在某个市场出售多少产品，同时可以预计相应的广告费。

在所有组的广告投放完毕后，比赛裁判通常会将所有广告情况下发，企业可以快速分析出自己在各个市场选单中的次序，同时对原来设计的产品投放安排做出相应的调整，保证企业顺利实现销售。

在选单时我们经常会遇到一个很纠结的问题：大需求量的单子往往产品单价比较低，接了这样的单子利润比较少，有些不甘心；单价高、利润大的单子，往往需求量小，接了这样的单子又怕不能把产品卖完，造成库存积压。选数量大的还是选单价高的？企业应该根据赛场的具体情况灵活取舍。

初期，大家的产能相对于市场需求而言比较大，考虑到发展的需要，企业应当以尽可能多地销售产品为目标；后期，由于市场和产品的多样化，以及部分企业的破产倒闭，市场竞争反而不太激烈，在这样的情况下，很多时候只要投10W就有可能"捡到"一次选单机会，这时"卖完"已经不是企业最重要的任务，而应该考虑怎么将产品"卖好"。特别是比赛期间，到了后期，强队之间的权益可能只相差几十万元甚至几万元，而大家的产能都达到了上限，这个时候如果可以合理地精选单价高的订单，就可以获得几十万元甚至上百万元的毛利优势。

最后，分享一下关于订单分解的经验，仅适用于标准订单，比赛时还要根据具体情况进行调整。通常情况下：订单最大数额=该市场该产品总需求/（参赛组/2）。订单最大数额若大于4，则向下取整；订单最大数额若小于4，则向上取整。第二大单的数量受第一大单的影响，若第一大单大于4，则减2；若第一大单小于4，则减1。

（5）参加竞拍会登记订单。

①对竞单规则的几点说明。

竞拍会也被称为竞单或者招标，是从第四届全国比赛开始独有的一种选单模式，它打破了原先订单总价、交货期、账期都是事先规定好的限制，通过"暗标"的方式来获取市场订单。本书第2章中的"2.2新商战沙盘的规则与解读"对竞单规则有详细的描述，在此不再赘述。但有以下两个问题需要进一步说明。

A.为什么要对竞单张数进行限制？

这主要是为了防止恶意串谋。比如，2010年浙江省赛中，某院校的队伍在自身出线无望的情况下，为了支持本院校队伍在最后一年的选单市场中"吃饱"并销售掉所有产品，它在竞单环节恶意出低价拿到所有订单，导致其他参赛队伍最后一年库存积压。最后，该队伍破产，但其所属院校的另一支队伍则成功晋级。

B.为什么竞单不允许有紧急采购，也不允许有市场间谍？

这主要是为了防止某些队伍蓄意破坏或串谋，他们可能恶意低价竞得订单，然后通过紧急采购或有偿间谍将现金减少，导致其竞得的订单作废。这样做一可以蓄意搅乱市场，二可以对某些竞争对手进行"陷害"，从而达到支持某队的目的。

我们以2011年江西省赛的例子来说明，如果没有上述两项规则，赛场会出现怎样戏剧性的变化。"第5年"经营结束时，江西财经大学代表队由于产能并不是太理想，在正常情况下，极可能排在本科组第三名，但全国比赛出线只有两个名额。最后一年该队沉着冷静，仔细分析，制定了一套令人耳目一新的策略，击败了华东交通大学代表队，使自己成功晋级。

该队分析了华东交通大学代表队的情况，华东交通大学代表队主要以生产和销售P4产品为主，并且在"选单市场P4"中未"吃饱"，这显然是准备在竞单中大显身手。江西财经大学代表队的选手暗自庆幸机会来了，他们在竞单市场以最低价全部竞得 P4 产品。比赛中，其他队员看到江西财经大学代表队的出价后，一片哗然。"这已经大大超出产能了呀，难道准备违约？这不是找死吗？""就算交货了，也没有一点儿利润呀！损人不利己！"但最终结果出来后，大家都惊讶不已——江西财经大学成功晋级！原来，该队伍在竞得 P4 产品后，马上启动有偿间谍，使自己的现金迅速减少，总共损失了 13W（60W 为初始基金），且系统在派发竞单时，由于现金不够，其竞到的 P4 订单全部作废。最后华东交通大学代表队损失惨重，由稳居第二变成屈居第三，痛失全国比赛机会。

②竞单风险分析。

竞单规则中，由于每种产品都可以卖出直接成本 3 倍的价格，巨大的利润对每支参赛队伍来说都是一种无法抗拒的诱惑，甚至可能出现极端的情况——有的队伍将所有销售全部压在竞单市场上。但是，由于竞单市场的数量有限，必然有个别队伍因为无法拿到足够的订单而导致大量库存积压，也会因为竞争太激烈而大打价格战，出现大幅降价倾销的情况。这种不确定性大大增加了竞单市场的风险。

既然风险这么高，那是不是最好就不竞单了，只要在选单市场稳稳地接单销售，保持稳定增长就可以了呢？当然，如果采取保守策略，风险可以得到有效的规避，但很有可能眼睁睁看着别人一夜暴富。以 P2 产品为例，假设你与另一组同为 P2 的"专业户"，"第 4 年"结束权益略高于对手 50W ~ 100W。纵观大部分市场预测，P2 后期在各个市场中的毛利极低，平均在 30W ~ 35W，而在竞单中，其最大毛利可以达到 60W，如果你全部在订货会上进行销售，而对方选择竞单市场销售，那么只要成功在竞单市场以最高限价卖出 3 ~ 4 个 P2 产品，毛利就会比选单市场多 80W ~ 100W，实现权益反超。事实上，大家仔细看湖南科技大学代表队第四届全国比赛数据就会发现，正是充分利用了"第 5 年"和"第 6 年"的竞单市场，才使湖南科技大学代表队在最后两年中的权益有了质的飞跃，最终成功问鼎。

根据往年全国比赛的经验，比赛中竞单信息会提前一年下发给各队伍，之所以如此，就是为了给各队伍留出充分的时间考虑参与竞单会的策略。由于竞单会是在选单以后举行的，这就意味着一旦没有通过竞单销售完产品，将没有其他途径获得订单，那么只会造成产品库存积压。这就需要提前考虑好竞单产品的品种、数量和价格，以及交货期及账期等因素。尤其在分配竞单会和选单会比例上非常关键，留下来参与竞单的产品数量越少，其风险就越小，但相对来说收益也可能就越小；反之亦然。

因此，竞单环节的引入，大大提高了比赛的博弈性，要在做好周密预算的基础上，充分理解规则、因势利导、运筹帷幄，才能达到出其不意的效果。所以可以通过技巧性的违约和紧急采购，相对地平衡风险和利润，达到灵活多变的效果，最终获取更高的利润。

③交货期、应收账款与总价关系分析。

在竞单中，有 3 个变量是需要我们手工填写的——总价、交货期和应收账期。取得订单的条件是根据公式"得分=100+（5-交货期）×2+应收账期-8×总价/（该产品直接成本×数量）"，或"得分=100+（5-交货期）×2+应收账期-8×单价/该产品直接成本"，得分最高者中标，如果计算分数相同，那么先提交者中标。如果总价很低、账期很长、交货期限很短，得分虽然高了，但是收益相对来说就非常低了；相反，如果总价很高、账期很短、交货期很长，那么会导致得分很低从而无法获得该订单。因此除了利用市场准入、ISO 限制等常规条件造成相对垄断的情况外，如何设置这 3 个变量，找到得分和收益的最佳平衡点是竞单成败的关键。

下面以表格的形式说明，为保证得分不变，不同产品交货期减少一季对单价的影响，及应收账期增加一季对单价的影响，见表 6-5。

表 6-5　　　　　　　　　　　　交货期、应收账期变动与单价的关系

产品	直接成本（W/个）	交货期减 1 个季度对单价的影响（W/个）	应收账期增 1 个季度对单价的影响（W/个）
P1	20	+5	+2.5
P2	30	+7.5	+3.75
P3	40	+10	+5
P4	50	+12.5	+6.25

　　首先来看交货期对单价的影响。从竞单公式中可以看出，若保证总分不变，交货期每减少一季，"8×单价/该产品直接成本"可以增2，以P1产品为例（产品的直接成本为20W/个），产品单价可以提高5W/个。同理，可以计算出产品P2、P3、P4的对应值（见表6-5）。

　　若保证总分不变，应收账期每增加一季，"8×单价/该产品直接成本"可以增1，以P1产品为例（直接成本为20W/个），产品单价可以提高2.5W/个。同理，可以计算出产品P2、P3、P4的对应值（见表6-5）。

　　从表6-5中可以看出，交货期对单价影响较大，因此，如果企业先积攒存货再参与竞单，在交货期上保持优势，那么在竞单中胜算会比较大。特别是数量较大的高端产品订单，以6个P4产品为例，可以一季交货，即使产品单价高于四季交货对手37.5W/个，企业也可以得单，并且总利润可以多225W，因此越是高端的产品，数量越大，企业交货期的优势就越明显。

　　通过分析，我们可以得知在订货会上尽量选择交货期靠后的单子，尽可能将交货期早的产品留在竞单市场，以获得更高的利润。同时交货期的另外一个影响要素是产能，产能越大，相对来说可以早交货的产品就越多，因此高产能是企业在竞单市场中获得高利润的法宝。

　　应收账期对产品单价的影响只有交货期的一半。我们仍以6个P4产品为例，相比于0账期回收现金，要求4账期回收现金可以使产品的单价最多高出25W/个，总利润相差150W，那是应该都填4账期回收现金以获得更好的产品总价呢，还是应该都填0账期回收现金以获得更好的现金流呢？我们继续看上述例子，要求4账期回收现金，多出25W/个，将其贴现需要多少费用呢？若产品单价低于200W/个，则贴现费用小于25W，因此要求4账期回收现金对企业来说更合算，P4产品的最高价为150W/个，显然要求4账期回收现金，并按照高单价合算。2账期回收现金与0账期回收现金相比如何呢？产品单价最多可以高出12.5W/个（单价高于125W/个），贴现费用大于12.5W，显然0账期出低价合算；单价低于125W/个，贴现费用小于12.5W，产品为高价时，2账期回收现合算。其他情况可依此计算。

5.其他事项的处理

（1）支付设备维护费、计提折旧。

　　在沙盘比赛中，厂房是不用计提折旧的，而生产线的折旧是必须逐年计提的（当年建成生产线不计提折旧），当净值等于残值时，生产线就不需要继续计提折旧了，并且可以继续使用生产线。因此很多时候看到设备已经计提折旧到净残值的时候，企业会舍不得卖掉。但是，设备维护费又是根据设备的数量来收取的，只要设备建成了，无论有没有投入生产都需要支付设备维护费。设备维护费是在年底收取的，因此如果企业在年底结账之前将多余的设备卖掉，就不需要支付设备维护费了。根据这样的规则，如果比赛最终只看权益，那么在不考虑其他综合得分的情况下，适时地卖掉部分生产线对企业比较有利。

　　例如，"第1年"第2季度开始投资新建自动线，连续投资3个季度，在"第2年"第1季度完工建成，当年净值为150W。根据建成当年不折旧的规则，这条自动线在第3、4、5年分别计提折旧30W，那么到"第6年"年底，净值为60W。因此，如果"第6年"不卖，那么年末计提折旧后，该自动线的剩余净值为30W；如果"第6年"年底直接卖掉，则企业可以收回30W现金，将另外30W算为损失。

　　比较刚才两种处理方法，如果生产线没有出售，那么年底需要支付设备维护费，出售生产线比不出售可以少支付设备维护费，变相节约开支。注意，该方法只适用于有剩余残值或者折旧后有剩余残值的生产线。如果有一条自动线是"第3年"建成的，到"第6年"的年底还有90W的设备净值，如果出售则会导致60W的损失，那就划不来了。

　　还有一种情况，企业因为前期资金紧张，选择了手工线，后期因为市场前景比较好，企业淘汰手工线是否合算呢？以P2产品为例，一年下来手工线的产量为2个，可以带来的毛利只有80W，扣除设备维护费10W，净毛利为70W；而自动线的产量是4个，一年带来的毛利是160W，扣除设备维护费20W，净毛利为140W，两种情况下企业的净毛利相差70W。手工线累计折旧是30W，自动线是

120W，也就是说自动线投资要多90W；另外改建生产线要3个季度，手工线可以产出1.5个产品，毛利有60W，也就是改建自动线（相当于投资）150W（60+90）。综上分析，如果改建为自动线后企业还可以再使用2年以上，那么改建就是合算的。

（2）支付所得税。

①关于所得税计算的详细方法。

很多初学者对于沙盘中所得税的计算不是很清楚，对什么时候该缴纳所得税，什么时候不需要缴纳所得税，常常存在疑惑。

所得税在沙盘中是一个综合的概念，大概可以理解成为你模拟的企业盈利部分所要缴纳的税费。企业缴税需满足以下两个条件：A.经营当年盈利（税前利润为正）。B.弥补了前面最多5年的亏损后，企业仍盈利。以利润表为计算依据最为清晰，下面以实例说明，见表6-6。

表6-6 所得税计算1 单位：W

年度	第1年	第2年	第3年	第4年	第5年	第6年
税前利润	−10	50	−20	−30	40	130
所得税	0	10	0	0	0	30
年度净利润	−10	40	−20	−30	40	100

"第1年"亏损，企业当然不用缴税，"第2年"盈利50W，企业弥补了"第1年"亏损后盈利40W，所得税税率为25%，则企业应缴纳的所得税为10W。"第3年"和"第4年"亏损，企业不用缴税，"第5年"盈利，但是不足以弥补"第3年"和"第4年"的亏损，故企业不用缴税。此处要注意，"第1年"虽然亏损，但企业在"第2年"已经对上年亏损进行弥补，所以"第5年"不需要再次弥补。"第6年"盈利，企业需要与未缴税的第3、4、5年一起累计计算应税利润，应税利润为120W（−20−30+40+130），因此所得税为30W。

由此可见，从当年开始，与前面连续无所得税年份（最多5年）的税前利润累加，得到应税利润，若大于零，则应缴纳所得税。

系统中只取整数，出现小数如何处理呢？下面以两个例子分别进行说明，见表6-7和表6-8。

表6-7 所得税计算2 单位：W

年度	第1年	第2年	第3年	第4年
税前利润	−160	50	111	5
所得税	0	0	0	2
年度净利润	−160	50	111	3

表6-8 所得税计算3 单位：W

年度	第1年	第2年	第3年	第4年
税前利润	−160	50	115	5
所得税	0	0	1	1
年度净利润	−160	50	114	4

根据表6-7，企业"第3年"累计税前利润为1W，应税利润为1W，所得税为0.25W，四舍五入后，当年不缴税。由于"第3年"没有缴税，所以企业当年1W的应税利润要累计到下一年，"第4年"税前利润为5W，应税利润为6W，四舍五入，所得税为2W。

根据表6-8，企业"第3年"累计税前利润为5W，应税利润为5W，所得税为1.25W，四舍五入后为1W。由于"第3年"缴了税，所以企业当年的5W应税利润不能累计到下一年，"第4年"税前利润为5W，应税利润为5W，所得税为1W。

从以上两例可以看出，即使有小数，也是符合以下原则的：从当年开始，将企业前面连续无所得税的年份（最多5年）的税前利润进行累加，得到应税利润，若大于零，则需要缴纳所得税。

②关于合理"避税"。

了解如何计算之后，人们自然就会想到利用"四舍五入"这一规则进行合理避税。假设系统采用25%的税率政策，通过预算发现当年应税利润是"4N+2"时，其中"N"为非负整数，可以主动贴现，增加一个贴息，将应税利润减少到"4N+1"，所得税将由"N+1"减少到"N"。在此情况下，年度净利润相同，但后者增加了资金流动性，保证了年初企业拥有充裕的广告费。

最后，再说说缴税的时间。税是在年底算出来的，但是税款不是在当年结束时缴纳，因此报表里"应交所得税"那一项是在负债里体现的。直到"第2年"投放广告费时，税会连同到期长期贷款本息和广告费一起被企业支付，这在系统里有明确的提示。有的组在投放广告时系统会提示现金不足，无法投放广告，其原因就是除了广告费用外，还要扣所得税及长期贷款本息。

（3）按订单交货。

合理安排订单交货时间，配合现金预算的需要，可以起到削峰平谷，减少财务费用的效果。通常来说，企业产出了几个产品就按订单交货几个产品（尽量多地去交货），但是有的时候，还应该参考订单的应收账期，使得回款峰谷与现金支出峰谷正好匹配。

例如，企业已经获得了两张订单，其中一张订单为4个P1产品，总额是200W，账期为3Q，另外一张订单为3个P1产品，总额为150W，账期为2Q。假设有两条自动线，第2季度正好生产出了4个P1产品可以用于交货。企业通过预算发现，第4季度的研发费和下一年的广告费不足，可能会导致资金断流。这个时候，如果交的是4个P1的订单，那么显然在第4季度时货款还是1Q的应收款，企业须通过贴现的方式变现，会增加财务费用。而如果第2季度不是产多少交多少，而是充分考虑订单的应收款账期因素，在预测到第4季度的财务压力后，先交3个P1产品的订单，那么在第4季度企业就可以将150W的应收款收回，正好可以填补研发费、广告费的资金需求，从而避免贴现造成的财务负担。

因此，合理安排订单交货的时间和次序，关注订单的应收账期，通过细致的预算和资金筹划，可以起到很好的"节流"效果。

（4）厂房贴现/应收款贴现。

很多人都认为贴现是增加企业财务费用的罪魁祸首，只有在资金周转不顺畅的时候，企业才会被迫选择它，因此对贴现都抱有敬而远之的态度。

但是否真的如此呢？其实未必。与贷款相似，贴现是一种筹资方式。贴现可以分为两种情况：一种是在现金流遇到困难时，迫不得已，将应收款或者厂房做贴现处理，如果不贴现，资金断流可能会导致企业破产，这属于被动贴现。另一种是主动贴现，如在市场宽松、资金不足的情况下，主动贴现以换取宝贵的资金用于投入生产线的建设和产品的研发，从而达到迅速占领市场、扩大企业产能和市场份额的目的。

在被动贴现的情况下，企业一直处于以贴现还债的境地，这个季度的现金不够了，就要将下一个季度的应收款贴现，虽然这个季度过去了，可是下个季度又会出现财务危机需要再次贴现，这样下去，企业将陷入连环贴现的无底洞。

而主动贴现则不同，往往都是用于扩大企业生产规模和市场份额，追求效益最大化。贴息和利息一样都属于财务费用，从财务的角度来看，只要其创造出比财务费用更高的利润，就是有价值的。

（5）缴纳违约订单罚款。

通常来说企业违约和交罚款都不是好事。但是在一些特殊的情况下，结合一些特殊的战术，比如在有竞单规则的市场中，有时可以起到迷惑对方的作用，甚至会有化腐朽为神奇的功效。

在竞单规则中，产品的总价可以由各个队在产品直接成本的1~3倍区间内自己填写。因此即使已经在选单市场选了订单，只要竞单市场价格足够高，那么即使在选单市场获得的订单出现违约，对企业而言也是合算的。

例如，企业在选单市场接了一张 4 个 P3 产品（总价 320W）的订单，如果违约需要缴纳总价的 20%，也就是 64W 的违约金，再加上 10W 的竞单费用，也就是说 4 个 P3 产品违约后的成本价是 394W（320+64+10）。在竞单市场，1 个 P3 产品最高可以卖到 120W，如果在竞单市场可以用 394W 以上的价格拿到 4 个 P3 产品的订单，企业就不亏（4 个 P3 产品的最高价是 480W），还有不小的利润空间。况且竞单市场的账期和交货期有更高的灵活度，同时可以让对手猜不透你的真正产能。

（6）商业情报收集/间谍。

"知己知彼，方能百战不殆！"自古兵家谋略都极其重视对竞争对手情报的收集。沙盘虽小，但要想在激烈的竞争中脱颖而出，除了规划好企业自身的运作，还必须收集商业情报，时刻关注对手，关注市场动向，因势利导。

收集商业情报时企业应该了解些什么？简单地说就是把别人的企业当成自己的企业来关注，通过间谍时间和观盘时间，尽可能多地记录下对手的信息，比如现金流、贷款额度、ISO 资质认证、市场开拓、产品研发、原材料的订单和库存、订单详情、生产线的类型和成品库存等，然后逐个分析，找出真正的竞争对手。

其中，最重要的是能够分析和提炼出竞争对手各种产品的"产能"和"现金流"，这两个要素在市场选单博弈中最关键。通过竞争对手的生产线情况以及原材料采购情况，可以推测出对手的最大产能及其可能进行的转产计划，甚至是每个季度可以交付哪些产品。只有这样才能在选单或竞单博弈中，推断出对手的经营策略，并针对其产能采取遏制或规避战术。同样，对现金流的密切监控，可以分析出对手可能投放的广告量及拿单策略，这些信息都能为自身的决策提供重要依据。

在订货会中，除了做好自己的选单，还要密切注意主要竞争对手的选单情况，不仅要记录他们销售的产品数量，还要对其交货期和账期进行密切关注并做好记录。尤其是在有竞单规则的比赛中，关注对手的选单情况就可以分析出他们在竞单市场的拿单能力，从而可以有针对性地制定竞单策略。

第 2 节　策略规划

对于经营企业来说，最为重要的环节就是公司的经营战略，经营什么？如何经营？怎样才能获取最高的利润？这是每一家公司决策层首先需要考虑的问题。很多企业在经营开始阶段制定的经营策略就不够合理，尽管在经营过程中尽其所能，但也无法使企业走出困境。为了使读者在战略伊始就能赢得先机，笔者将列出几种经典策略供大家参考。

1.P1、P2 产品策略

（1）优势。

采用 P1、P2 产品策略的研发费用较低，仅为 60W，能有效地控制综合费用，进而使得利润、所有者权益能够保持在一个较高的水平，这样对于企业后期的发展非常有利。依照过往比赛的经验，"第 1 年"的所有者权益控制在 440W ~ 450W 为最佳，"第 2 年"实现盈利后，所有者权益会飙升至 570W 以上。有的参赛者曾以此策略在第 3 年就完成扩建，使企业拥有 10 条生产线，这是目前扩大产能速度最快的一种策略。即使经营环境恶化到"第 2 年"一个产品都没有卖出去，企业依然可以轻松坚持到下一年。如果企业要迅速扩张，以产能来挤压竞争对手的生存空间，则此策略无疑是最优的。

（2）劣势。

该策略的优势非常明显，但劣势不易察觉。使用该策略可以在前期创造很大的优势，但在后期通常会悄无声息地被竞争者超越，这类例子从普通训练赛到国家级比赛中不胜枚举，原因有二：一是 P1、P2 产品策略在后期缺乏竞争力，其创造利润的能力显然不如 P3、P4 产品，被所有者权益相差 200W 以内的竞争对手反超不足为奇。二是当前期同学们用此策略建立起明显的优势后，难免在心理上会有松懈，赛场如战场，形势瞬息万变，如果缺乏足够的细心和耐心处理对手的信息，后期被对手在细节上超越的可能性是很大的。

（3）关键操作步骤。

以600W初始权益为例，企业的操作步骤如下（本操作步骤只作为参考）。

①"第1年"。

第1季：研发P2产品扣10W，管理费扣10W，现金余额为580W。

第2季：购买小厂房扣300W；新建2条P1产品自动线，2条P2产品自动线扣200W；研发P2产品扣10W，管理费扣10W，现金余额为60W。

第3季：借入短期贷款200W，订购原材料R3（订购数量为2），建生产线扣200W，研发P1、P2扣20W，管理费扣10W，现金余额为30W。

第4季：借入短期贷款400W，订购原材料R1、R2、R3数量分别为2、2、2，建生产线扣200W，研发产品P1、P2扣20W，管理费扣10W，开拓全部市场扣50W，ISO方面开ISO 9000扣10W，现金余额为140W，所有者权益为440W。

②"第2年"。

年初本地P1产品投100W，P2产品投30W；区域P1产品投10W，P2产品投30W。借入长期贷款100W。

第1季度：到货原材料R1、R2、R3数量分别为2、2、2，扣60W；订购原材料R1、R2、R3数量分别为2、2、2，生产2个P1产品、2个P2产品，管理费扣10W，现金余额为250W。以下省略。

第4季：开拓国内、亚洲、国际市场；ISO方面开ISO 9000，是否开ISO 14000视权益的多少而定。在卖出6个P1产品、5个P2产品后，企业的最终权益可达到570W。

③"第3年"。

"第3年"的贷款全部贷出，将所有应收账款贴现，订单应多接小单，最优情况是每季只要一生产就能卖出，其余细节就不赘述了。

（4）该策略的使用环境。

该策略主要用在初学者的比赛中，当对手大多采用生产P3、P4产品的策略时也可运用该策略。

2.纯P2产品策略

P2产品是一种低成本、高利润的产品，前期倘若能够卖出数量可观的P2产品则必定能使企业快速发展。

（1）优势。

开发P2产品所需成本仅为40W，而P2产品的单位利润在35W以上，在第3、4两年单个P2产品的利润可以超过50W，即便后期第5、6两年P2产品的单位利润也在40W以上，倘若可以在前期拿到足够的订单，企业便可以迅速崛起。

（2）劣势。

由于P2产品的利润相对较高，垂涎这一产品市场的企业自然不在少数，所以企业极有可能遭遇激烈的市场竞争，以致拿不到足够的订单，风险颇大。

（3）关键操作步骤。

前期由于市场比较紧张，所以推荐企业购置小厂房，"第2年"开发完成3条P2产品生产线，"第3年"再加1条。"第2年"企业应尽可能多地投放广告，但广告费总额最好不要超过100W。

市场开拓方面，建议全部开拓，在ISO研发方面，在"第1年"的时候ISO 9000可开可不开，"第4年"再开也无妨，ISO 14000前期不要开，可在"第4年"以后开。

扩建生产线速度要快，越快越好，因为商机就在第3、4两年，不可放过。

（4）使用环境。

P2产品的市场不是很紧张就好，P2产品生产线占总体的40%以下时均可使用。

3.P2、P3产品策略

这套策略可谓攻守兼备，推荐企业选择2条柔性线，P2、P3产品各有一条自动线。

（1）优势。

此策略的优势在于使用者可以在比赛全程获得产品上的优势：P2产品在第3、4年的毛利可以达到50W/个左右，这时可以用3条生产线生产P2产品，达到利润的最大化；后期P2产品的利润仍然保持在40W/个左右，而P3产品的利润为45W/个左右，差距不是很大；此外，P2产品柔性线转产可使后期生产P2产品的生产线增加一条，极大地增加了企业转产其他产品的机动性。所以该策略的优势概括起来就是全程保持较高的利润，无论战况如何都能处于一个有利的位置。

（2）劣势。

这套策略虽然可以使企业的经营趋于一种稳定状态，但倘若想要有大的作为，必须要再添几分筹码，如后期扩张时多开几条P4产品生产线。

（3）关键操作步骤。

因为P3产品最快也要到"第2年"第3季度才能投产，所以应该把一条P3产品的生产线设置在第3季度刚好能够使用，这样才能最大限度地控制现金流。

倘若读者考虑到广告费等问题觉得在"第2年"生产P3产品没有什么必要也可以缓一下，到"第3年"生产P3产品，这样可以省下一条生产线的设备维护费，折旧提取也可以被推迟。需要注意的是，这里也要做到生产线和研发的匹配，严格控制现金流。

"第1年"市场可以考虑不全开，因为产品的多元化已经能够起到分散销售产能的作用，大可不必将亚洲、国际市场全开；在ISO研发方面，产品P2、P3对于ISO 14000的要求不严格，可以暂缓。但是ISO 9000一定要开，因为"第3年"市场往往会出现具有ISO 9000标志要求的订单，拥有认证就能占得先机。"第2年"由于市场较小，P2产品产能过大，可以考虑提高P2产品的广告费，建议初学者每个市场投入广告费40W～50W，高级别比赛则要视具体情况而定。

（4）使用环境。

当所有产品的对手分布比较均衡，或者产品P1、P4的市场过于拥挤时则可以使用此策略。

4.P2、P4产品策略

这套策略可以视为保守的P4产品策略，道理浅显易懂。

（1）优势。

前期在P4产品订单不足时可以将一定的产能分散到P2产品，保证了企业"第2年"的盈利，这样就可以解决纯P4产品全借长期贷款的问题，企业至少可以部分使用短期贷款。"第2年"的利润大大增加，扩建生产线的速度可以提高。此外产品P2、P4的搭配对于企业夺得"市场老大"也是很有利的，两种产品进攻同一个市场，一般的对手很难抵挡。

（2）劣势。

前期研发费用有160W，太高了，而且生产这两种产品的生产成本很高，资金周转速度太慢，需要较高的控制水平。

（3）关键操作步骤。

"第1年"企业在第3、4季度各借200W短期贷款，第2季度买小厂房花费300W；两条P2产品线第2季度开建，第4季度完成投资；建2条P4产品线，第4季度开建，下一年第2季度完成；企业开拓4个市场，ISO不开，保持400W的所有者权益。

"第2年"企业尽可能少投入广告费，不借长期贷款，各季度短期贷款分别为200W、400W、400W、200W，企业开拓全部市场，并视所有者权益的多少开拓ISO（权益在470W以上可以全部开拓）。

（4）使用环境。

该策略适用于有"市场老大"且P4产品竞争对手较多时，当然也要根据市场环境适当地进行调整，灵活把握，避免犯教条主义的错误。

5.纯P3产品策略

纯P3产品策略堪称经典。原因有二：一是只研发P3产品的费用不高，只有60W；二是3年以后

P3产品的市场前景颇为可观。

（1）优势。

无论是何种程度的比赛，P3产品似乎都是一块鸡肋，表面上看来是"食之无味，弃之可惜"。但如果读者能够静下心来仔细揣摩参赛者的心理就会明白，P3产品前期不如P2产品的利润大，后期不如P4的利润大，况且P3产品门槛不太高，这都是P3产品明显的缺陷。正是由于这些缺陷，才导致了P3产品从来不会过于显眼，所以使用纯P3产品的策略往往可以起到规避风险的作用，这样就可以大大降低市场广告费用的投放，也就变相提高了产品的利润。此外，P3产品后期利润有所增加，市场很大，故而企业可以建成多条生产线。笔者就曾用这套策略在训练赛中击败过多名高手。

（2）劣势。

因为P3产品的研发周期较长，所以企业在"第2年"卖不出多少，"第2年"若真的要生产P3产品，企业将会面临诸多问题，需要考虑周全。从"第3年"开始生产就会导致企业权益偏低，前期被压制，使参赛者心理压力加大，一旦出现失误就会输掉比赛。因此，选择这种策略一定要沉着冷静，需要具备很高的心理素质。

（3）关键步骤操作。

推荐在"第3年"生产P3产品，购置小厂房、4条自动线，这个时候P3产品的市场需求量很大，企业不需要多少广告支出就可以卖光产品。企业要开拓全部市场，因为产品种类单一。在ISO研发方面，企业应选择ISO 9000，"第3年"要拥有资格，ISO 14000可以放弃。如果生产P3产品的对手过多，则可在4年以后增加2条P1产品生产线，以缓解压力。企业在"第2年"生产P3产品也可以，因为这样在"第3年"就可以比别人多产出一个季度的P3产品。

（4）该策略的使用环境。

建议在P2产品或者P4产品被普遍看好的情况下，或者参赛队生产P3产品总量不足需求量的7成时，使用该策略。

6.纯P4产品策略

纯P4产品策略绝对可以称为一个险招，所谓"不成功则成仁"。

（1）优势。

很明显，P4产品的利润巨大，当你每卖出一个产品都能获得比别人多10W以上的利润时，1条生产线可以多40W，4条生产线就可以多160W。比赛前期的160W意味着什么？意味着你可以多贷款480W，480W的贷款就可以多建3条生产线，一般来说前期的50W差距到后期就可以扩大到200W以上，何况160W。此外，纯P4产品策略还有一个优势就是竞争者要进入这个市场比进入P3产品市场困难得多，不仅多了60W的研发费用，原料成本也会大大提升，所以如果对手不在初期进入市场，那么后期就基本进不来了，一旦前期确立了优势，那就意味着胜利。而且P4产品的单价极高，倘若比赛规则中有"市场老大"，则使用纯P4产品就可以轻易占据"市场老大"的地位，从而以最低的广告成本选择最优的订单。

（2）劣势。

因为纯P4产品的前期投入很大，会损失大量的所有者权益，所以往往要采用长期贷款的策略，这就会使企业背负很大的还款压力。而且P4产品的市场容量较小，所以一旦前期对手较多则可能导致优势减弱或者全无优势，陷入苦战之中，那么企业的结局就会很悲惨了。例如：在2009年全国总决赛中，本科组28支队伍中研发生产P4产品的队伍在"第2年"达到了16支，这直接导致所有走纯P4产品路线的队伍在"第4年"就退出了竞争的行列，无一幸免。

（3）关键操作步骤。

前期需要借长期贷款，对于初学者来说基本上要借出1 500W，控制长期贷款的利息是很困难的，一定要小心谨慎。企业也可以使用短期贷款，但这样操作起来十分困难，不建议初学者使用。

倘若竞争对手很多，那么企业一定要在市场上挤垮对手，因为P4产品在前期市场需求比较小，只要有一次接不到合适的单子就很难生存下去了，能坚持到最后的才是王者，所以千万不要吝惜广告费。

如果要运用短期贷款，那么前期一定要控制权益，ISO不要开，市场可以缓开一个，等到第3、4年缓过来再开也不迟。

（4）该策略的使用环境。

P4产品的市场不是很挤，P4产品生产线占总生产线数量的25%以下时可放心使用该策略。

第3节 新商战沙盘省赛数据与分析

一、本科组比赛规则[①]

内蒙古本科沙盘省赛竞赛规则

1.参赛队员分工

比赛采取团队竞赛的方式，每支参赛队伍有5名参赛选手。每支代表队模拟一家生产制造型企业，与其他参赛队模拟的同质企业在同一市场环境中展开企业经营竞争。参赛选手分别担任如下角色：总经理（CEO）、财务总监（CFO）、生产总监（CPO）、市场总监（CMO）、采购总监（CLO）。

2.运行方式及监督

大赛采用"新道新商战沙盘系统V3.0"（以下简称"系统"）与实物沙盘和手工记录相结合的方式运作企业，即所有的决策及计划执行在实物沙盘上运行，并进行手工台账记录，最后的运行确认在"系统"中确定，最终结果以"系统"为准。各队参加市场订货会，交易活动，包括贷款、原材料入库、交货、应收账款贴现及回收等，均在本地计算机上完成。

各参赛队应具备至少两台具有有线网卡的笔记本电脑，同时接入局域网，作为运行平台，并安装录屏软件。比赛过程中，学生端务必启动录屏文件，全程录制经营过程，建议每一年经营录制为一个独立的文件。一旦发生问题，以录屏结果为证，裁决争议。如果擅自停止录屏过程，按系统的实际运行状态执行。

请注意：

（1）如果两台电脑同时使用，那么需同时提供两台接入网络的电脑的录屏文件。

（2）两台电脑同时接入，任何一台操作均是有效的，但A机器操作，B机器状态并不会自动同步更新，所以请做好队内沟通。可执行F5刷新命令随时查看实时状态。

比赛期间带队老师不允许入场，所有参赛队使用的电脑仅限于作为系统运行平台，可以自制一些工具，但不得使用任何手段通过网络与外界联系，否则取消参赛资格。

比赛期间计时以本赛区所用服务器上的时间为准，赛前选手可以按照服务器时间调整自己电脑上的时间，大赛设裁判组，负责大赛中所有比赛过程的监督和争议裁决。

提请注意：自带的电脑操作系统和浏览器要保持干净，无病毒，浏览器建议为谷歌浏览器或搜狗浏览器，同时需要安装flashplayer插件。请各队至少多备一台电脑，以防万一。

3.企业运营流程

企业运营流程建议按照运营流程表中列示的流程执行，比赛期间不能还原！每年经营结束后，各参赛队需要在系统中填制资产负债表、综合费用表、利润表。如果不填，则视同报表错误一次，并扣分，但不影响经营。此次比赛不需要交纸质报表给裁判核对。

请注意：

（1）三张报表均需填写，请注意报表切换，请使用同一台电脑提交。

（2）保存按钮可暂存已填写的内容，请全部填写完毕后再做提交，提交后无法再做修改。

4.竞赛规则

（1）融资。融资信息表见表6-9。

---

① 高职组的竞赛规则与本科组大体相同，本教材不再重复列出。

表6-9   **融 资 信 息 表**

贷款类型	贷款时间	贷款额度	年利息	还款方式
长期贷款	每年年初	所有长期贷款和短期贷款之和不能超过上年权益的3倍	10%	年初付息，到期还本
短期贷款	每季度初		5%	到期一次还本付息
资金贴现	任何时间	视应收款额	10%（1季，2季），12.5%（3季，4季）	贴现时各账期分开核算，分开计息
库存拍卖		原材料八折，成品按成本价计算		

规则说明：

①长期和短期贷款信用额度。

长短期贷款的总额度（包括已借款但未到还款期的贷款）为上年权益总计的3倍，长期贷款、短期贷款必须以大于等于10W的整数申请。例："第1年"所有者权益为358W，"第1年"已借4年期长期贷款504W（且未申请短期贷款），则"第2年"可贷款总额度为570W（358×3−504）。

②贷款规则。

A.长期贷款每年必须支付利息，到期归还本金。长期贷款最多可贷5年。

B.竞赛结束时，不要求归还没有到期的各类贷款。

C.短期贷款年限为1年，如果某一季度有短期贷款需要归还，且同时拥有贷款额度时，必须先归还到期的短期贷款，才能申请新的短期贷款。

D.所有的贷款不允许提前还款。

E.企业间不允许私自融资，只允许企业向银行贷款，银行不提供高利贷。

F.贷款利息计算时四舍五入。例：短期贷款210W，则利息为：210×5%=10.5W，四舍五入，实际支付利息为11W。

G.长期贷款利息是根据长期贷款的贷款总额乘以利率计算。例："第1年"申请504W长期贷款，"第2年"申请204W长期贷款，则"第3年"所需要支付的长期贷款利息为70.8W（（504+204）×10%），四舍五入，实际支付利息约为71W。

③出售库存规则。

A.原材料打八折出售。例：出售1个原材料获得8W（10×0.8）。

B.出售产成品按产品的成本价计算。例：出售1个P2获得30W（1×30）。

（2）厂房。厂房信息表见表6-10。

表6-10   **厂房信息表**

厂房	买价	租金	售价	容量
大厂房	400W	40W/年	400W/年	4条
中厂房	300W	30W/年	300W/年	3条
小厂房	180W	18W/年	180W/年	2条

规则说明：

①租用或购买厂房可以在任何季度进行。如果决定租用厂房或者厂房买转租，租金在开始租用的季度交付，即从现金处取等量钱币，放在租金费用处。一年租期到期时，如果决定续租，则需重复以上动作。

②厂房租入一年后，企业可做租转买、退租等处理（例："第1年"第1季度租厂房，则以后每一年的第1季度末"厂房处理"均可"租转买"），如果到期没有选择"租转买"，系统自动做续租处理，租金在"当季结束"时和"行政管理费"一并扣除。

③要新建或租赁生产线，必须购买或租用厂房，没有租用或购买厂房不能新建或租赁生产线。

④如果厂房中没有生产线，那么企业可以选择厂房退租。

⑤厂房出售得到4个账期的应收款，紧急情况下可进行厂房贴现（4季贴现），直接得到现金，如厂房中有生产线则同时要扣租金。

⑥关于厂房企业可以任意组合，但总数不能超过4个，比如租4个小厂房或者买4个大厂房又或者租一个大厂房买3个中厂房。

（3）生产线。生产线信息表见表6-11。

表6-11 生产线信息表

生产线	账置费（W）	安装周期	生产周期	总转产费（W）	转产周期	设备维护费（W/年）	残值（W）
超级手工线	35	0季	2季	0	0季	5	5
租赁线（柔性）	0	0季	1季	20	1季	65	-65
自动线	150	3季	1季	20	1季	20	30
柔性线	200	4季	1季	0	0季	20	40

规则说明：

①在"系统"中新建生产线，需先选择厂房，然后选择生产线的类型，特别要确定生产产品的类型（产品标识必须摆上）。生产产品一经确定，本生产线所生产的产品便不能更换，如需更换，须在建成后，进行转产处理。

②每次操作可建一条生产线，同一季度企业可重复操作多次，直至生产线位置全部铺满。自动线和柔性线待最后一期投资到位后，必须到下一季度才算安装完成，允许投入使用。超级手工线和租赁线当季购入（或租入）当季即可使用。

③新建生产线一经确认，即刻进入第一期在建，当季便自动扣除现金。

④不论何时出售生产线，从生产线净值中取出相当于残值的部分计入现金，净值与残值之差计入损失。

⑤只有空的并且已经建成的生产线方可转产。

⑥当年建成的生产线、转产中生产线都要支付设备维护费，凡已出售的生产线（包括退租的租赁线）和新购买并正在安装的生产线不支付设备维护费。

⑦生产线不允许在不同厂房间移动。

⑧租赁线不需要购置费，不用耗费安装周期，不提折旧，可以将设备维护费理解为租金，其在出售时（可理解为退租），系统将扣65W/条的清理费用，计入损失，该类生产线不计小分。生产线折旧表（按照平均年限法计提折旧）见表6-12。

表6-12 生产线折旧表（按照平均年限法计提折旧） 单位：W

生产线	购置费	残值	建成第1年	建成第2年	建成第3年	建成第4年	建成第5年
超级手工线	35	5	0	10	10	10	0
自动线	150	30	0	30	30	30	30
柔性线	200	40	0	40	40	40	40

当年建成生产线当年不提折旧，当净值等于残值时生产线不再计提折旧，但可以继续使用。

（4）产品研发。

要想生产某种产品，先要获得该产品的生产许可证，而要获得生产许可证，则必须经过产品研发。产品P1、P2、P3、P4都需要经过研发后才能获得生产许可。研发需要分期投入研发费用。投资规则信息表见表6-13。

表6-13   **投资规则信息表**

名称	开发费用（W/季）	开发总额（W）	开发周期	加工费（W/个）	直接成本（W/个）	产品组成
P1	10	20	2季	10	20	R1×1
P2	10	30	3季	10	30	R2×1 R3×1
P3	10	40	4季	10	40	R1×1 R3×1 R4×1
P4	10	50	5季	10	50	P1×1 R1×1 R3×1

产品研发可以中断或终止，但不允许超前或集中投入，已投资的研发费不能回收。如果开发没有完成，"系统"将不允许企业开工生产。

（5）ISO资格认证。ISO资格认证表见表6-14。

表6-14   **ISO资格认证表**

ISO类型	研发费用（W/年）	年限	全部研发费用（W）
ISO 9000	10	2年	20
ISO 14000	20	2年	40

无需交维护费，中途停止使用，也可继续拥有资格并在以后年份使用。ISO认证，只有在第4季度末才可以操作。

（6）市场开拓。市场开拓信息表见表6-15、表6-16。

表6-15   **市场开拓信息表1**

市场	开拓费（W/年）	开拓年限	全部开拓费用（W）
本地	10	1年	10
区域	10	1年	10

表6-16   **市场开拓信息表2**

市场	开拓费（W/年）	开拓年限	全部开拓费用（W）
国内	10	2年	20
亚洲	10	3年	30
国际	10	4年	40

无需交维护费，中途停止使用，也可继续拥有资格并在以后年份使用。市场开拓，只有在第4季度才可以操作。若投资中断，则已投入的资金依然有效。

（7）原料。原料信息表见表6-17。

表6-17   **原料信息表**

名称	购买价格（W/个）	提前期
R1	10	1季
R2	10	1季
R3	10	2季
R4	10	2季

①没有下订单的原材料不能采购入库。

②所有预订的原材料到期后企业必须全额以现金购买。

③紧急采购时，原料是直接成本的2倍，即20W/个，在利润表中，直接成本仍然按照标准成本记录，紧急采购多付出的成本计入综合费用表中的"损失"项目。

（8）选单规则。

理论上，在一个回合中，每投放10W广告费将获得一次选单机会，此后每增加20W广告费就多一次选单机会。如：本地P1产品投入30W表示最多有2次选单机会，但是能否选到2次则取决于市场需求及竞争态势。如果投小于10W的广告费则无选单机会，但仍会扣除广告费，这对计算市场广告额有一定作用。广告投放可以不是10的倍数，如11W、13W，且投15W的企业比投13W或11W的企业优先选单。投放广告，只有裁判宣布的最晚时间，没有最早时间。即在系统里当年经营结束后即可马上投下一年的广告。

选单时首先以当年本市场本产品广告投放额大小顺序依次选单。如果两队在本市场、本产品中投放的广告费金额相同，则看本市场广告投放总额；如果本市场广告投放总额也相同，则看上年本市场销售排名情况来决定先后顺序；如仍无法决定，则先投广告者先选单。"第1年"无订单。选单时，两个市场同时开单，各队需要同时关注两个市场的选单进展，其中一个市场先结束，则第三个市场立即开单，即任何时候都会有两个市场同开（除非到最后只剩下一个市场选单未结束）。如某年有本地、区域、国内、亚洲四个市场有选单机会，系统中本地、区域同时放单，各市场按产品P1、P2、P3、P4的顺序独立放单，若本地市场选单结束，则国内市场立即开单，此时区域、国内两市场保持同开，紧接着区域结束选单，则亚洲市场立即放单，即国内、亚洲两市场同开。选单时各队需要点击相应的市场按钮（如"国内"），某一市场选单结束后，系统不会自动跳到其他市场，而需要手动操作。选单说明界面如图6-1所示。

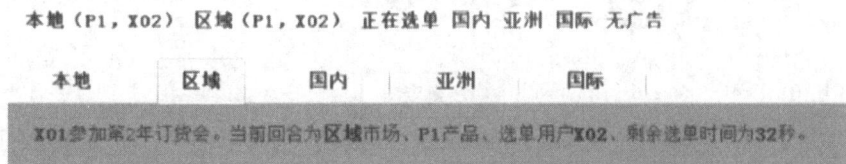

图6-1　选单说明界面

请注意：

①要在倒计时大于5秒时按下"确认"按钮，否则可能造成选单无效。

②在某细分市场（如本地P1）有多次选单机会，只要放弃一次，则视同放弃该细分市场中的所有选单机会。

③选单时各队两台电脑同时接入网络。

④本次比赛有"市场老大"。

选单界面如图6-2所示。

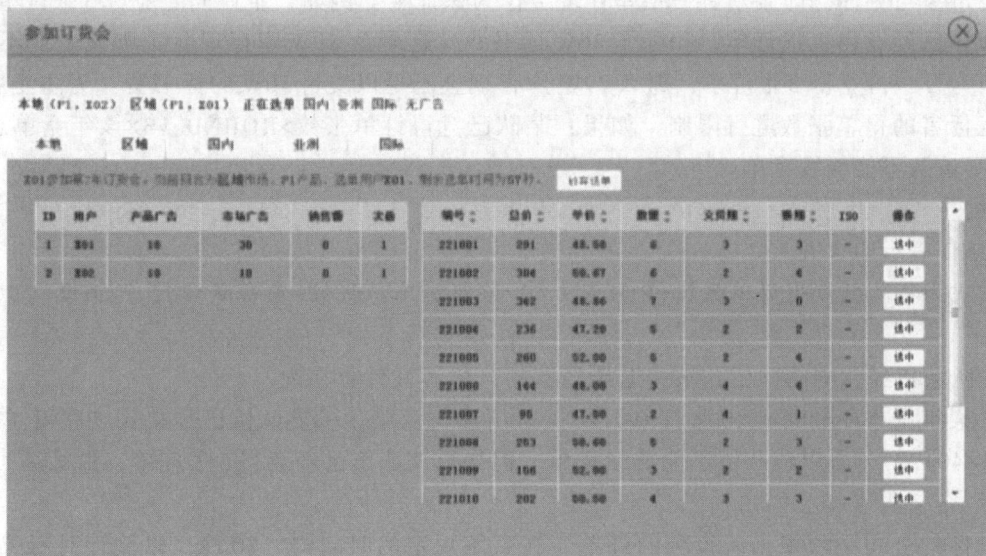

图6-2　选单界面

选择相应的订单，点"选中"按钮，系统将提示是否确认选中该订单，提示确定界面如图6-3所示。

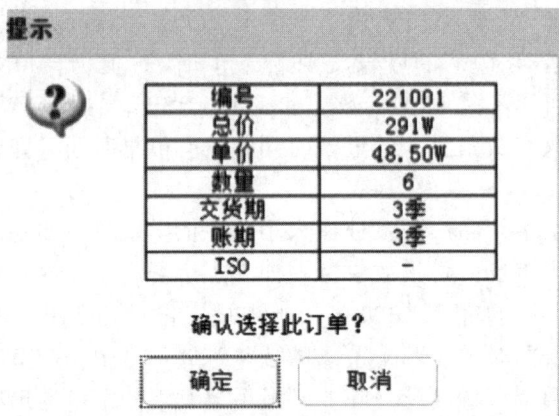

图6-3 提示确定界面

点"确定"按钮（注：出现确认框要在倒计时大于5秒期间按下"确定"按钮，否则可能造成选单无效），系统会提示成功获得订单，如图6-4所示。

图6-4 选单成功提示界面

（9）竞单会。（在第3年和第6年订货会后，召开竞单会。系统一次同时放出3张订单并同时展开竞拍，具体竞拍订单的信息将和市场预测图一起下发）

参与竞标的订单标明了订单编号、市场、产品、数量、ISO要求等，而总价、交货期、账期三项为空。竞标订单的相关要求说明如下：

①投标资质。

参与投标的公司需要具备相应的市场、ISO认证的资质，但不必具备生产资格。中标的公司须为该订单支付10W的标书费（计入广告费）。如果企业中（已竞得单数+本次同时竞单数）×10>现金余额，则不能再参与竞标。即必须有一定库存现金作为保证金。例如，企业同时竞标3张订单，其库存现金为59W，已经竞得3张订单，扣除了30W标书费，还剩余29W库存现金，则该企业不能继续参与竞单，因为万一再竞得3张订单，那么29W库存现金不足以支付30W的标书费。为防止恶意竞单，系统会对竞标者的得单张数进行限制，如果：某队已竞得订单张数>ROUND（3×该年竞单总张数÷参赛队数），则该队不能继续竞单。

请注意：

A.ROUND表示四舍五入。

B.如上式为某队已竞得订单张数=ROUND（3×该年竞单总张数÷参赛队数），则该队可以继续参与竞单。

C.参赛队数指经营中的队伍，破产退出经营的队伍不被计算在内。

例如，某年竞单环节共有40张订单，20支队伍参与竞单，一支队伍已经得到7张订单，因为7>ROUND（3×40÷20），所以该队伍不能继续竞单，但如果该队伍已经竞得6张订单，那么还可竞。

②投标。

参与投标的公司必须根据所投标的订单，在系统规定的时间内（90秒，以倒计时形式显示）填写总价、交货期、账期三项内容，确认提交后由系统排序，得分最高者中标，得分=100+（5-交货期）×2+应收账期−8×总价÷（该产品直接成本×数量）。如果得分相同，则先提交者中标。

请注意：

A.总价不能低于（但可以等于）成本价，也不能高于（但可以等于）成本价的3倍。

B.必须为竞单留足时间，如在倒计时小于等于5秒后再提交，则可能无效。

C.竞得订单与选中订单一样，必须计算市场销售额。

（10）订单违约。

订单必须在规定季度内或提前交货，应收账期从交货季开始算起。系统会自动收回应收款，不需要各队填写收回金额。

（11）取整规则（均精确到个位数）。

违约金（分别计算）扣除——四舍五入；库存拍卖所得现金——四舍五入；贴现费用——向上取整；扣税——四舍五入；长短期贷款利息——四舍五入。

（12）关于违约问题。

所有订单要求在本年度内完成（按订单上的产品数量和交货期交货）。如果订单没有完成，则企业应被视为违约，按下列条款加以处罚：

①分别按违约订单销售总额的20%（四舍五入，每张订单违约金分别计量）。

计算违约金，并在当年第4季度结束后扣除，违约金应被计入"损失"。例如，某队伍在以下2张订单中违约，缴纳的违约金分别为：146×20%=29.2W≈29W；162×20%=32.4W≈32W；合计为61W（29+32）。

②违约订单一律收回。

（13）重要参数。参数表见表6-18。

表6-18　　　　　　　　　　　**参数表**

违约金比例	20.0%	贷款额倍数	3倍
产品折价率	100.0%	原料折价率	80.0%
长期贷款利率	10.0%	短期贷款利率	5.0%
1、2期贴现率	10.0%	3、4期贴现率	12.5%
初始现金	700W	管理费	10W
信息费	1W	所得税税率	25.0%
最大长期贷款年限	5年	最小得单广告额	10W
原料紧急采购倍数	2倍	产品紧急采购倍数	3倍
选单时间	45秒	首位选单补时	15秒
市场同开数量	2个	市场老大	有
竞单时间	90秒	竞单同竞数	3个
最大厂房数量	4个		

请注意：

①每个市场、每种产品在选单时：第一支队伍选单时间为60秒，自第二支队伍起，选单时间设为45秒。

②初始资金为700W。

③每支队伍的信息费为1W/次，支付1W的费用即可以查看一家企业的经营信息，交费企业以Excel表格的形式获得被查看企业的详细信息。竞单会期间企业无法使用间谍功能。

（14）竞赛排名。

6年经营结束后，将根据各队的总成绩进行排名，分数高者排名在前。

总成绩 = 所有者权益 ×（1 + 企业综合发展潜力/100）- 罚分

企业综合发展潜力系数表见表6-19。

表6-19　　　　　　　　　　　　　　　　　综合发展潜力系数表

项目	综合发展潜力系数
超级手工线	+10/条
自动线	+8/条
柔性线	+10/条
本地市场开发	+7
区域市场开发	+7
国内市场开发	+8
亚洲市场开发	+9
国际市场开发	+10
ISO 9000	+8
ISO 14000	+10
P1产品开发	+7
P2产品开发	+8
P3产品开发	+9
P4产品开发	+10
大厂房	+10/个
中厂房	+8/个
小厂房	+7/个

请注意：

①如有若干队分数相同，则参照各队"第6年"经营结束后的最终权益进行排名，权益高者排名在前。若经营结束后的最终权益仍相等，则参照"第6年"经营结束时的先后顺序，先结束"第6年"经营的队伍排名在前。

②生产线建成即加分（"第6年"年末支付设备维护费的生产线才算建成），无须生产出产品，也无须有在产品，租赁线无加分。

（15）罚分细则。

①运行超时扣分。

运行超时的情况有两种：一是指不能在规定时间完成广告投放（可提前投广告）；二是指不能在规定时间内完成当年经营（以点击系统中"当年结束"按钮并进行确认为准）。

处罚：按总分50分/分钟（不满1分钟按1分钟计算）罚分，最多不能超过10分钟。如果某队伍超时10分钟后还不能完成相应的操作，则将被取消参赛资格。

请注意：投放广告时间、完成经营时间及提交报表时间系统均会记录，作为扣分依据。

②比赛需要摆放物理盘面，摆盘情况由裁判每年结束时，随机抽取队伍进行核对，发现错误后予以扣分。如果经裁判核实后发现摆盘错误，则扣200分/次，但不接受各队举报！

③其他违规扣分。

在运行过程中下列情况属于违规：

A.对裁判正确的判罚不服从。

B.其他严重影响比赛正常进行的活动。

有以上行为者,视情节轻重,在"第6年"经营结束后扣除该队总得分的500~2 000分。

④所有罚分在"第6年"经营结束后计算总成绩时一起扣除。

(16)破产处理。

当参赛队权益为负(指当年结束系统生成资产负债表时为负)或现金断流时(权益和现金可以为零),即相当于企业破产。参赛队破产后,直接退出比赛。

5.其他说明

(1)本次比赛中,各企业之间不允许进行任何交易,包括现金及应收款的流通,原材料、产成品的买卖等。

(2)企业每年的运营时间为1个小时(不含选单时间,"第1年"运营时间为40分钟),如果发生特殊情况,经裁判组同意后可进行适当调整。

(3)比赛过程中,学生端必须启动录屏软件,全程录制经营过程,把每一年的经营录制成一个独立的文件。一旦发生问题,裁判应以录屏结果为证,裁决争议。如果擅自停止录屏,则按教师端服务器系统的实际运行状态执行。录屏软件由各队在比赛前安装完成,并提前学会如何使用。

(4)比赛期间,各队自带笔记本,允许使用自制的计算工具,但每组笔记本均不允许连入外网,违者直接取消比赛资格。

(5)每一年投放广告结束后,系统将给各队伍3分钟的时间观看各队伍广告单;每一年经营结束后,裁判将公布各队伍综合费用表、利润表、资产负债表。

(6)比赛时用便签写数字代替教具在手工沙盘上进行摆盘。

(7)本规则解释权归大赛裁判组所有。

二、本科组市场数据

1.市场预测数据

本科组的均价表、需求量表、订单数量表,分别见表6-20、表6-21、表6-22。

表6-20 　　　　　　　　　　　　　　　　　均价表 　　　　　　　　　　　　　单位:W

年份	市场	P1	P2	P3	P4
第2年	本地	51.52	71.10	87.10	129.25
	区域	50.98	70.92	87.19	128.88
第3年	本地	50.88	70.52	82.23	130.64
	区域	51.06	70.49	82.15	131.09
	国内	48.48	68.79	0	131.82
第4年	本地	49.7	71.30	89.43	134.55
	区域	49.93	71.16	90.36	134.70
	国内	48.65	70.85	0	134.63
	亚洲	0	72.52	89.98	0
第5年	本地	51.87	68.86	81.71	129.44
	区域	51.76	68.70	80.72	128.83
	国内	51.52	69.30	0	128.08
	亚洲	0	71.54	82.10	0
	国际	0	0	89.59	135.82
第6年	本地	51.36	70.06	87.21	128.79
	区域	51.13	0	86.50	127.92
	国内	50.11	69.38	0	128.06
	亚洲	0	71.07	86.19	0
	国际	0	0	91.85	134.00

表6-21 需求量表 单位：个

年份	市场	P1	P2	P3	P4
第2年	本地	61	40	29	24
	区域	49	36	26	25
第3年	本地	14	13	10	9
	区域	13	12	9	8
	国内	15	13	0	10
第4年	本地	14	13	10	8
	区域	12	12	9	8
	国内	12	11	0	10
	亚洲	0	9	12	0
第5年	本地	52	35	31	25
	区域	50	33	25	23
	国内	48	30	0	26
	亚洲	0	24	30	0
	国际	0	0	22	22
第6年	本地	53	33	29	29
	区域	46	0	28	26
	国内	45	32	0	31
	亚洲	0	27	36	0
	国际	0	0	27	20

表6-22 订单数量表 单位：个

年份	市场	P1	P2	P3	P4
第2年	本地	14	13	10	9
	区域	12	12	9	9
第3年	本地	13	12	12	7
	区域	11	13	12	7
	国内	11	11	11	7
第4年	本地	12	10	11	10
	区域	10	11	12	8
	国内	11	9	10	7
	亚洲	10	10	9	7
第5年	本地	13	12	11	9
	区域	12	11	9	8
	国内	11	10	0	9
	亚洲	0	8	11	0
	国际	0	0	8	7
第6年	本地	12	11	10	9
	区域	11	0	10	8
	国内	10	11	0	10
	亚洲	0	9	12	0
	国际	0	0	9	7

注：以上数据不包括"第3年""第6年"的竞单数据。

2.竞单数据

本科组的竞单数据表见表6-23。

表6-23 **竞单数据表** 单位：个

年份	单号	市场	产品	数量	ISO
第3年	3J01	本地	P1	3	—
	3J02	本地	P2	4	—
	3J03	本地	P3	2	—
	3J04	本地	P4	3	ISO 9000
	3J08	区域	P2	3	ISO 9000
	3J09	区域	P2	5	—
	3J10	区域	P3	3	—
	3J11	区域	P3	4	—
	3J12	区域	P4	4	ISO 9000
	3J14	国内	P1	4	ISO 9000
	3J15	国内	P2	2	ISO 9000
	3J16	国内	P3	3	—
	3J17	国内	P4	3	—
第6年	6J01	本地	P1	4	—
	6J02	本地	P2	2	—
	6J03	本地	P3	3	ISO 14000
	6J04	本地	P4	3	—
	6J05	区域	P2	6	—
	6J06	区域	P3	4	ISO 9000、ISO 14000
	6J07	区域	P4	2	—
	6J09	国内	P1	3	—
	6J10	国内	P2	4	—
	6J11	国内	P4	4	—
	6J13	亚洲	P2	4	—
	6J14	亚洲	P3	5	—
	6J16	国际	P1	10	ISO 9000、ISO 14000
	6J17	国际	P4	6	—

三、高职组市场数据

1.市场预测数据

高职组的均价表、需求量表、订单数量表，分别见表6-24、表6-25、表6-26。

表6-24　　　　　　　　　　　　　　　　　　**均价表**　　　　　　　　　　　　　　　　　　单位：W

年份	市场	P1	P2	P3	P4
第2年	本地	50.80	72.83	91.54	131.94
	区域	51.22	70.60	88.00	134.06
第3年	本地	52.77	70.74	88.55	128.94
	区域	51.14	69.63	91.27	128.93
	国内	49.80	67.83	91.29	123.37
第4年	本地	50.76	71.58	91.59	124.79
	区域	51.64	71.35	91.93	130.00
	国内	49.57	71.00	91.96	120.95
	亚洲	50.59	72.12	91.48	130.76
第5年	本地	49.71	70.19	92.65	127.43
	区域	51.41	72.87	87.00	133.81
	国内	49.76	71.17	92.21	121.67
	亚洲	52.21	70.35	90.77	125.32
	国际	51.13	71.62	90.77	123.56
第6年	本地	50.86	71.44	92.26	123.47
	区域	49.00	70.21	90.07	124.94
	国内	51.03	74.52	91.38	123.10
	亚洲	50.50	70.48	92.67	127.48
	国际	51.29	69.86	89.41	123.42

表6-25　　　　　　　　　　　　　　　　　　**需求量表**　　　　　　　　　　　　　　　　　　单位：个

年份	市场	P1	P2	P3	P4
第2年	本地	30	30	28	17
	区域	27	20	23	17
第3年	本地	31	27	29	18
	区域	28	35	30	14
	国内	30	29	28	19
第4年	本地	34	24	22	24
	区域	22	26	30	23
	国内	23	22	27	19
	亚洲	29	26	21	17
第5年	本地	24	21	23	21
	区域	27	23	17	16
	国内	21	29	19	15
	亚洲	24	26	22	22
	国际	23	26	26	25
第6年	本地	28	27	34	19
	区域	22	29	29	16
	国内	29	27	21	20
	亚洲	30	27	18	25
	国际	24	22	29	26

表 6-26　　　　　　　　　　　　　　　　　**订单数量表**　　　　　　　　　　　　　　　　单位：个

年份	市场	P1	P2	P3	P4
第2年	本地	12	11	10	8
	区域	11	8	9	8
第3年	本地	13	12	12	7
	区域	11	13	12	7
	国内	11	11	11	7
第4年	本地	12	10	11	10
	区域	10	11	12	8
	国内	11	9	10	7
	亚洲	10	10	9	7
第5年	本地	9	9	10	9
	区域	10	9	9	8
	国内	11	11	8	7
	亚洲	10	10	9	9
	国际	11	11	10	9
第6年	本地	12	9	10	9
	区域	9	10	12	9
	国内	10	9	10	8
	亚洲	11	8	8	8
	国际	10	9	12	10

2. 竞单数据

高职组的竞单数据表，见表 6-27。

表 6-27　　　　　　　　　　　　　　　　　**竞单数据表**　　　　　　　　　　　　　　　　单位：个

年份	单号	市场	产品	数量	ISO
第3年	3J01	本地	P1	3	ISO 9000
	3J02	本地	P2	3	ISO 14000
	3J03	本地	P4	2	—
	3J04	区域	P2	4	ISO 14000
	3J05	区域	P3	3	ISO 9000
	3J06	国内	P3	4	ISO 9000
	3J07	国内	P3	2	ISO 14000
	3J08	国内	P4	2	ISO 9000
第6年	6J09	区域	P1	3	—
	6J10	区域	P1	1	ISO 9000、ISO 14000
	6J11	国内	P2	6	ISO 9000
	6J12	本地	P2	5	ISO 9000
	6J13	区域	P2	4	—
	6J14	国内	P2	3	ISO 9000、ISO 14000
	6J15	亚洲	P3	5	—
	6J16	国内	P3	3	ISO 14000
	6J17	亚洲	P3	3	—
	6J18	区域	P3	2	ISO 9000
	6J19	国内	P3	2	ISO 9000
	6J20	国际	P4	5	ISO 14000
	6J21	国内	P4	3	ISO 14000
	6J22	亚洲	P4	3	ISO 9000、ISO 14000

四、本科组第一名经营数据（三表）

内蒙古地区本科组第一名的综合费用表见表6-28，利润表（简表）见表6-29，资产负债表（简表）见表6-30。

表6-28　　　　　　　　　　　　　　　　　综合费用表　　　　　　　　　　　　　　　　单位：W

年度	第1年	第2年	第3年	第4年	第5年	第6年
类型	系统	系统	系统	系统	系统	系统
管理费	40	40	40	40	40	40
广告费	0	88	98	145	202	302
设备维护费	25	85	85	220	320	320
转产费	0	0	0	0	0	0
租金	40	40	120	120	0	0
市场准入开拓费	50	30	20	10	0	0
产品研发费	60	10	40	10	20	0
ISO认证资格费	30	30	0	0	0	0
信息费	0	0	0	0	1	0
其他	0	0	0	85	0	532
合计	245	323	403	630	583	1 194

表6-29　　　　　　　　　　　　　　　　　利润表（简表）　　　　　　　　　　　　　　单位：W

年度	第1年	第2年	第3年	第4年	第5年	第6年
类型	系统	系统	系统	系统	系统	系统
销售收入	0	1 058	1 913	2 628	3 721	6 086
直接成本	0	440	800	1 090	1 590	2 390
毛利	0	618	1 113	1 538	2 131	3 696
综合管理费用	245	323	403	630	583	1 194
折旧前利润	−245	295	710	908	1 548	2 502
折旧	0	50	140	90	330	530
支付利息前利润	−245	245	570	818	1 218	1 972
财务费用	0	58	71	189	182	283
税前利润	−245	187	499	629	1 036	1 689
所得税	0	0	110	157	259	422
净利润	−245	187	389	472	777	1 267

表 6-30　　　　　　　　　　　　　　　资产负债表（简表）　　　　　　　　　　　　　　单位：W

年度	第1年	第2年	第3年	第4年	第5年	第6年
类型	系统	系统	系统	系统	系统	系统
库存现金	88	432	199	480	1 063	4 174
应收款	0	0	813	1 293	1 455	3 105
在产品	100	220	220	410	560	0
产成品	0	120	0	100	60	0
原材料	0	0	0	100	0	320
流动资产合计	188	772	1 232	2 383	3 138	7 599
土地和建筑	400	400	400	400	1 600	1 600
机器与设备	175	575	435	1 470	2 140	1 610
在建工程	450	0	1 000	500	0	0
固定资产合计	1 025	975	1 835	2 370	3 740	3 210
资产总计	1 213	1 747	3 067	4 753	6 878	10 809
长期负债	0	0	0	574	1 364	3 865
短期负债	758	1 105	1 926	2 519	2 975	2 975
特别贷款				0	0	0
应缴税费	0	0	110	157	259	422
负债合计	758	1 105	2 036	3 250	4 598	7 262
股东资本	700	700	700	700	700	700
利润留存	0	−245	−58	331	803	1 580
年度净利润	−245	187	389	472	777	1 267
所有者权益合计	455	642	1 031	1 503	2 280	3 547
负债和所有者权益总计	1 213	1 747	3 067	4 753	6 878	10 809

五、本科组第一名比赛分析

“新道杯”内蒙古赛区决赛总结

　　在本次区赛中，我所在的队伍采取了相对保守的方案，结果就是前3年一直被竞争对手压制，“第4年”实现反超，但是，由于前期的一些意外拖慢了建线的节奏，导致“第4年”拆线慢，“第5年”被超过，直到在“第6年”做出了一些专门的对策，才最终反败为胜。

　　1.方案策略

　　在此次比赛中我们的方案是：开局（“第1年”）产品选择产品P1、P3，都从第1季度开始研发。生产线选择3条自动线生产P3产品和5条手工线生产P1产品，自动生产线第2季度开始建设，手工生产线第3季度开始建设。厂房方面我们选择买一个大厂房和租一个大厂房。“第1年”综合费用245W，即年度净利润为−245W，所有者权益为455W（注：本次比赛初始资金为700W）。分析市场预测可以估计，“第2年”我们的10个P1产品、9个P3产品可以全部清仓，这样“第2年”的权益在700W以上，可以选择在第2年增加生产线，以后年度是否增加生产线就看具体经营状况了，产品选择根据对手的选择来决定。

2.经营过程

"第1年"没有出现失误,按照我们的预算进行。

"第2年"出现了意外状况。比赛会务手册中写明了规则:在一个回合中,企业每投放10W广告费理论上将获得一次选单机会,此后每增加10W广告费理论上会多一次选单机会(大家都知道在我们平时训练的时候,10W广告费起步,每增加20W广告费理论上会多一次选单机会)。在计划中P1产品需要拿3个订单,P3产品需要拿3个订单。市场预测显示本地P1产品有14个订单,P3产品有10个订单,区域有12个P1产品的订单,P3产品有9个订单(我们所在的本科组有7支队伍),这意味着P1产品我们只要广告额达到二次选单标准就肯定有二次选单机会,对于P3产品,我们猜测不可能所有组都一开始就选择研发P3产品,或者做最坏的打算——即使所有组都选择研发P3产品,如果我们在一个市场内投20W以上的广告费并且排在第三,就可以有第二次选单机会。我们的广告是这样投放的:本地P1产品:20W、P3产品:26W;区域P1产品:16W、P3产品:26W。在选单的时候,我们发现投20W以上广告费只有一次选单机会,最终我们卖了10个P1产品、6个P3产品。事实上只有4支队伍生产P3产品,这意味着我们的决策和推断是没问题的,如果不是对规则的误解,我们有可能实现产品清仓。

"第3年"没有失误,产品全部清仓,由于"第2年"有3个P3产品的库存,所以"第3年"我们卖了10个P1产品和15个P3产品,而且订单账期较短,"第3年"有大量的资金,所以我们在"第3年"上了8条生产线,包括当年第2季新建的4条自动线,其中3条用于生产P4产品、1条用于生产P1产品,当年第3季新建了4条自动线,其中2条用于生产P3产品、2条用于生产P1产品。这样安排是因为新建的P4产品自动线在"第4年"第1季开始生产,在"第4年"第1季刚好手工线产出5个P1产品,可以供应第1季度的P4产品生产线生产,此时有2个P1产品,新建好的1条P1产品自动线开始生产,同时手工线用于生产P3产品;在"第4年"第2季,3条P4产品生产线继续生产,有第1季剩余的2个P1产品和第1季投产、第2季出产品的1个P1产品,总计3个P1产品刚好供应给生产P4产品的生产线,此时又有2条P1产品的自动线被建好开始生产,从下一季度开始,3条P1产品生产线可以同步供应3条P4产品生产线。

"第4年",按照计划,5条手工线在第1季度由生产P1产品转成生产P3产品,这样企业"第4年"的产能是21个P3产品、9个P4产品。在拿订单的时候拿了18个P3产品和9个P4产品的订单,这样做等于积压了3个P3产品。但是在实际经营的过程中,我们忘记了在当年第1季度按照计划转产,导致积压了5个P1产品,而且有一个数量为2的P3产品订单产生了违约金(35W),这直接导致"第4年"权益少增加30W。间接的影响是:卖5个P3产品和5个P1产品的区别,从市场预测来估计(按平均价格),P1产品的平均价格为50W,P3产品的平均价格为90W,减去成本,P1产品的利润为30W,P3产品的利润为50W,所以利润少了100W,由于P3产品的市场比P1产品小,同样是卖5个产品,卖P3产品需要多投10W,所以转产P3产品比不转产P3产品少90W的利润,考虑到所得税税率为25%,则净利润少了67W,即权益少了67W。在第3季我们选择把5条手工线拆了,然后新建了5条柔性生产线。

"第5年"正常经营,没有做什么变动,在第3、第4季度我们多下了原料订单,以保证"第6年"选单的灵活性,5条柔性线可以随时转产。

"第6年",为了提高利润,我们决定第4季不进行生产,所以我们可以多卖3个P1产品。在投广告的时候我们本着尽可能多地卖产品的目的去投放广告,当然也留了点产品去参与竞拍会,目的是不能让对手在竞拍会上拿到利润特别丰厚的订单。在参与竞拍会的过程中我们发现,对手都比较贪心,设置的价格几乎接近最高价(成本的3倍),所以我们在竞拍的时候以不亏本为原则。举例:如果我们有1个P1产品,订单需要3个,我需要紧急采购2个(花费120W),竞拍订单需要10W,我们的总成本是150W,则我们的出价范围是150W~180W。出合理的价格就可以阻止对手竞拍成功,而且自己不用亏本。

3.经营分析

虽然在本区赛中拿了第一名，但是感觉运气成分挺大的，特别是在"第6年"的竞拍会上，我们获得了很大的优势。这次所采用的方案最大的优点就是稳，在"第2年"我们在积压了3个P3产品的情况下还能经营得很好，这是其他大产能方案所不能相比的。从经营的过程以及结果来看，这个方案的问题有很多：

（1）产品组成。

本方案采取的是P1产品和P3产品组合开局，在经营的过程中发现，生产P3产品的队伍特别多，而以生产P2产品作为开局的只有一支队伍，在本次比赛中，生产P2产品的利润是很可观的，生产2个P2产品可以稳稳地压过生产P4产品产生的利润，在前期只生产P2产品的那支队伍生存得很好，没有竞争，还可以获得很高的利润，这也是他们前期一直领先的原因，其建线的速度也快过其他队伍。没有生产P2产品不仅仅使自己前期没有获得很好的利润，还会让对手十分轻松。

（2）产能小。

通过市场预测并观察选单结果，可以发现大家的产能普遍偏小，导致市场中很多订单都被浪费掉了，就像生产P4产品的产能太小，为了保证低成本，企业每次只能投很少的广告费去获得一个利润差不多的订单。

（3）灵活性不足。

由于前期的一些问题导致企业建生产线的速度变慢，资金不是很充足，为了赶时间和迅速提高产能，我们选择了灵活性很差的自动生产线，这样做的缺点是没法转产。这导致我们后期在选择订单方面很吃力，往往因为一个产品的交货期临近而错失利润很高的订单，而且我们的产品组成以及产能可以被对手轻易预测，以至于需要投入较多的广告费用与对手竞争，并且要随时提防竞争对手的阻击。特别是通过固定的生产线生产产品，在"第3年"和"第6年"的竞拍会上特别吃亏，只要对手下点儿功夫，就可以知道我们有多少产品需要竞拍，那样就会更方便对手对我们做出有效的阻击。

4.总结

正所谓"沙场如战场"，在沙盘比赛的较量中，成功的方案也需要天时、地利、人和。我认为，沙盘比赛、训练赛中的每一个成功方案都是独特的，它适用于当时的赛场环境，但是在其他的环境中则不一定适用。每一次成功都是不可复制的，因此面对优秀的方案，我们应当分析它的策略，而不应该一味效仿。

韩啸

内蒙古财经大学

指导教师点评：

沙盘模拟经营比赛，通过高强度的企业运营和决策分析，提高了学生的分析和决策能力。在本次比赛中，这支参赛队伍犯了比较多的错误，面临了较多的经营困难，但参赛学生在平时的学习和练习中，具备了较高的企业运营能力和分析决策能力，因此能够在逆境中找到解决问题的办法，并准确地抓住市场机会。

育人育德

根据《史记·货殖列传》中的记述，卓氏本是赵国人，秦灭赵，卓氏举家被迁入蜀。当时可供选择的居住地有两处，一是广汉郡，一是临邛郡。广汉郡离赵地较近，当时多数被迁之家皆争着前往，而卓氏自请远迁至临邛，因为他早已了解到临邛"民工于市，易贾"，并且可冶铁铸钱。卓氏至临邛，"即铁山鼓铸"重操旧业，很快便成为闻名全国的大冶铁商。

明末传奇小说《万倍利》描写浙江商人徐奇，以贩漆为生计，本来准备贩漆至襄阳，途中听说南京紧缺漆，立即改变主意，转赴南京贩漆，果然销路甚好，尽获厚利。

《太函集》中记述，"古之货殖者，必因天时，乘地利，务转毂与时逐，毋系一隅"（卷五十一）。

"与时逐息"，是古代商人常用的经营策略，指通过对市场信息的调查，及时根据市场的需求调整经营方向以获取高额利润。

请根据上述有关中国古代经营智慧的例子展开讨论，如何在模拟企业经营沙盘运营时制定和实施恰当的战略。

资料来源：佚名．我国古代经商奇术与经商赚钱奇才［EB/OL］．［2019-01-04］．https：//wenku.baidu.com/view/536f8835cf1755270722192e453610661ed95a91.html.有变动．

第1节　实训平台与实训程序

一、实训平台

本实训环节采用新商战沙盘和云财务软件作为实训平台。

新商战沙盘主要是提供业务活动场景，各家模拟企业通过市场竞单获取销售订单，通过新商战沙盘实现模拟企业的原料采购、材料入库、生产制造、产成品入库、对外销售、现金回款等业务活动。

云财务软件主要对人、财、物、供、产、销的业务活动进行财务核算，首先进行期初建账，然后根据每一项业务活动，制作记账凭证，进行凭证审核、登入账簿、期末结转、报表编制等程序，实现业务活动的会计记录。可以实现上述功能的云财务软件除了用友、金蝶等软件外，还有"四方""A9""管家婆"等财务软件，尤其是"柠檬云财务""华夏云财务""诺诺云记账"等云财务软件可以免费使用。

云财务软件的功能主要包括：

①主菜单，包括首页、凭证、出纳、发票、工资、固定资产、期末结转、账簿、报表、税务和设置。

②常用功能，包括查看凭证、科目余额表、资产负债表、利润表。

③新增凭证，并显示新增凭证的进度，若当前期间已完成损益凭证，则软件会显示当前凭证已完成；若账套开启的期间有未完成损益凭证的月份，则显示该月份的凭证未完成，可以点击查看详情，进入期末结转模块，自动生成结转凭证。

④显示当前期间的财务指标。

经过简单的注册与登录，可以使用这一类软件，通过该软件，可以把新商战模拟企业沙盘的业务活动进行会计核算与分析，实现购销存业务管理、会计核算和财务管理的业财融合一体化管理，即随着模拟企业的采购、生产、销售业务活动的进行，云财务软件能够根据业务活动实时生成记账凭证，传递到财务系统，信息资源充分共享，各业务部门能够第一时间获得相关信息，实现了事中控制，为模拟企业管理者提供经营决策的预测、控制和分析手段。

除上述实训平台外，学生还要利用 Excel 软件进行财务分析与预算编制的实训，针对财务软件产生的会计报表信息，学生选择恰当的财务指标和财务分析方法，利用 Excel 软件自主进行财务分析，并写出相应的财务分析报告。同时，利用财务报表数据和财务分析的结论，学生还需设计相应的全面预算表格，并把数据填入全面预算表格中。

通过上述实训过程，学生不仅能够模拟企业运营的业务活动，还可以将财务分析与决策融入业务活动中，从而达到业财融合的财务实训目的。

二、实训程序

实训的主要目的是培养和检验学生将理论知识和实务相结合的能力，通过本实训环节，可以强化学生对企业的感性认识，获得会计理论、管理知识和信息技术的融合能力，提高综合分析问题、解决问题的能力，增强实务操作技能，培养学生的团队合作精神，提高学生的执业水平。

为了实现上述目标，本环节实训必须遵循一定的实训程序，保障实训有效进行。

（1）实训之前，充分了解会计主体——模拟企业的基本情况、会计核算制度和管理要求，充分掌握企业业务活动规则，即本教材第2章的内容。

（2）根据自主实习的模式，明确自己的岗位与岗位工作职责，团队内部进行充分沟通，搭建企业运营机制。

（3）分析模拟企业市场环境，确定模拟企业经营战略，根据与其他企业之间的竞单情况开展年度经营活动与会计核算，做好本年度的财务分析和下一年度的全面预算，在此过程中，企业内审人员应作好财务审计工作，保证信息的有效性。

（4）将机内凭证、账簿、报表打印或图片输出保管。

（5）撰写实训报告。

（6）实习结束后，指导教师根据学生实训表现，根据他们分析问题、解决问题的能力和实训报告质量评定成绩。

本实训环节适用于会计类专业高年级和会计专硕（MPAcc）学生，学生应在对新商战沙盘规则有较深入了解的基础上进行实训。

第2节　业务与财务脱节的表现

企业的业务活动与财务脱节在企业中普遍存在，导致财务工作在企业中的重要性下降，制约了企业管理者的决策有效性。

一、销售管理方面

企业每个经营周期都要通过投入广告费的方式参加订货，争取客户订单，然后根据订单需求、产能情况安排采购与生产，从而保证能够按订单时间完成订单，在满足市场需求的同时为企业股东创造价值。如果企业不能够按照客户要求的交货期交付产品，则要承受相应的延迟交货罚款，给企业带来信誉和财务上的损失。销售业务存在的主要问题有：

（1）交货延迟现象时有发生。

生产计划、采购计划不能与销售计划实现平衡，导致发生延迟交货的现象，客户满意度下降，出现这种现象的主要原因是管理人员没有对产供销进行合理的规划。

（2）无法掌握准确的可承诺量。

由于销售部门没有获取企业的产能状况、原材料状况等信息，在订货会选单时，无法掌握企业未来一年内可以承接的订单量，导致企业承接订单过多（导致违约）或过少（失去销售机会）。

（3）销售计划无法快速调整并与生产衔接。

（4）没有掌握销售订单的执行情况。

（5）对于销售人员业绩缺乏有效的考核手段。

（6）信用管理不够全面，应收账款居高不下。

二、库存管理方面

困扰企业库管部门的问题主要有：

（1）出入库效率低下，出错率高。

（2）账实不符，原因难以查找。

出现这两个问题的主要原因是企业没有设置库存台账，入库和出库流程混乱。

三、采购管理方面

供应部门主要是为产品生产提供原料，其任务是及时保证生产供应，降低库存量。采购计划制订得不准确、不及时，会导致原材料的短缺与库存积压。库存积压会增加公司的仓储成本、原材料损耗成本等负担，更严重的是资金占用；原材料短缺会直接导致企业生产中断，造成交货不及时和停工待料等问题。具体来说，企业采购管理方面的问题主要有：

（1）不能及时、适量。

企业采购缺乏计划指导，经常根据订单紧急采购，一方面使缺货的情况经常发生，另一方面也易导致部分原材料严重积压。

（2）不能适价、适质。

企业采购活动不规范，采购漏洞较多，采购成本居高不下，供货质量难以保证。

（3）对供应商没有进行规范管理。

供应商资料分散于采购人员手中，不利于信息透明和信息公开，容易产生舞弊行为。企业不了解供应商催交货款的账期、账龄、付款条件和付款方式，就不能有效利用有限的采购资金。

四、生产管理方面

大部分企业是以销售为源头推动企业的生产、采购业务，形成有效集成的企业内部供应链条，快速满足客户需要。但是，现实中很多企业无法实现这一目标，主要原因有：

（1）生产与采购计划难以与销售计划保持一致。

（2）生产与采购计划编制工作周期长，缺乏预测性。

（3）停工待料时有发生，生产不均衡，产能不能得到充分利用，增加了成本。

五、财务管理方面

（1）出纳工作强度大，会计信息准确率低。

（2）没有摆脱事后记账、算账、报账，无法实现实时业务监控。

（3）没有精确分析和控制成本。

（4）没有准确预测资金收支情况。

（5）财务部门提供的财务分析报告可理解性差，分析不全面、不成体系，决策有用性低。

（6）没有建立全面预算体系和内部审计制度，企业内部治理存在缺陷。

综上所述，由于较多企业存在业务与财务相脱节的情况，所以，本教材通过基于业务与财务相融合的实训，培养学生具备基于业财融合的财务与会计能力，提高学生的专业能力，以更好地适应企业应用场景。

第3节　业务活动账务处理

一、案例企业简介

A公司是一个创业型企业，股东初始以现金方式出资 800 万元（800W），除此之外，企业没有其他资产或负债。企业的管理者主要有 5 人，分别担任总经理、财务总监、生产总监、供应总监、销售总监，根据需要，可以再设置相关岗位及人员。企业的战略是：在 P 系列产品市场上具有一定的影响力，保证企业持续发展，最终为股东创造价值。

二、期初建账

期初建账是因为之前没有会计账可沿用，所以才有了建账的问题。本案例中的 A 公司作为一家新成立的创业型企业，必须进行期初建账才能开展后续的账务处理工作，建账应遵循会计恒等式：资产=负债+所有者权益。

1.创建账套

进入云财务软件，点击左上角"新增账套"，在弹出的窗口中填入或选择相应项目，如图 7-1 所示，需要注意的是，为了简化核算过程，也为了适应案例企业是一个创业型企业的设定，本课程选择遵循小企业会计准则。

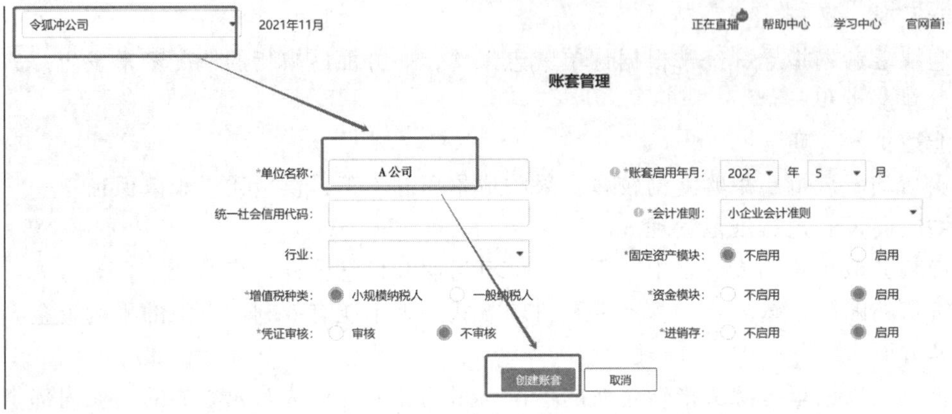

图 7-1 账套管理页面

2.辅助核算设置

辅助核算是对账务处理的一种补充，以适应企业管理和决策的需要，一般通过核算项目来实现，通常设置的辅助核算包括数量核算、外币核算、部门核算、项目核算等。在云财务软件中点击左侧操作导航"设置""辅助核算"进行相应辅助核算。

（1）客户辅助核算

点击"客户"进入客户辅助核算设置页面，根据A公司实际情况录入相应数据，如图7-2所示。

图 7-2 客户辅助核算设置页面

（2）供应商辅助核算

点击"供应商"进入供应商辅助核算设置页面，根据A公司实际情况录入相应数据，如图7-3所示。

图 7-3 供应商辅助核算设置页面

（3）职员辅助核算

点击"职员"进入职员辅助核算设置页面，根据A公司实际情况录入相应数据，如图7-4所示。

图 7-4 职员辅助核算设置页面

（4）部门辅助核算

点击"部门"进入部门辅助核算设置页面，根据A公司实际情况录入相应数据，如图7-5所示。

图 7-5 部门辅助核算设置页面

3.股东初始出资入账

A公司期初，股东以现金方式出资800万元（800W），在新商战沙盘系统信息区可以查到，因此期初建账后，须填制股东出资的会计凭证，会计分录为：

借：银行借款　　　　　　　　　　　　　　　　　　　　　　　　　800万

　　贷：实收资本　　　　　　　　　　　　　　　　　　　　　　　　800万

上述业务在云财务软件中需要填制记账凭证，在云财务软件中点击左侧操作导航"凭证"—"新增凭证"，在页面中填入会计分录，如图7-6所示。

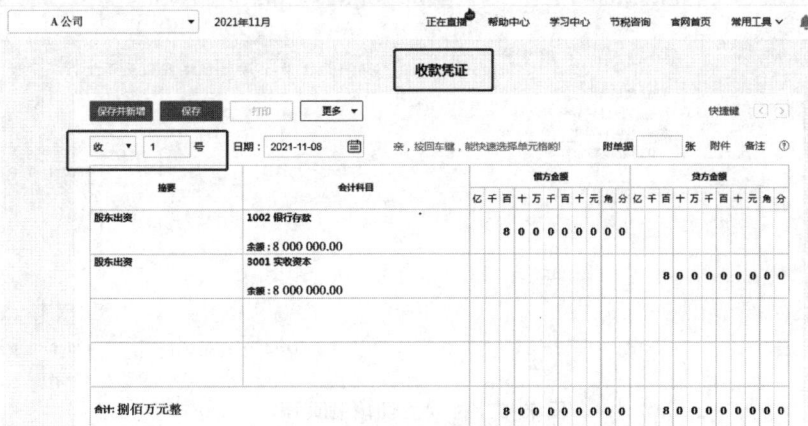

图 7-6 收款凭证填制页面 1

三、日常经营活动账务处理

在新商战沙盘系统中，模拟企业日常经营活动涉及财务融资、厂房设备获取、产品生产、原料采购、产品销售等，针对上述日常经营活动，本教材选择模拟企业具有代表性的业务进行会计处理讲解。

1.债务融资

股东出资已难以满足需要，为了扩大经营，A公司在第2年向银行借款1 250万元（1 250W），A公司除在新商战沙盘中进行相应业务操作外，还应相应在云财务软件中进行账务处理，在云财务软件中点击左侧操作导航"凭证"—"新增凭证"，在页面中填入会计分录，如图7-7所示。债务融资到期还本时，做相反会计分录。

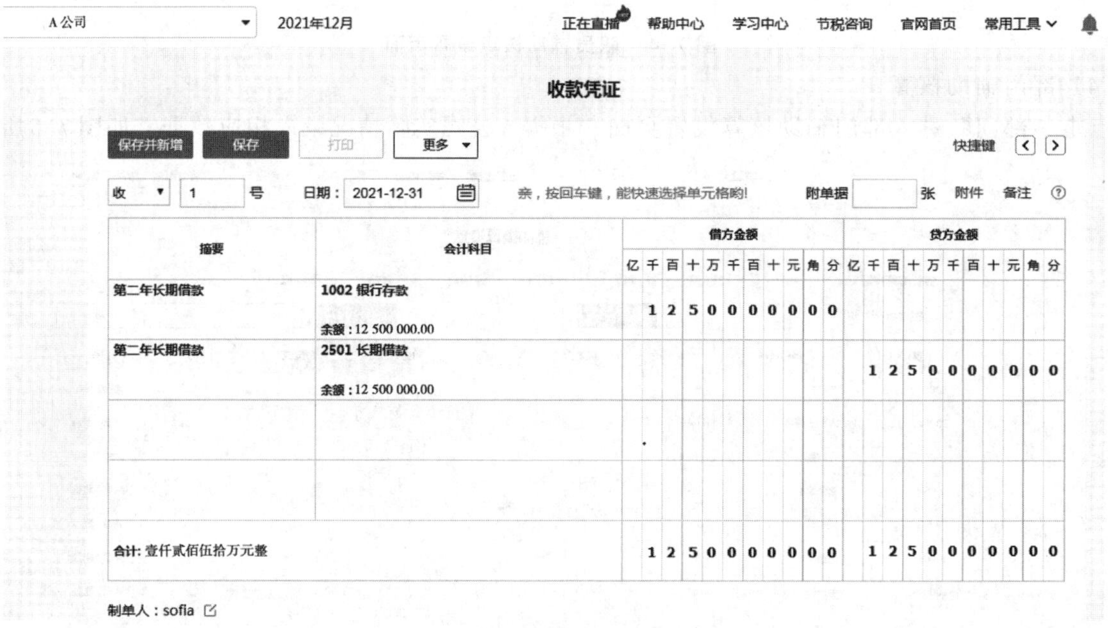

图7-7 收款凭证填制页面2

2.厂房获取

A公司作为一家制造型企业，决定租赁一个大厂房用于生产，在新商战沙盘中进行相应业务操作，在云财务软件中点击左侧操作导航"凭证"—"新增凭证"，在页面中填入会计分录，租金记入"制造费用"账户，如图7-8。

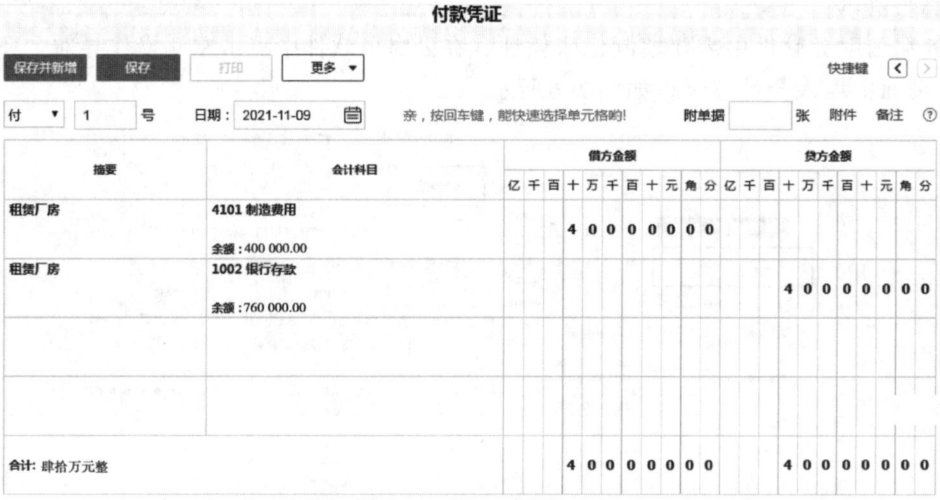

图7-8 付款凭证填制页面1

如模拟企业厂房以购买方式获取，则会计分录如下：

借：固定资产——厂房

　　贷：银行存款

3. 新建生产线

A公司除了获取厂房外，还需要在厂房内购建生产线以形成生产能力，经过分析各类生产线的优劣，A公司决定购建一条全自动生产线，总价150万元（150W），分三季建造，在新商战沙盘中进行相应业务操作，在云财务软件中作账务处理，如图7-9所示。

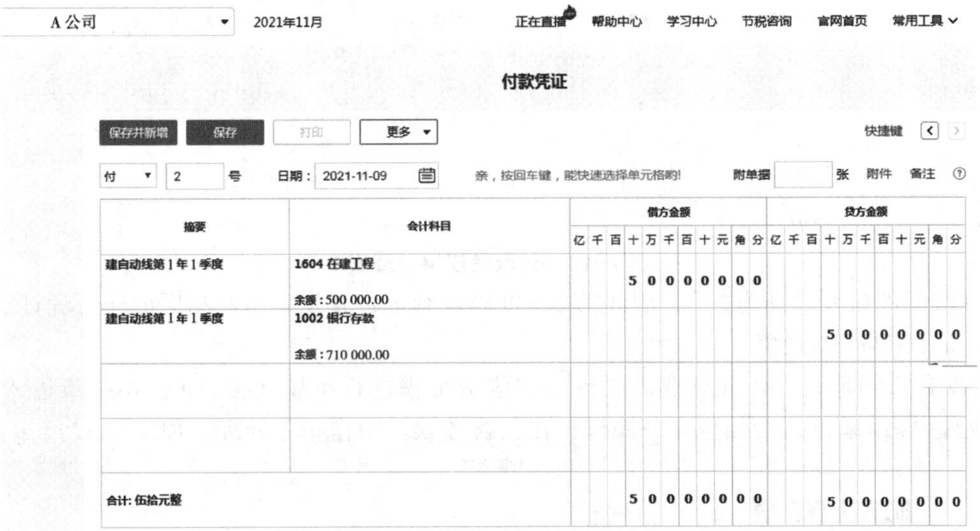

图 7-9 付款凭证填制页面 2

在第2、3季度，须持续投资，凭证与图7-9相同，但在第4季度，生产建成，须从"在建工程"账户转入"固定资产"账户，如图7-10所示。

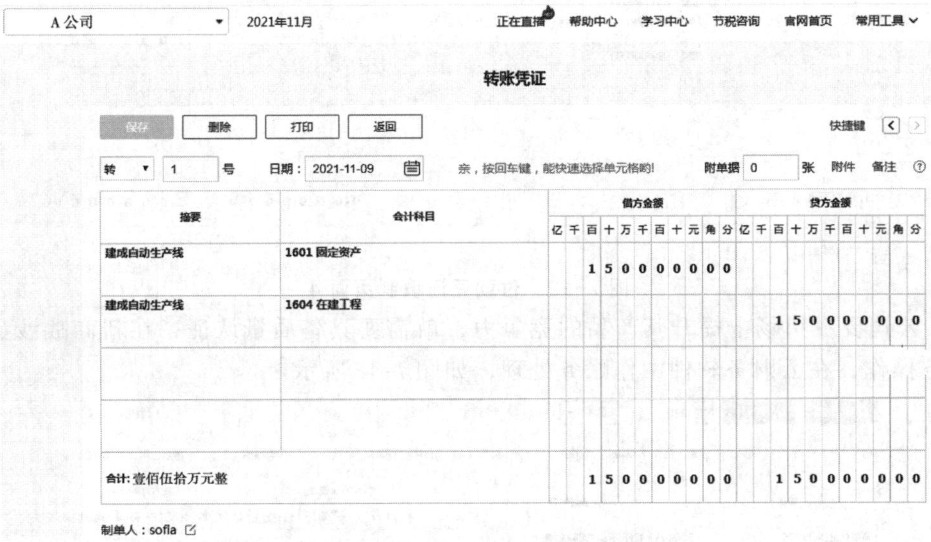

图 7-10 转账凭证填制页面 1

4. 产品研发

A公司作为一家新成立的创业型企业，刚开始没有P系列产品的生产技术，因此需要通过产品研发来获得生产P系列产品的生产资格，在新商战沙盘中进行相应业务操作，在云财务软件中作账务处理，如图7-11所示。

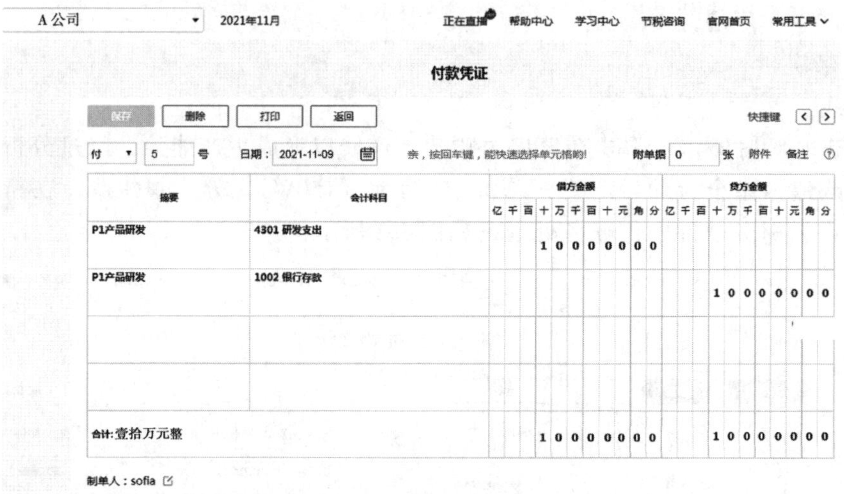

| A公司 | | 2021年11月 | | | | | 正在直播 帮助中心 学习中心 节税咨询 官网首页 常用工具 ∨ |

付款凭证

保存　删除　打印　返回　　　　　　　　　　　　快捷键 ‹ ›

付 ▼ 5 号　日期：2021-11-09 📅　　亲，按回车键，能快速选择单元格哟！　附单据 0 张　附件 备注 ⑦

摘要	会计科目	借方金额										贷方金额									
		亿	千	百	十	万	千	百	十	元	角 分	亿	千	百	十	万	千	百	十	元	角 分
P1产品研发	4301 研发支出				1	0	0	0	0	0	0 0										
P1产品研发	1002 银行存款														1	0	0	0	0	0	0 0
合计：壹拾万元整					1	0	0	0	0	0	0 0				1	0	0	0	0	0	0 0

制单人：sofia ⬚

图 7-11　付款凭证填制页面 3

由于P1产品的研发周期为2季，因此第2季度需持续进行开发，填制相同的会计凭证。

5.新市场开拓与ISO投资

A公司没有市场地位，因此企业需要投入相应资金来进行市场开拓，A公司决策进入本地市场，在新商战沙盘中第4季度进行相应业务操作，在云财务软件中作账务处理，如图7-12所示。

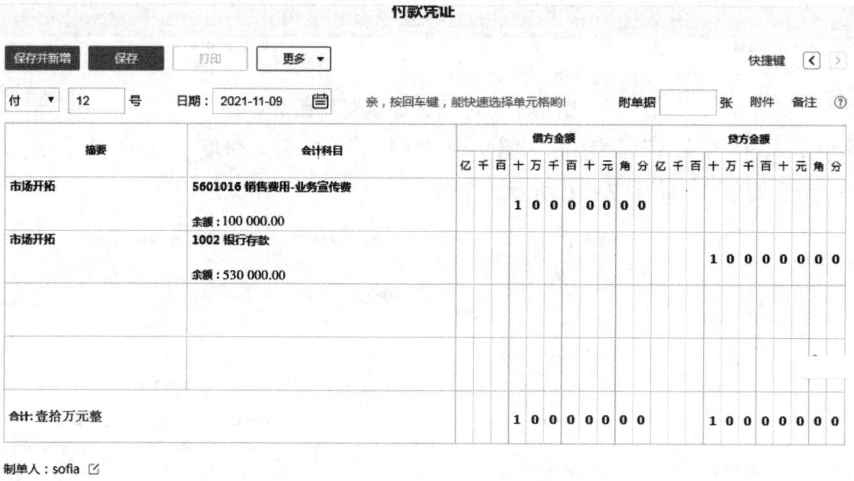

付款凭证

保存并新增　保存　打印　更多 ▼　　　　　　　　　快捷键 ‹ ›

付 ▼ 12 号　日期：2021-11-09 📅　　亲，按回车键，能快速选择单元格哟！　附单据 　张　附件 备注 ⑦

摘要	会计科目	借方金额										贷方金额									
		亿	千	百	十	万	千	百	十	元	角 分	亿	千	百	十	万	千	百	十	元	角 分
市场开拓	5601016 销售费用-业务宣传费				1	0	0	0	0	0	0 0										
	余额：100 000.00																				
市场开拓	1002 银行存款														1	0	0	0	0	0	0 0
	余额：530 000.00																				
合计：壹拾万元整					1	0	0	0	0	0	0 0				1	0	0	0	0	0	0 0

制单人：sofia ⬚

图 7-12　付款凭证填制页面 4

同样，A公司要在市场上提升其产品的竞争力，就需要具备质量认证，在新商战沙盘中第4季度进行相应业务操作，在云财务软件中作账务处理，如图7-13所示。

保存并新增　保存　打印　更多 ▼　　　　　　　　　快捷键 ‹ ›

付 ▼ 13 号　日期：2021-11-09 📅　　亲，按回车键，能快速选择单元格哟！　附单据 　张　附件 备注 ⑦

摘要	会计科目	借方金额										贷方金额									
		亿	千	百	十	万	千	百	十	元	角 分	亿	千	百	十	万	千	百	十	元	角 分
资格认证ISO9000	5602013 管理费用-ISO认证费				1	0	0	0	0	0	0 0										
	余额：100 000.00																				
资格认证ISO9000	1002 银行存款														1	0	0	0	0	0	0 0
	余额：5 200 000.00																				
合计：壹拾万元整					1	0	0	0	0	0	0 0				1	0	0	0	0	0	0 0

制单人：sofia ⬚

图 7-13　付款凭证填制页面 5

6.原材料采购

A公司生产P系列产品前需要根据物料清单（BOM）和订货提前期安排原材料采购，企业下订单时不需要支付现金，因此不需要进行账务处理，但当原材料到货时，企业按照订货合同须履行并支付现金，在新商战沙盘中进行相应业务操作，在云财务软件中作账务处理，如图7-14所示。

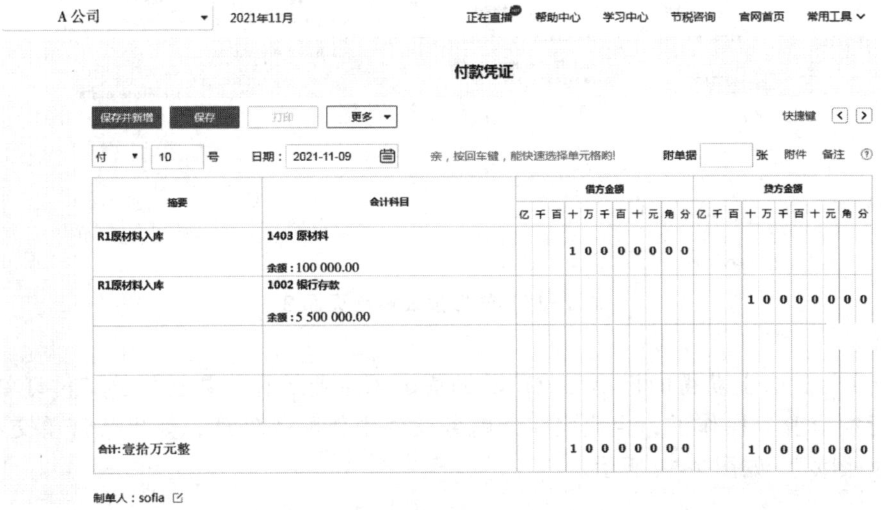

图 7-14　付款凭证填制页面6

7.产品生产

为了获得利润，A公司重要的经营内容是生产P系列产品。在具备充分的生产能力（厂房、机器设备和产品资格）的前提下，企业通过投入原料和劳动力在对应设备上生产产品，生产流程结束即可获得产成品。

（1）生产加工领用原材料与支付人工费

A公司生产P2产品，生产部门需要从供应部门领用R2、R3原材料，并支付生产工人工资，在新商战沙盘中进行相应业务操作，在云财务软件中作账务处理，如图7-15所示。

图 7-15　转账凭证填制页面2

（2）产品入库

A公司每季度通过更新生产，推动生产流程前进，最终，在产品下线成为企业可销售的产成品，企业需要结转产品成本，在新商战沙盘中进行相应业务操作，在云财务软件中作账务处理，如图7-16所示。

图 7-16　转账凭证填制页面 3

8.商品销售

A公司根据在订货会上获得的订单完成产品销售，当企业的存货数量足够交付订单时就可以在新商战沙盘中进行相应业务操作了，企业应在云财务软件中作账务处理，如果某订单交易方式是赊销，则会产生"应收账款"，如图 7-17 所示。

图 7-17　转账凭证填制页面 4

这时，企业想快速收回现金，可以对应收账款进行贴现。企业应在新商战沙盘中进行相应业务操作，在云财务软件中作账务处理，如图 7-18 所示。

图 7-18　付款凭证填制页面 7

假设企业某订单的交易方式是现金结算，直接收到现金，如图7-19所示。

图 7-19 收款凭证填制页面 3

9.投放广告

A公司只能通过参加订货会获取销售订单，而参加订货会需要每年年初投放广告，因此广告支出成为了A公司的主要支出之一。A公司应在新商战沙盘中进行相应业务操作，在云财务软件中作账务处理，如图7-20所示。

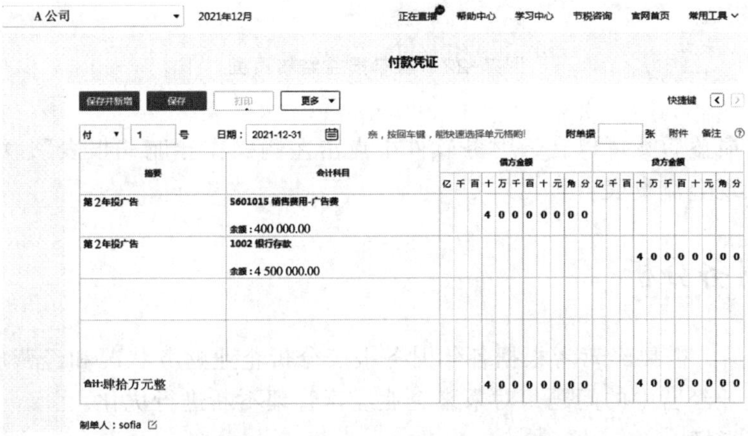

图 7-20 付款凭证填制页面 8

10.管理费用

A公司日常管理费用包括办公费、管理人员工资等，每季度末支付一次，在新商战沙盘中进行相应业务操作，在云财务软件中作账务处理，如图7-21所示。

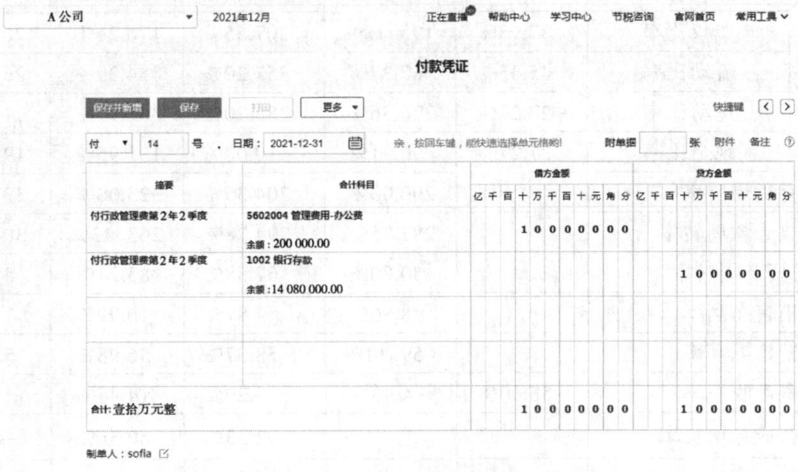

图 7-21 付款凭证填制页面 9

11.年末结转损益

A公司年末须进行结转，把记账科目中的损益科目余额全部结转到年度的利润中，而结转后损益科目金额是零，核算当年度损益，并为下一年度经营建立账户基础。

在云财务软件中点击左侧操作导航"期末结转"，经过"期末检查"、"结转损益"和"结账"三步后，即可实现当年损益结转，如图7-22所示。

图7-22 当年损益结转页面

12.查询报表

A公司年末结转损益后，可以在云财务软件中点击左侧操作导航"报表"，可以查询当年度的资产负债表、利润表和现金流量表。

第4节 企业财务分析

A公司经营结束后，需要经营者根据各年财务报表分析企业财务状况和经营成果，撰写企业财务分析报告，以发现企业经营中的问题，对未来企业经营管理不断进行优化。

一、A公司财务分析指标

A公司财务分析指标见表7-1。

表7-1 A公司财务分析指标表

指标			第1年	第2年	第3年	第4年	第5年	第6年
偿债能力	长期	资产负债率	27.50%	65.89%	67.48%	63.80%	67.67%	69.19%
		产权比率	37.93%	193.18%	207.55%	176.21%	209.28%	224.61%
	短期	流动比率	45.45%	367.27%	357.20%	434.39%	263.36%	711.48%
		速动比率	27.27%	276.36%	253.20%	380.73%	214.79%	695.08%
		现金比率	27.27%	90.91%	110.00%	131.95%	195.36%	103.28%
运营能力		存货周转率		200.00%	204.35%	325.00%	327.27%	846.15%
		应收账款周转率	287.75%	294.78%	263.13%	304.51%	318.41%
		总资产周转率		50.00%	67.58%	85.24%	57.24%	60.60%
获利能力		销售净利率	-8.86%	4.87%	16.99%	12.98%	12.79%
		销售毛利率		59.11%	58.37%	56.98%	57.32%	54.90%
		资产收益率	-55.00%	-4.43%	3.29%	14.48%	7.43%	7.75%
成长能力		主营业务增长率			92.33%	60.58%	-6.95%	44.58%
		净利润增长率		-76.36%	-205.77%	460.00%	-28.90%	42.47%

二、A 公司财务状况分析

1.偿债能力分析

2021—2026 年 A 公司短期偿债能力如图 7-23 所示。

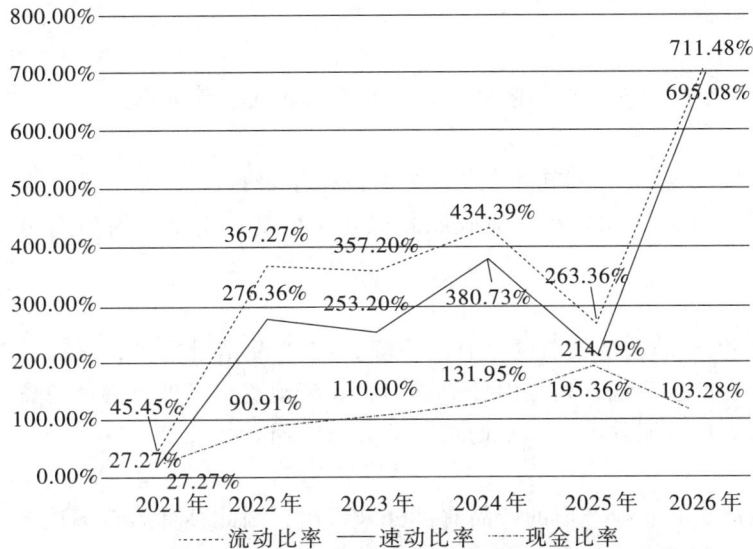

图 7-23　2021—2026 年 A 公司短期偿债能力

从图 7-23 中的数据可以得知，A 公司流动比率和速动比率在 2021—2026 年处于先升后降，再大幅上升的状态，2025 年回落之后，2026 年又迅速冲高。除第 1 年外，流动比率值在 2.63 ~ 7.11，均超过最优值；而速动比率与流动比率的趋势基本一致，除第 1 年外，速动比率在 2.14~6.95，均超最优值。

然而，A 公司的现金比率除第 1 年外，均超过 20% 的最优状态，这一比率过高则意味着企业的流动资产未得到充分利用。

综上所述，A 公司的短期偿债能力一直处于较强的水平，抗短期偿债风险能力较强。但是，A 公司较高的流动比率和速动比率意味着 A 公司长期资金将被用于流动资产环节，会造成企业流动资产周转率下降，导致其机会成本升高，而现金比率较高也反映出企业流动负债未能得到合理运用。

2.长期偿债能力分析

A 公司长期偿债能力如图 7-24 所示。

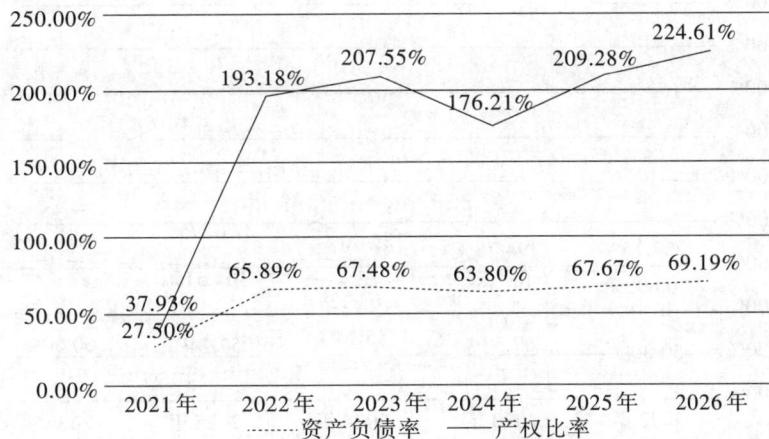

图 7-24　A 公司长期偿债能力

从图 7-24 中的数据可以得知，A 公司 2021—2026 年资产负债率值在 27.50% ~ 69.19%，除第 1 年外，资产负债率均高于 60%，说明 A 公司资产负债率略高；A 公司 2021—2026 年产权比率除第 1 年外均在 200% 上下浮动，高于 1∶1 的较优状态，说明 A 公司债权人权益的保障程度较低，承担的风险略大。

综上所述，A公司在2021—2026年的经营活动中采取风险型的财务策略，长期偿债能力较弱，企业对负债的保障能力较低，偿还各项债务的能力有待提高，但也体现出A公司使用财务杠杆的能力较强。

3.各年运营能力分析

（1）第1年度

初创企业，第1年度尚未投入生产销售，无主营业务收入，无数据。

（2）第2年度

本年度存货周转率、总资产周转率为2～5年数据中最低，主要原因是第2年企业刚刚开始投入生产，销售收入和销售成本均较小。应收账款周转率较高，主要是因为期初无数据，期末有应收账款。

（3）第3年度

第3年度销售的P1产品数量较前两年有所下降，P3产品销量增多，所以销售成本增加，进而存货周转率提升。本年度的生产线开始全面计提折旧，非流动资产降低，因此总资产周转率上升。应收账款周转率较低是因为应收账款上期和本期均有部分未收回。

（4）第4年度

本年度存货积压严重，企业产出的产品有部分未售出，因此存货周转率较上一年度有所下降。本年进入短期借款期间，货币资金增多，总资产上升，总资产周转率下降。应收账款周转率较第3年有所上升，主要是因为企业吸取了第3年资金周转困难的教训，选择了账期短的订单，使应收账款得以全部收回。

（5）第5年度

本年度存货周转率与应收账款周转率均较上一年有所上升，但总资产周转率回落明显，企业销售能力较上一年变弱，资产投资的效益不好，资产利用效率变低。

（6）第6年度

企业将库存商品与本年度产成品全部售出，销售成本大幅度上升，存货周转率最高。应收账款周转率与总资产周转率最高，主要是因为企业将本年度所有库存商品与产成品全部售出，使企业的销售收入明显提升，是6年经营期中最高的。

（7）总体分析

A公司运营能力如图7-25所示。

图7-25　A公司运营能力

由图7-25可以看出，A公司存货周转率为逐年上升趋势，这是因为A公司的订单不断增加，产品销量也随即不断增加，应收账款周转率与总资产增长率处于平稳的发展状态，公司运营状况良好。

4.盈利能力分析

（1）第1年度

本年度无订单，无盈利，无数据。

（2）第2年度

由于本年度是企业初创的第2年，相关的生产、销售工作正在慢慢步入正轨，前期的投入较大，第2年的主营业务收入并不足以使企业获得正向的净利润。

本年度主营业务收入为587W，扣除各种费用后的净利润为−52W，说明本年度A公司处于亏损状态，其中管理费用相关支出较高，但是对于初创型企业来说是必要的支出。A公司本年度的净利润为−52W，毛利润为347W，资产总额为1 548W，相关的销售净利率、销售毛利率、资产净利率和资产收益率可参见表7-1。

（3）第3年度

A公司本年度的主营业务收入总额为1 129W，较第2年提高了542W；本年度的净利润为55W，扭亏为盈，比第2年提高了107W。由于销售收入、净利润都比上一年度有所增加，因此销售净利率较第2年增加。A公司第3年的毛利润是659W，比第2年增加了312W，销售毛利率也有所增加。A公司第3年度的总资产为1 793W，也比第2年度有所上升，相关的资产收益率上升。总体来说，第3年是A公司慢慢开始盈利的一年。

（4）第4年度

A公司本年度的主营业务收入总额为1 813W，较第3年的主营业务收入提高了684W；本年度的净利润为308W，比第3年提高了253W。经过分析发现A公司本年度由于销售收入增加使得利润上升，相关销售净利率也有所上升。A公司第4年的毛利润为1033W，比第3年增加了374W，销售毛利率变化不大。A公司第4年度的总资产为2 461W，也比第3年度有所上升，且由于销售收入的增加，相关的资产收益率上升。

（5）第5年度

本年度A公司的主营业务收入总额为1687W，较第4年的主营业务收入减少126W；本年度的净利润为219W，比第4年减少89W。经过分析发现，A公司本年度有笔订单未能如期交货，导致企业需要支付违约金，且销售费用有所上升，相关销售净利率有所下降。A公司第5年的毛利润为967W，比第4年减少了66W，销售毛利率变化不大。A公司第5年度的总资产为3 433W，比第4年度有所上升，但由于销售收入的减少，相关的资产收益率下降。

（6）第6年度

本年度的主营业务收入总额为2 439W，较第5年的主营业务收入提高752W；本年度的净利润为312W，比第5年提高了93W。经过分析发现A公司本年年度由于销售收入增加使得利润上升，销售净利率维持在上一年度的水平。A公司第6年的毛利润为1 339W，比第5年增加了372W，但销售成本增加，销售毛利率有所下降。A公司第6年度的总资产为4 616W，也比第5年度大幅上升，并且由于销售收入增加，企业相关的资产收益率上升。

（7）总体分析

A公司盈利能力如图7-26所示。

总体来看，A公司的销售净利率和资产收益率呈现先上升后小幅下降的趋势，说明企业的盈利能力和资产的使用情况逐年向好，而后维持稳定，而销售毛利率虽逐年下降，但总体变化不大。企业2022—2024年处于稳步上升状态，2024—2026年，三个指标（销售净利率、销售毛利率、资产收益率）略有下降，主要因为A公司对市场的预测出现了偏差，出现未交付订单的现象，但是A公司总体盈利能力较好。

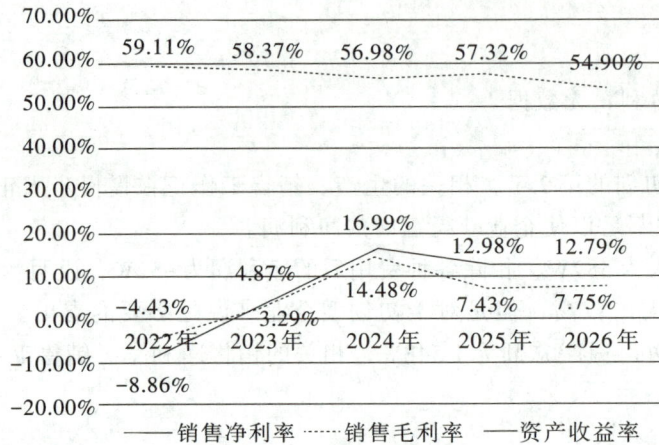

图7-26 A公司盈利能力

5.成长能力分析

A公司成长能力如图7-27所示。

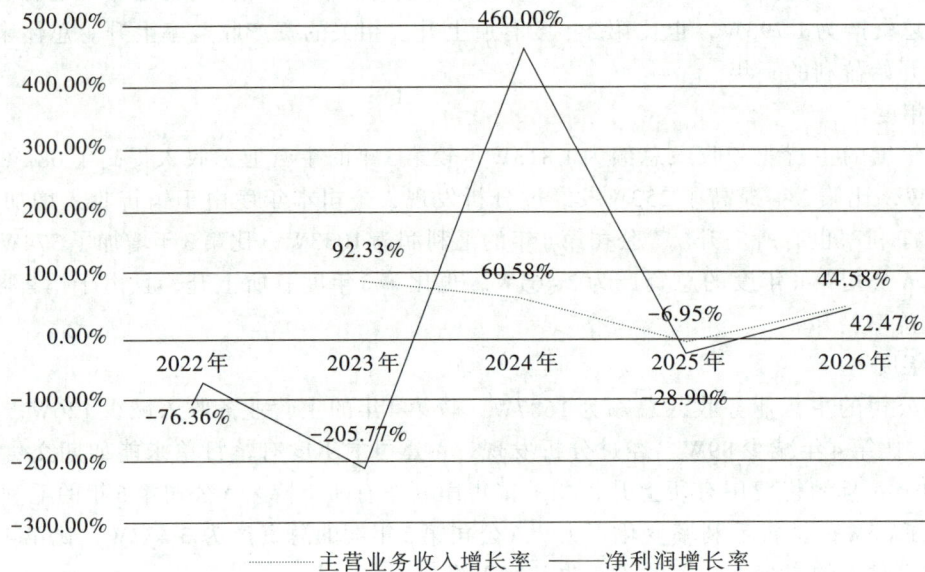

图7-27 A公司成长能力

第1、第2年度A公司还处于建设期，企业的产出和收入都很少，还不能分析其成长能力，故应将第3年作为基期来分析该企业的成长能力。

与第2年度相比，第3年度A公司的主营业务收入增长率为92.33%，在生产线等都建成的基础上扩大产量。A公司2023年的净利润增长率为-205.77%，企业前两年一直处于亏损状态，在第3年才实现了盈利，获得净利润55W。

第4年度因为市场需求量减少，企业订单量不足，库存积压，因此在第4年A公司的主营业务收入增长率并不理想，较上一年度减少约30%。但是，随着产品P3、P4研发的成功，A公司从这两种产品中获得的利润都很高，使得该企业这一时期的净利润增长率较高，净利润增长率达到460%。可以看出企业在第4年度有很好的成长能力。

第5年度A公司的主营业务收入增长率情况不容乐观，首次跌入负值，净利润增长率也较低，企业本年度的成长能力较低。

第6年度是企业经营的最后一年，A公司的主营业务收入大幅增加，增长率重新回归正值，达到44.58%，净利润增长率也相应提高，达到42.47%。

综合A公司这6年经营情况来看，该企业成长能力最好的时期是在第4年，这一年的收入和净利润增长率都较高，其他年度的收入增长率和净利润增长率除第5年外均处于较高水平，总体来看，企业的成长能力较好。

育人育德

　　华为的项目财务经理（Project Financial Controller，PFC）是实现业财融合的重要角色，负责协助项目经理进行项目概算、预算、核算、预测和决算，但在企业不景气时被裁掉上千人。2020年4月28日，任正非在平台协调会上关于代表处CFO定位的讨论会上对此公开表达了不满："我们招聘大量的优秀员工加入项目财务（PFC）的工作，是为了培养未来的接班人，PFC在高潮时曾达到1 700人，其中有大量外国名校毕业的博士、硕士，我正高兴过几年我们就具有选拨财务专家、干部的基础了，突然几年前一阵寒风吹，不知谁裁掉了1 100人，让我生气不已。不知是谁干了这事，华为心声社区上也不见做检讨，这种领导鼠目寸光。"

　　请根据上述材料讨论中国企业如何提升业财融合能力。

　　资料来源：佚名 . 让任正非"生气不已"1 100人被裁掉的 PFC 究竟是一个什么职位［EB/OL］.［2020-08-17］. https://baijiahao.baidu.com/s?id=16752773825555109999&wfr=spider&for=pc. 有变动

实 验 报 告

课程名称＿＿＿＿＿＿＿＿＿＿＿＿＿＿＿＿＿＿＿＿＿＿＿＿

实验项目名称＿＿＿＿＿＿＿＿＿＿＿＿＿＿＿＿＿＿＿＿＿＿

姓名＿＿＿＿＿＿＿＿系别班级＿＿＿＿＿＿＿组别＿＿＿＿＿＿

同组者姓名＿＿＿＿＿＿＿＿＿＿＿＿＿＿＿＿＿＿＿＿＿＿＿＿

实验时间202＿＿年＿月＿日至202＿年＿月＿日＿＿＿＿＿

指导教师＿＿＿＿＿＿＿＿＿＿＿职称＿＿＿＿＿＿＿＿＿＿＿

实训成绩＿＿＿＿＿＿＿＿

教师签字＿＿＿＿＿＿＿＿

照片粘贴处

实验地点		软件平台	
实验设备		实验类型	

实验目的：

预习的基本知识点：

实验方法、步骤及内容：

实验结论与分析、存在的问题：

附录2 本科教学规则（简表）

附表 2-1　　　　　　　　　　　　　　　　　　生产线表

名称	投资总额（W）	每季投资额（W）	安装周期	生产周期	总转产费用（W）	转产周期	设备维护费（W/年）	残值（W）	折旧费（W）	折旧时间	分值
超级手工线	35	35	0季	2季	0	0季	5	5	10	3年	0
自动线	150	50	3季	1季	20	1季	20	30	30	4年	8
柔性线	200	50	4季	1季	0	0季	20	40	40	4年	10
租赁线	0	0	0季	1季	20	1季	65	-65	0	0年	0

*安装周期为0，表示即买即用

*计算投资总额时，若安装周期为0，则按1算

*不论何时出售生产线，价格为残值，净值与残值之差计入损失

*只有空闲的生产线方可转产

*当年建成的生产线需要交设备维护费

*折旧(平均年限法)：建成当年不提折旧

附表 2-2　　　　　　　　　　　　　　　　　　折旧表

生产线	购置费（W）	残值（W）	建成第1年（W）	建成第2年（W）	建成第3年（W）	建成第4年（W）	建成第5年（W）	建成第6年（W）
超级手工线	35	5	0	10	10	10		
自动线	150	30	0	30	30	30	30	
柔性线	200	40	0	40	40	40	40	40
租赁线	0	-65	0	0	0	0	0	0

附表 2-3　　　　　　　　　　　　　　　　　　融资表

贷款类型	贷款时间	贷款额度	年息	还款方式	备注
长期贷款	每年年初	所有长短期贷款之和不超过上年权益的3倍	10.0%	年初付息，到期还本	不小于10W
短期贷款	每季度初		5.0%	到期一次还本付息	
资金贴现	任何时间	视应收款额而定	1季，2季：10.0% 3季，4季：12.5%	变现时贴息	贴现各账期分开核算，分开计息
库存拍卖		100%（产品）　80%（原料）			

附表 2-4　　　　　　　　　　　　　　　　　　厂房信息表

名称	购买价格（W）	租金（W/年）	出售价格（W）	容量（个）	分值
大厂房	400	40	400	4	10
中厂房	300	30	300	3	8
小厂房	180	18	180	2	7

厂房出售得到4个账期的应收款，紧急情况下可实施厂房贴现，直接得到现金

厂房租入后，一年后可作租转买、退租等处理，如续租则系统会自动处理

附表 2-5　　　　　　　　　　　　　　市场开拓信息表

名称	开发费（W/年）	开发时间	分值
本地	10	1年	7
区域	10	1年	7
国内	10	2年	8
亚洲	10	3年	9
国际	10	4年	10

开发费用按开发时间在年末平均支付，不允许加速投资
市场开发完成后，可以领取相应的市场准入证

附表 2-6　　　　　　　　　　　　　　ISO 资格认证信息表

名称	开发费（W/年）	开发时间	分值
ISO 9000	10	2年	8
ISO 14000	20	2年	10

开发费用在年末平均支付，不允许加速投资，但可以中断投资
开发完成后，可以领取相应的资格证

附表 2-7　　　　　　　　　　　　　　产品研发表

名称	开发费（W/季）	开发时间	加工费（W）	直接成本（W）	分值	产品组成
P1	10	2季	10	20	7	R1×1
P2	10	3季	10	30	8	R2×1，R3×1
P3	10	4季	10	40	9	R1×1，R3×1，R4×1
P4	10	5季	10	50	10	P1×1，R1×1，R3×1

开发费用在年末平均支付，不允许加速投资，但可以中断投资

附表 2-8　　　　　　　　　　　　　　原料设置表

名称	购买单价（W）	提前期
R1	10	1季
R2	10	1季
R3	10	2季
R4	10	2季

附表 2-9　　　　　　　　　　　　　　其他说明表

1. 紧急采购，付款即到货，原材料价格为直接成本的2倍，成品价格为直接成本的3倍

2. 选单规则：首先上年本市场销售额最高（无违约）者优先选单，其次看本市场本产品广告额，再次看本市场广告总额，最后看市场销售排名；如仍无法确定先后顺序，那么先投广告者先选单

3. 破产标准：现金断流或权益为负

4. "第1年"无订单

5. 交单可提前，不可推后，违约即收回订单

6. 违约金扣除——四舍五入；库存拍卖所得现金——向下取整；贴现费用——向上取整；扣税——四舍五入；长短期贷款利息——四舍五入

7. 库存折价拍价，生产线变卖，紧急采购，订单违约记入损失

8. 排行榜记分标准：总成绩 = 所有者权益×（1 + 企业综合发展潜力/100），企业综合发展潜力=市场资格分值+ISO资格分值+生产资格分值+厂房分值+各条生产线分值，生产线建成（包括转产）即加分（未生产出产品或没有在产品也可加分）

附表 2-10 **重要参数表**

违约金比例	20.0 %	贷款额倍数	3 倍
产品折价率	100.0 %	原料折价率	80.0 %
长期贷款利率	10.0 %	短期贷款利率	5.0 %
1、2 期贴现率	10.0 %	3、4 期贴现率	12.5 %
初始现金	600 W	管理费	10 W
信息费	1 W	所得税税率	25.0 %
最大长期贷款年限	5 年	最小得单广告额	10 W
原料紧急采购倍数	2 倍	产品紧急采购倍数	3 倍
选单时间	45 秒	首位选单补时	15 秒
市场同开数量	2	市场老大	有
竞单时间	90 秒	竞单同竞数	3
最大厂房数量	4 个		

附录 3 本科订单规则（6～8组）市场预测表

序号	年份	产品	本地	区域	国内	亚洲	国际
1	第2年	P1	50.82	51.44	0	0	0
2	第2年	P2	71.52	68.05	0	0	0
3	第2年	P3	90.00	92.40	0	0	0
4	第2年	P4	101.11	112.38	0	0	0
5	第3年	P1	50.69	53.53	50.94	0	0
6	第3年	P2	71.65	72.00	71.70	0	0
7	第3年	P3	90.67	91.41	93.37	0	0
8	第3年	P4	115.50	106.22	103.30	0	0
9	第4年	P1	53.44	51.64	50.69	49.79	0
10	第4年	P2	73.40	71.11	72.45	71.81	0
11	第4年	P3	92.55	89.69	91.86	92.27	0
12	第4年	P4	106.10	105.75	104.11	107.27	0
13	第5年	P1	48.39	52.22	51.69	49.50	51.06
14	第5年	P2	73.00	74.25	71.65	70.00	68.19
15	第5年	P3	89.27	89.47	91.23	90.31	90.16
16	第5年	P4	121.11	119.78	124.17	124.41	130.73
17	第6年	P1	48.92	50.69	50.24	49.38	17.42
18	第6年	P2	72.35	70.67	72.46	70.83	74.47
19	第6年	P3	89.15	90.21	89.79	94.13	94.50
20	第6年	P4	107.57	105.50	109.64	105.62	0

附表 3-2　　　　　　　　　　　　　　**市场预测表——需求量**　　　　　　　　　　　　　　单位：W

序号	年份	产品	本地	区域	国内	亚洲	国际
1	第2年	P1	17	18	0	0	0
2	第2年	P2	25	22	0	0	0
3	第2年	P3	14	15	0	0	0
4	第2年	P4	18	13	0	0	0
5	第3年	P1	16	15	18	0	0
6	第3年	P2	17	15	23	0	0
7	第3年	P3	18	17	19	0	0
8	第3年	P4	14	9	23	0	0
9	第4年	P1	18	14	16	14	0
10	第4年	P2	10	27	20	21	0
11	第4年	P3	20	16	14	15	0
12	第4年	P4	21	16	18	15	0
13	第5年	P1	18	18	13	22	18
14	第5年	P2	15	16	17	13	16
15	第5年	P3	15	15	13	13	19
16	第5年	P4	18	9	12	17	15
17	第6年	P1	12	13	17	16	50
18	第6年	P2	23	18	26	18	15
19	第6年	P3	13	19	14	15	4
20	第6年	P4	23	14	11	21	0

附表 3-3　　　　　　　　　　　　　　**市场预测表——订单数量**　　　　　　　　　　　　　　单位：W

序号	年份	产品	本地	区域	国内	亚洲	国际
1	第2年	P1	8	7	0	0	0
2	第2年	P2	7	7	0	0	0
3	第2年	P3	6	7	0	0	0
4	第2年	P4	7	4	0	0	0
5	第3年	P1	8	6	7	0	0
6	第3年	P2	7	7	9	0	0
7	第3年	P3	8	6	8	0	0
8	第3年	P4	7	4	7	0	0
9	第4年	P1	7	6	7	6	0
10	第4年	P2	6	9	7	9	0
11	第4年	P3	8	7	8	7	0
12	第4年	P4	8	7	6	8	0
13	第5年	P1	7	5	5	7	7
14	第5年	P2	6	7	8	6	5
15	第5年	P3	6	5	6	7	7
16	第5年	P4	7	5	5	6	5
17	第6年	P1	5	6	6	6	15
18	第6年	P2	8	6	8	6	6
19	第6年	P3	5	8	8	7	3
20	第6年	P4	8	6	6	6	0

新商战沙盘

（手工+电子版）

学生实验手册——总经理专用

组　　号：＿＿＿＿＿＿＿＿＿＿

公司名称：＿＿＿＿＿＿＿＿＿＿

院系班级：＿＿＿＿＿＿＿＿＿＿

姓　　名：＿＿＿＿＿＿＿＿＿＿

附表 4-1 实训用表

业务流程处理（手工+电子）			第1年				第2年				第3年			
手工流程		系统操作	1	2	3	4	1	2	3	4	1	2	3	4
提交广告方案	年初7项	输入广告确认												
参加订货会竞单/登订单		选单操作												
支付广告费		系统自动扣												
支付应缴税金		系统自动扣												
支付长贷利息		系统自动扣												
更新长贷/长贷还款		系统自动扣												
申请长贷		输入金额并确定												
季初现金盘点	1	产品下线，生产线完工												
更新短贷/短贷还本付息	2	系统自动处理												
申请短贷	3	输入金额并确定												
原料入库/更新原料订单	4	需确认金额												
下原料订单	5	输入并确认												
购买/租用厂房	6	选择确认，自动扣现金												
更新生产/完工入库	7	系统自动处理												
新建/在建/转产/变卖生产线	8	选择确认												
紧急采购（随时）	9	输入并确认												
开始下一批生产	10	选择并确认												
更新应收款/应收款收现	11	需输入到期金额												
按订单交货	12	选择订单并确认												
产品研发投资	13	选择确认												
售厂房/买转租/退租/租转买	14	选择确认，自动转应收												
新市场开拓/ISO投资	15	仅第4季度允许操作												
支付管理费/更新厂房租金	16	系统自动处理												
出售库存（随时）	17	输入并确认												
厂房贴现（随时）	18	选择确认												
应收款贴现（随时）	19	输入并确认												
季末收入总计	20													
季末支出总计	21													
季末对账（1+20-21）	22													
缴纳违约订单罚款	年末5项	系统自动处理												
支付设备维护费		系统自动处理												
计提折旧		系统自动处理												
新市场/ISO换证		系统自动处理												
结账														

业务流程处理（手工+电子）			第4年				第5年				第6年			
手工流程		系统操作	1	2	3	4	1	2	3	4	1	2	3	4
提交广告方案		输入广告确认												
参加订货会竞单/登订单		选单操作												
支付广告费	年初7项	系统自动扣												
支付应缴税金		系统自动扣												
支付长贷利息		系统自动扣												
更新长贷/长贷还款		系统自动扣												
申请长贷		输入金额并确定												
季初现金盘点	1	产品下线，生产线完工												
更新短贷/短贷还本付息	2	系统自动处理												
申请短贷	3	输入金额并确定												
原料入库/更新原料订单	4	需确认金额												
下原料订单	5	输入并确认												
购买/租用厂房	6	选择确认，自动扣现金												
更新生产/完工入库	7	系统自动处理												
新建/在建/转产/变卖生产线	8	选择确认												
紧急采购（随时）	9	输入并确认												
开始下一批生产	10	选择并确认												
更新应收款/应收款收现	11	需输入到期金额												
按订单交货	12	选择订单并确认												
产品研发投资	13	选择确认												
售厂房/买转租/退租/租转买	14	选择确认，自动转应收												
新市场开拓/ISO投资	15	仅第4季度允许操作												
支付管理费/更新厂房租金	16	系统自动处理												
出售库存（随时）	17	输入并确认												
厂房贴现（随时）	18	选择确认												
应收款贴现（随时）	19	输入并确认												
季末收入总计	20													
季末支出总计	21													
季末对账（1+20-21）	22													
缴纳违约订单罚款	年末5项	系统自动处理												
支付设备维护费		系统自动处理												
计提折旧		系统自动处理												
新市场/ISO换证		系统自动处理												
结账														

附表4-2

企业战略规划表[①]

企业的宗旨与使命									
企业的经营战略									
企业6年经营目标与发展方向	1.	2.	3.	4.	5.	6.			

① 填表说明：此表为企业战略规划用表，在总经理带领下完成，作为企业各年度经营计划的指导性文件。

附表 4-3

年度计划会议①

项目	第 1 年	第 2 年	第 3 年	第 4 年	第 5 年	第 6 年
原材料						
产品销售						
广告						
生产能力						
财务融资						
管理现状						

① 填表说明：此表为企业年度经营规划用表，在总经理带领下完成，由各职能部门召开年度会议讨论后确定。

新商战沙盘

（手工+电子版）

学生实验手册——财务总监专用

组　　号：_____

公司名称：_____

院系班级：_____

姓　　名：_____

附表 4-4   **资金预算表**

项目	第1年				第2年			
	1Q	2Q	3Q	4Q	1Q	2Q	3Q	4Q
期初库存现金								
贴现收入								
支付上年应交税费								
广告投入								
长贷本息支付								
支付到期短贷本息								
申请长贷								
原料采购现金								
申请短贷								
厂房租买								
生产线（新建/在建/转/买）								
工人工资（下一批生产）								
应收款收现								
产品研发								
支付管理费及厂房续租								
市场、ISO开发								
设备维护费								
违约罚款								
其他								
库存现金余额								

项目	第3年				第4年			
	1Q	2Q	3Q	4Q	1Q	2Q	3Q	4Q
期初库存现金								
贴现收入								
支付上年应交税费								
广告投入								
长贷本息支付								
支付到期短贷本息								
申请长贷								
原料采购现金								
申请短贷								
厂房租买								
生产线（新建/在建/转/买）								
工人工资（下一批生产）								
应收款收现								
产品研发								
支付管理费及厂房续租								
市场、ISO开发								
设备维护费								
违约罚款								
其他								
库存现金余额								

项目	第 5 年				第 6 年			
	1Q	2Q	3Q	4Q	1Q	2Q	3Q	4Q
期初库存现金								
贴现收入								
支付上年应交税费								
广告投入								
长贷本息支付								
支付到期短贷本息								
申请长贷								
原料采购现金								
申请短贷								
厂房租买								
生产线（新建/在建/转/买）								
工人工资（下一批生产）								
应收款收现								
产品研发								
支付管理费及厂房续租								
市场、ISO 开发								
设备维护费								
违约罚款								
其他								
库存现金余额								

应收账款登记表

附表 4-5

款类		一年				二年				三年			
		1	2	3	4	1	2	3	4	1	2	3	4
应收期	1												
	2												
	3												
	4												
到款													
贴现													
贴现费													
款类		四年				五年				六年			
		1	2	3	4	1	2	3	4	1	2	3	4
应收期	1												
	2												
	3												
	4												
到款													
贴现													
贴现费													

附表 4-7 　　　　　　　　　　　　**订单登记表 1**

订单号											合计
市场											
产品											
数量											
账期											
交货期											
销售额											
成本											
毛利											

附表 4-8 　　　　　　　　　　　　**产品核算统计表 1**

项目	P1	P2	P3	P4	合计
数量					
销售额					
成本					
毛利					

附表 4-9 　　　　　　　　　　　　**综合费用明细表 1** 　　　　　　　　　　　单位：W

项目	金额	备注
管理费		
广告费		
维护费		
损失		
转产费		
租金		
市场开拓费		□本地 □区域 □国内 □亚洲 □国际
产品研发费		P1（　） P2（　） P3（　） P4（　）
ISO认证费		□ISO 9000 □1SO 14000
信息费		
合计		

附表 4-10 利润表（简表）1

项 目	上 年 数	本 年 数
销售收入		
直接成本		
毛利		
综合费用		
折旧前利润		
折旧		
支付利息前利润		
财务费用		
税前利润		
所得税		
年度净利润		

附表 4-11 资产负债表（简表）1

资 产	期初数	期末数	负债及所有者权益	期初数	期末数
流动资产：			负债：		
库存现金			长期负债		
应收款			短期负债		
在制品			特别贷款		
产成品			应交所得税金		
原料			—		
流动资产合计			负债合计		
固定资产：			所有者权益：		
厂房			股东资本		
机器设备			利润留存		
在建工程			年度净利		
固定资产合计			所有者权益合计		
资产总计			负债及所有者权益总计		

附表 4-12　　　　　　　　　　　　　　**实训用表 2**

项目	手工流程	Q1	Q2	Q3	Q4	系统操作
年初 7 项	新年度规划会议					
	广告投放					输入广告确认
	参加订货会议/登记订单					选单
	支付应付税款					系统自动处理
	支付长贷利息					系统自动处理
	更新长贷/长贷还款					系统自动处理
	申请长贷					输入贷款数额并确定
1	季初盘点					产品下线，生产线完工
2	更新短贷/短贷还本付息					系统自动处理
3	申请短贷					输入贷款数额并确定
4	原材料入库/更新原料订单					需要确认金额
5	下原料订单					输入并确认
6	购买/租用厂房					选择并确认，自动扣现金
7	更新生产/完工入库					系统自动处理
8	新建/在建/转产/变卖生产线					选择并确认
9	紧急采购（随时）					随时进行输入并确认
10	开始下一批产品生产					选择并确认
11	更新应收款/应收款收现					需要输入到期金额
12	按订单交货					选择交货订单并确认
13	产品研发投资					选择并确认
14	厂房出售（买转租）/退租/租转买					选择并确认，自动转应收款
15	新市场开拓/ISO 投资					仅第 4 季允许操作
16	支付管理费/更新厂房租金					系统自动处理
17	出售库存					输入并确认（随时进行）
18	厂房贴现					随时进行
19	应收款贴现					输入并确认（随时进行）
20	其他支出					信息费等
21	季末收入合计					
22	季末支出合计					
23	季末对账（1+21-22）					
年末 5 项	缴纳违约订单罚款					系统自动处理
	支付设备维护费					系统自动处理
	计提折旧					系统自动处理
	新市场/ISO 换证					系统自动处理
	结账					

第 2 年　　　____组

附表 4-13　　　　　　　　　　　　　　**订单登记表 2**

订单号										合计
市场										
产品										
数量										
账期										
交货期										
销售额										
成本										
毛利										

附表 4-14　　　　　　　　　　　　　　**产品核算统计表 2**

项目	P1	P2	P3	P4	合计
数量					
销售额					
成本					
毛利					

附表 4-15　　　　　　　　　　　**综合费用明细表 2**　　　　　　　　　　单位：W

项目	金额	备注
管理费		
广告费		
维护费		
损失		
转产费		
租金		
市场开拓费		□本地 □区域 □国内 □亚洲 □国际
产品研发费		P1（　） P2（　） P3（　） P4（　）
ISO认证费		□ISO 9000 □1SO 14000
信息费		
合计		

附表 4-16 利润表（简表）2

项　目	上　年　数	本　年　数
销售收入		
直接成本		
毛利		
综合费用		
折旧前利润		
折旧		
支付利息前利润		
财务费用		
税前利润		
所得税		
年度净利润		

附表 4-17 资产负债表（简表）2

资　产	期初数	期末数	负债及所有者权益	期初数	期末数
流动资产：			负债：		
库存现金			长期负债		
应收款			短期负债		
在制品			特别贷款		
产成品			应交所得税金		
原料			—		
流动资产合计			负债合计		
固定资产：			所有者权益：		
厂房			股东资本		
机器设备			利润留存		
在建工程			年度净利		
固定资产合计			所有者权益合计		
资产总计			负债及所有者权益总计		

附表 4-18　　　　　　　　　　　　　　　**实训用表 3**

<table>
<tr><td colspan="7" align="center">第 3 年　　　　　____组</td></tr>
<tr><td colspan="2" align="center">手工流程</td><td align="center">Q1</td><td align="center">Q2</td><td align="center">Q3</td><td align="center">Q4</td><td align="center">系统操作</td></tr>
<tr><td rowspan="7">年初7项</td><td>新年度规划会议</td><td></td><td></td><td></td><td></td><td></td></tr>
<tr><td>广告投放</td><td></td><td></td><td></td><td></td><td>输入广告确认</td></tr>
<tr><td>参加订货会议/登记订单</td><td></td><td></td><td></td><td></td><td>选单</td></tr>
<tr><td>支付应付税款</td><td></td><td></td><td></td><td></td><td>系统自动处理</td></tr>
<tr><td>支付长贷利息</td><td></td><td></td><td></td><td></td><td>系统自动处理</td></tr>
<tr><td>更新长贷/长贷还款</td><td></td><td></td><td></td><td></td><td>系统自动处理</td></tr>
<tr><td>申请长贷</td><td></td><td></td><td></td><td></td><td>输入贷款数额并确定</td></tr>
<tr><td>1</td><td>季初盘点</td><td></td><td></td><td></td><td></td><td>产品下线,生产线完工</td></tr>
<tr><td>2</td><td>更新短贷/短贷还本付息</td><td></td><td></td><td></td><td></td><td>系统自动处理</td></tr>
<tr><td>3</td><td>申请短贷</td><td></td><td></td><td></td><td></td><td>输入贷款数额并确定</td></tr>
<tr><td>4</td><td>原材料入库/更新原料订单</td><td></td><td></td><td></td><td></td><td>需要确认金额</td></tr>
<tr><td>5</td><td>下原料订单</td><td></td><td></td><td></td><td></td><td>输入并确认</td></tr>
<tr><td>6</td><td>购买/租用厂房</td><td></td><td></td><td></td><td></td><td>选择并确认,自动扣现金</td></tr>
<tr><td>7</td><td>更新生产/完工入库</td><td></td><td></td><td></td><td></td><td>系统自动处理</td></tr>
<tr><td>8</td><td>新建/在建/转产/变卖生产线</td><td></td><td></td><td></td><td></td><td>选择并确认</td></tr>
<tr><td>9</td><td>紧急采购(随时)</td><td></td><td></td><td></td><td></td><td>随时进行输入并确认</td></tr>
<tr><td>10</td><td>开始下一产品批生产</td><td></td><td></td><td></td><td></td><td>选择并确认</td></tr>
<tr><td>11</td><td>更新应收款/应收款收现</td><td></td><td></td><td></td><td></td><td>需要输入到期金额</td></tr>
<tr><td>12</td><td>按订单交货</td><td></td><td></td><td></td><td></td><td>选择交货订单并确认</td></tr>
<tr><td>13</td><td>产品研发投资</td><td></td><td></td><td></td><td></td><td>选择并确认</td></tr>
<tr><td>14</td><td>厂房出售(买转租)/退租/租转买</td><td></td><td></td><td></td><td></td><td>选择并确认,自动转应收款</td></tr>
<tr><td>15</td><td>新市场开拓/ISO投资</td><td></td><td></td><td></td><td></td><td>仅第4季允许操作</td></tr>
<tr><td>16</td><td>支付管理费/更新厂房租金</td><td></td><td></td><td></td><td></td><td>系统自动处理</td></tr>
<tr><td>17</td><td>出售库存</td><td></td><td></td><td></td><td></td><td>输入并确认(随时进行)</td></tr>
<tr><td>18</td><td>厂房贴现</td><td></td><td></td><td></td><td></td><td>随时进行</td></tr>
<tr><td>19</td><td>应收款贴现</td><td></td><td></td><td></td><td></td><td>输入并确认(随时进行)</td></tr>
<tr><td>20</td><td>其他支出</td><td></td><td></td><td></td><td></td><td>信息费等</td></tr>
<tr><td>21</td><td>季末收入合计</td><td></td><td></td><td></td><td></td><td></td></tr>
<tr><td>22</td><td>季末支出合计</td><td></td><td></td><td></td><td></td><td></td></tr>
<tr><td>23</td><td>季末对账(1+21-22)</td><td></td><td></td><td></td><td></td><td></td></tr>
<tr><td rowspan="5">年末5项</td><td>缴纳违约订单罚款</td><td></td><td></td><td></td><td></td><td>系统自动处理</td></tr>
<tr><td>支付设备维护费</td><td></td><td></td><td></td><td></td><td>系统自动处理</td></tr>
<tr><td>计提折旧</td><td></td><td></td><td></td><td></td><td>系统自动处理</td></tr>
<tr><td>新市场/ISO换证</td><td></td><td></td><td></td><td></td><td>系统自动处理</td></tr>
<tr><td>结账</td><td></td><td></td><td></td><td></td><td></td></tr>
</table>

附表 4-19　　　　　　　　　　　　　　　　　**订单登记表 3**

订单号										合计
市场										
产品										
数量										
账期										
交货期										
销售额										
成本										
毛利										
未售										

附表 4-20　　　　　　　　　　　　　　　**产品核算统计表 3**

项目	P1	P2	P3	P4	合计
数量					
销售额					
成本					
毛利					

附表 4-21　　　　　　　　　　　　　　**综合费用明细表 3**　　　　　　　　　　　　　单位：W

项目	金额	备注
管理费		
广告费		
维护费		
损失		
转产费		
租金		
市场开拓费		□本地　□区域　□国内　□亚洲　□国际
产品研发费		P1（　）　P2（　）　P3（　）　P4（　）
ISO 认证费		□ISO 9000　□ISO 14000
信息费		
合计		

附表 4-22   利润表（简表）3

项　目	上 年 数	本 年 数
销售收入		
直接成本		
毛利		
综合费用		
折旧前利润		
折旧		
支付利息前利润		
财务费用		
税前利润		
所得税		
年度净利润		

附表 4-23   资产负债表（简表）3

资　产	期初数	期末数	负债及所有者权益	期初数	期末数
流动资产：			负债：		
库存现金			长期负债		
应收款			短期负债		
在制品			特别贷款		
产成品			应交所得税金		
原料			—		
流动资产合计			负债合计		
固定资产：			所有者权益：		
厂房			股东资本		
机器设备			利润留存		
在建工程			年度净利		
固定资产合计			所有者权益合计		
资产总计			负债及所有者权益总计		

附表 4-24   **实训用表 4**

第 4 年 ___组						
	手工流程	Q1	Q2	Q3	Q4	系统操作
年初7项	新年度规划会议					
	广告投放					输入广告确认
	参加订货会议/登记订单					选单
	支付应付税款					系统自动处理
	支付长贷利息					系统自动处理
	更新长贷/长贷还款					系统自动处理
	申请长贷					输入贷款数额并确定
1	季初盘点					产品下线，生产线完工
2	更新短贷/短贷还本付息					系统自动处理
3	申请短贷					输入贷款数额并确定
4	原材料入库/更新原料订单					需要确认金额
5	下原料订单					输入并确认
6	购买/租用厂房					选择并确认，自动扣现金
7	更新生产/完工入库					系统自动处理
8	新建/在建/转产/变卖生产线					选择并确认
9	紧急采购（随时）					随时进行输入并确认
10	开始下一批产品生产					选择并确认
11	更新应收款/应收款收现					需要输入到期金额
12	按订单交货					选择交货订单并确认
13	产品研发投资					选择并确认
14	厂房出售（买转租）/退租/租转买					选择并确认，自动转应收款
15	新市场开拓/ISO投资					仅第4季允许操作
16	支付管理费/更新厂房租金					系统自动处理
17	出售库存					输入并确认（随时进行）
18	厂房贴现					随时进行
19	应收款贴现					输入并确认（随时进行）
20	其他支出					信息费等
21	季末收入合计					
22	季末支出合计					
23	季末对账（1+21-22）					
年末5项	缴纳违约订单罚款					系统自动处理
	支付设备维护费					系统自动处理
	计提折旧					系统自动处理
	新市场/ISO换证					系统自动处理
	结账					

附表 4-25　　　　　　　　　　　　　　**订单登记表 4**

订单号											合 计
市 场											
产 品											
数 量											
账 期											
交货期											
销售额											
成 本											
毛 利											

附表 4-26　　　　　　　　　　　　　　**产品核算统计表 4**

项 目	P1	P2	P3	P4	合 计
数 量					
销售额					
成 本					
毛 利					

附表 4-27　　　　　　　　　　　　　　**综合费用明细表 4**　　　　　　　　　　　　　　单位：W

项 目	金 额	备 注
管理费		
广告费		
维护费		
损失		
转产费		
租金		
市场开拓费		□本地 □区域 □国内 □亚洲 □国际
产品研发费		P1（　） P2（　） P3（　） P4（　）
ISO 认证费		□ISO 9000 □ISO 14000
信息费		
合 计		

附表 4-28   **利润表（简表）4**

项　目	上 年 数	本 年 数
销售收入		
直接成本		
毛利		
综合费用		
折旧前利润		
折旧		
支付利息前利润		
财务费用		
税前利润		
所得税		
年度净利润		

附表 4-29   **资产负债表（简表）4**

资　产	期初数	期末数	负债及所有者权益	期初数	期末数
流动资产：			负债：		
库存现金			长期负债		
应收款			短期负债		
在制品			特别贷款		
产成品			应交所得税金		
原料			—		
流动资产合计			负债合计		
固定资产：			所有者权益：		
厂房			股东资本		
机器设备			利润留存		
在建工程			年度净利		
固定资产合计			所有者权益合计		
资产总计			负债及所有者权益总计		

附表 4-30   实训用表 5

	手工流程	Q1	Q2	Q3	Q4	系统操作
年初7项	新年度规划会议					
	广告投放					输入广告确认
	参加订货会议/登记订单					选单
	支付应付税款					系统自动处理
	支付长贷利息					系统自动处理
	更新长贷/长贷还款					系统自动处理
	申请长贷					输入贷款数额并确定
1	季初盘点					产品下线，生产线完工
2	更新短贷/短贷还本付息					系统自动处理
3	申请短贷					输入贷款数额并确定
4	原材料入库/更新原料订单					需要确认金额
5	下原料订单					输入并确认
6	购买/租用厂房					选择并确认，自动扣现金
7	更新生产/完工入库					系统自动处理
8	新建/在建/转产/变卖生产线					选择并确认
9	紧急采购（随时）					随时进行输入并确认
10	开始下一批产品的生产					选择并确认
11	更新应收款/应收款收现					需要输入到期金额
12	按订单交货					选择交货订单并确认
13	产品研发投资					选择并确认
14	厂房出售（买转租）/退租/租转买					选择并确认，自动转应收款
15	新市场开拓/ISO投资					仅第4季允许操作
16	支付管理费/更新厂房租金					系统自动处理
17	出售库存					输入并确认（随时进行）
18	厂房贴现					随时进行
19	应收款贴现					输入并确认（随时进行）
20	其他支出					信息费等
21	季末收入合计					
22	季末支出合计					
23	季末对账（1+21-22）					
年末5项	缴纳违约订单罚款					系统自动处理
	支付设备维护费					系统自动处理
	计提折旧					系统自动处理
	新市场/ISO换证					系统自动处理
	结账					

附表 4-36   **实训用表 6**

第 6 年 ___组						
	手工流程	Q1	Q2	Q3	Q4	系统操作
年初7项	新年度规划会议					
	广告投放					输入广告确认
	参加订货会议/登记订单					选单
	支付应付税款					系统自动处理
	支付长贷利息					系统自动处理
	更新长贷/长贷还款					系统自动处理
	申请长贷					输入贷款数额并确定
1	季初盘点					产品下线,生产线完工
2	更新短贷/短贷还本付息					系统自动处理
3	申请短贷					输入贷款数额并确定
4	原材料入库/更新原料订单					需要确认金额
5	下原料订单					输入并确认
6	购买/租用厂房					选择并确认,自动扣现金
7	更新生产/完工入库					系统自动处理
8	新建/在建/转产/变卖生产线					选择并确认
9	紧急采购(随时)					随时进行输入并确认
10	开始下一批产品的生产					选择并确认
11	更新应收款/应收款收现					需要输入到期金额
12	按订单交货					选择交货订单并确认
13	产品研发投资					选择并确认
14	厂房出售(买转租)/退租/租转买					选择并确认,自动转应收款
15	新市场开拓/ISO投资					仅第4季允许操作
16	支付管理费/更新厂房租金					系统自动处理
17	出售库存					输入并确认(随时进行)
18	厂房贴现					随时进行
19	应收款贴现					输入并确认(随时进行)
20	其他支出					信息费等
21	季末收入合计					
22	季末支出合计					
23	季末对账(1+21-22)					
年末5项	缴纳违约订单罚款					系统自动处理
	支付设备维护费					系统自动处理
	计提折旧					系统自动处理
	新市场/ISO换证					系统自动处理
	结账					

附表 4-37　　　　　　　　　　　　　　**订单登记表 6**

订单号												合计
市场												
产品												
数量												
账期												
交货期												
销售额												
成本												
毛利												

附表 4-38　　　　　　　　　　　　　　**产品核算统计表 6**

项 目	P1	P2	P3	P4	合 计
数量					
销售额					
成本					
毛利					

附表 4-39　　　　　　　　　　　　　　**综合费用明细表 6**　　　　　　　　　　　　　　单位：W

项 目	金 额	备 注
管理费		
广告费		
维护费		
损失		
转产费		
租金		
市场开拓费		□本地　□区域　□国内　□亚洲　□国际
产品研发费		P1（　）P2（　）P3（　）P4（　）
ISO认证费		□ISO 9000　□ISO 14000
信息费		
合计		

附表 4-40 **利润表（简表）6**

项　目	上 年 数	本 年 数
销售收入		
直接成本		
毛利		
综合费用		
折旧前利润		
折旧		
支付利息前利润		
财务费用		
税前利润		
所得税		
年度净利润		

附表 4-41 **资产负债表（简表）6**

资　产	期初数	期末数	负债及所有者权益	期初数	期末数
流动资产：			负债：		
库存现金			长期负债		
应收款			短期负债		
在制品			特别贷款		
产成品			应交所得税金		
原料			—		
流动资产合计			负债合计		
固定资产：			所有者权益：		
厂房			股东资本		
机器设备			利润留存		
在建工程			年度净利		
固定资产合计			所有者权益合计		
资产总计			负债及所有者权益总计		

新商战沙盘

（手工+电子版）

学生实验手册——市场总监专用

组　　号：＿＿＿＿＿＿＿＿＿

公司名称：＿＿＿＿＿＿＿＿＿

院系班级：＿＿＿＿＿＿＿＿＿

姓　　名：＿＿＿＿＿＿＿＿＿

附表 4-42

销售广告投放表　　组号：＿＿＿组

第 1 年

（本地）				（区域）				（国内）				（亚洲）				（国际）			
产品	广告	ISO9000	ISO14000	产品	广告	ISO9000	ISO14000	产品	广告	ISO9000	ISO14000	产品	广告	ISO9000	ISO14000	产品	广告	ISO9000	ISO14000
P1				P1				P1				P1				P1			
P2				P2				P2				P2				P2			
P3				P3				P3				P3				P3			
P4				P4				P4				P4				P4			

第 2 年

（本地）				（区域）				（国内）				（亚洲）				（国际）			
产品	广告	ISO9000	ISO14000	产品	广告	ISO9000	ISO14000	产品	广告	ISO9000	ISO14000	产品	广告	ISO9000	ISO14000	产品	广告	ISO9000	ISO14000
P1				P1				P1				P1				P1			
P2				P2				P2				P2				P2			
P3				P3				P3				P3				P3			
P4				P4				P4				P4				P4			

第 3 年

（本地）				（区域）				（国内）				（亚洲）				（国际）			
产品	广告	ISO9000	ISO14000	产品	广告	ISO9000	ISO14000	产品	广告	ISO9000	ISO14000	产品	广告	ISO9000	ISO14000	产品	广告	ISO9000	ISO14000
P1				P1				P1				P1				P1			
P2				P2				P2				P2				P2			
P3				P3				P3				P3				P3			
P4				P4				P4				P4				P4			

续表

第 4 年

（本地）				（区域）				（国内）				（亚洲）				（国际）			
产品	广告	ISO9000	ISO14000	产品	广告	ISO9000	ISO14000	产品	广告	ISO9000	ISO14000	产品	广告	ISO9000	ISO14000	产品	广告	ISO9000	ISO14000
P1				P1				P1				P1				P1			
P2				P2				P2				P2				P2			
P3				P3				P3				P3				P3			
P4				P4				P4				P4				P4			

第 5 年

（本地）				（区域）				（国内）				（亚洲）				（国际）			
产品	广告	ISO9000	ISO14000	产品	广告	ISO9000	ISO14000	产品	广告	ISO9000	ISO14000	产品	广告	ISO9000	ISO14000	产品	广告	ISO9000	ISO14000
P1				P1				P1				P1				P1			
P2				P2				P2				P2				P2			
P3				P3				P3				P3				P3			
P4				P4				P4				P4				P4			

第 6 年

（本地）				（区域）				（国内）				（亚洲）				（国际）			
产品	广告	ISO9000	ISO14000	产品	广告	ISO9000	ISO14000	产品	广告	ISO9000	ISO14000	产品	广告	ISO9000	ISO14000	产品	广告	ISO9000	ISO14000
P1				P1				P1				P1				P1			
P2				P2				P2				P2				P2			
P3				P3				P3				P3				P3			
P4				P4				P4				P4				P4			

附表4-43

应收账款登记表

款类		一年				二年				三年			
		1	2	3	4	1	2	3	4	1	2	3	4
应收期	1												
	2												
	3												
	4												
到款													
贴现													
贴现费													

款类		四年				五年				六年			
		1	2	3	4	1	2	3	4	1	2	3	4
应收期	1												
	2												
	3												
	4												
到款													
贴现													
贴现费													

附表 4-44　市场开发投入登记表

年度	本地市场 (1y)	区域市场 (1y)	国内市场 (2y)	亚洲市场 (3y)	国际市场 (4y)	完成
第 1 年						
第 2 年						
第 3 年						
第 4 年						
第 5 年						
第 6 年						
总计						

附表 4-45　ISO 认证投资表

年度	ISO 9000	ISO 14000
第 1 年		
第 2 年		
第 3 年		
第 4 年		
第 5 年		
第 6 年		
总计		

附表 4-46　产品开发登记表

年度	P1	P2	P3	P4	总计	完成
第 1 年						
第 2 年						
第 3 年						
第 4 年						
第 5 年						
第 6 年						
总计						

附表 4-47 　　　　　　　　　　　　　　　　**实训用表 7**

业务流程处理（手工+电子）			第1年				第2年				第3年			
手工流程		系统操作	1	2	3	4	1	2	3	4	1	2	3	4
提交广告方案	年初7项	输入广告确认												
参加订货会竞单/登订单		选单操作												
支付广告费		系统自动扣												
支付应缴税金		系统自动扣												
支付长贷利息		系统自动扣												
更新长贷/长贷还款		系统自动扣												
申请长贷		输入金额并确定												
季初现金盘点	1	产品下线，生产线完工												
更新短贷/短贷还本付息	2	系统自动处理												
申请短贷	3	输入金额并确定												
原料入库/更新原料订单	4	需确认金额												
下原料订单	5	输入并确认												
购买/租用厂房	6	选择确认，自动扣现金												
更新生产/完工入库	7	系统自动处理												
新建/在建/转产/变卖生产线	8	选择确认												
紧急采购（随时）	9	输入并确认												
开始下一批产品的生产	10	输入并确认												
更新应收款/应收款收现	11	需输入到期金额												
按订单交货	12	选择订单并确认												
产品研发投资	13	选择确认												
售厂房/买转租/退租/租转买	14	选择确认，自动转应收												
新市场开拓/ISO投资	15	仅第4季度允许操作												
支付管理费/更新厂房租金	16	系统自动处理												
出售库存（随时）	17	输入并确认												
厂房贴现（随时）	18	选择确认												
应收款贴现（随时）	19	输入并确认												
季末收入总计	20													
季末支出总计	21													
季末对账（1+20-21）	22													
缴纳违约订单罚款	年末5项	系统自动处理												
支付设备维护费		系统自动处理												
计提折旧		系统自动处理												
新市场/ISO换证		系统自动处理												
结账														

续表

业务流程处理（手工+电子）			第4年				第5年				第6年			
手工流程		系统操作	1	2	3	4	1	2	3	4	1	2	3	4
提交广告方案	年初7项	输入广告确认												
参加订货会竞单/登订单		选单操作												
支付广告费		系统自动扣												
支付应缴税金		系统自动扣												
支付长贷利息		系统自动扣												
更新长贷/长贷还款		系统自动扣												
申请长贷		输入金额并确定												
季初现金盘点	1	产品下线，生产线完工												
更新短贷/短贷还本付息	2	系统自动处理												
申请短贷	3	输入金额并确定												
原料入库/更新原料订单	4	需确认金额												
下原料订单	5	输入并确认												
购买/租用厂房	6	选择确认，自动扣现金												
更新生产/完工入库	7	系统自动处理												
新建/在建/转产/变卖生产线	8	选择确认												
紧急采购（随时）	9	输入并确认												
开始下一批产品的生产	10	输入并确认												
更新应收款/应收款收现	11	需输入到期金额												
按订单交货	12	选择订单并确认												
产品研发投资	13	选择确认												
售厂房/买转租/退租/租转买	14	选择确认，自动转应收												
新市场开拓/ISO投资	15	仅第4季度允许操作												
支付管理费/更新厂房租金	16	系统自动处理												
出售库存（随时）	17	输入并确认												
厂房贴现（随时）	18	选择确认												
应收款贴现（随时）	19	输入并确认												
季末收入总计	20													
季末支出总计	21													
季末对账（1+20-21）	22													
缴纳违约订单罚款	年末5项	系统自动处理												
支付设备维护费		系统自动处理												
计提折旧		系统自动处理												
新市场/ISO换证		系统自动处理												
结账														

新商战沙盘

（手工+电子版）

学生实验手册——生产总监专用

组　　号：＿＿＿＿＿＿＿＿＿＿

公司名称：＿＿＿＿＿＿＿＿＿＿

院系班级：＿＿＿＿＿＿＿＿＿＿

姓　　名：＿＿＿＿＿＿＿＿＿＿

附表 4-48

生产计划及采购计划编制（1～3年）

生产线		第1年				第2年				第3年			
		1季度	2季度	3季度	4季度	1季度	2季度	3季度	4季度	1季度	2季度	3季度	4季度
1	产品												
	材料												
2	产品												
	材料												
3	产品												
	材料												
4	产品												
	材料												
5	产品												
	材料												
6	产品												
	材料												
7	产品												
	材料												
8	产品												
	材料												
合计	产品												
	材料												

续表

生产线		第4年				第5年				第6年			
		1季度	2季度	3季度	4季度	1季度	2季度	3季度	4季度	1季度	2季度	3季度	4季度
1	产品												
	材料												
2	产品												
	材料												
3	产品												
	材料												
4	产品												
	材料												
5	产品												
	材料												
6	产品												
	材料												
7	产品												
	材料												
8	产品												
	材料												
合计													

新商战沙盘

（手工+电子版）

学生实验手册——采购总监专用

组　　号：＿＿＿＿＿＿＿＿

公司名称：＿＿＿＿＿＿＿＿

院系班级：＿＿＿＿＿＿＿＿

姓　　名：＿＿＿＿＿＿＿＿

附表4-49

原材料采购及付款登记表

第1年	1季度				2季度				3季度				4季度			
原材料	R1	R2	R3	R4	R1	R2	R3	R4	R1	R2	R3	R4	R1	R2	R3	R4
订购数量																
采购入库	1															
应付材料款	1															

第2年	1季度				2季度				3季度				4季度			
原材料	R1	R2	R3	R4	R1	R2	R3	R4	R1	R2	R3	R4	R1	R2	R3	R4
订购数量																
采购入库																
应付材料款																

第3年	1季度				2季度				3季度				4季度			
原材料	R1	R2	R3	R4	R1	R2	R3	R4	R1	R2	R3	R4	R1	R2	R3	R4
订购数量																
采购入库																
应付材料款																

续表

第4年 原材料	1季度				2季度				3季度				4季度			
	R1	R2	R3	R4	R1	R2	R3	R4	R1	R2	R3	R4	R1	R2	R3	R4
订购数量																
采购入库																
应付材料款																
第5年 原材料	1季度				2季度				3季度				4季度			
	R1	R2	R3	R4	R1	R2	R3	R4	R1	R2	R3	R4	R1	R2	R3	R4
订购数量																
采购入库																
应付材料款																
第6年 原材料	1季度				2季度				3季度				4季度			
	R1	R2	R3	R4	R1	R2	R3	R4	R1	R2	R3	R4	R1	R2	R3	R4
订购数量																
采购入库																
应付材料款																